HEYNE
BUSINESS

D1722228

Rainer Schätzle

Handbuch Börse 1999

Mehr Geld durch professionelle Anlagestrategien

Originalausgabe

WILHELM HEYNE VERLAG
MÜNCHEN

HEYNE KOMPAKTWISSEN
22/383

Bei den Bezeichnungen DAX®, MDAX und Neuer Markt handelt es
sich um eingetragene Warenzeichen der Deutsche Börse AG.

Redaktionelle Mitarbeit: Marco Weiß

Copyright © 1998 by Wilhelm Heyne Verlag GmbH & Co. KG, München
http.//www.heyne.de
Printed in Germany 1999
Umschlaggestaltung: Atelier Ingrid Schütz, München
Herstellung: H + G Lidl, München
Satz: Fotosatz Völkl, Puchheim
Druck und Verarbeitung: Ebner Ulm

ISBN 3-453-14831-2

Inhalt

Vorwort

Aktien, Festgeld, Renten, Immobilien, Gold …
Wo ist die beste Rendite zu erwarten?

Bei der Betrachtung der Wertentwicklung der verschiedenen Anlageformen über die letzten Jahrzehnte werden folgende Tendenzen immer deutlicher:

- Aktien bieten gegenüber allen anderen obengenannten Anlageformen die höchste Rendite. Dies gilt um so mehr, je höher der persönliche Steuersatz liegt.
- Festgeld und Renten eignen sich bestenfalls zum relativen Werterhalt. Die reale Rendite, sprich nach Abzug der Inflation, ist häufig nahezu Null. Dies gilt besonders, je höher der persönliche Steuersatz liegt.
- Immobilien – in der Nutzung als Kapitalanlage – bieten historisch gesehen eine recht stabile, jedoch geringe Rendite. Diese Renditesituation verbessert sich jedoch, je höher der persönliche Steuersatz liegt.
- Gold hat seinen besonderen Glanz als Kapitalanlage gänzlich verloren. Es entwickelt sich mehr und mehr zum normalen Industrierohstoff. Mit Goldanlagen wurde in den letzten Jahren sowohl absolut als auch relativ Wert vernichtet.

Welche Nachricht die Kurse auch immer treiben mag, langfristige Trends sind in 1999 weniger wahrscheinlich als häufige und heftige Schwankungen. Daher sollten Sie Ihre Aufmerksamkeit nicht nur auf den Kauf, sondern auch auf den Verkaufszeitpunkt richten. Im Zweifel denken Sie an die alte Börsenweisheit: Von Gewinnmitnahmen ist noch niemand arm geworden.

Sie werden im *Handbuch Börse 1999* aber nicht nur praktische Hinweise zu den verschiedenen Anlageformen finden, sondern auch wertvolle Informationen zu Fragen der Struktur Ihres Vermögens und dessen Optimierung.

Viel Erfolg an der Börse und reichlich Spaß bei der Lektüre wünscht Ihnen Ihr

Rainer Schätzle
Kronberg, im Herbst 1998

Aktuelles

1.   Wirtschafts- und Börsentendenzen

Wie geht es weiter?

Eine Börse, die unter relativ hohen Schwankungen seitlich als auch abwärts driftet und sehr sensibel auf Unternehmensnachrichten reagiert, halte ich im Jahr 1999 für das wahrscheinlichste Szenario. Dennoch bleiben deutsche Aktien für renditeorientierte Anleger nicht nur in Ermangelung besserer Anlagealternativen die erste Wahl, sondern besonders, weil sich das fundamentale Umfeld für deutsche Unternehmen durchaus positiv und vielversprechend zeigt.

Die Konjunktur läuft, die Zinsen sind sensationell niedrig, Liquidität ist in hohem Volumen im Anlagemarkt verfügbar, und viele Aktien sind auf Basis der Kurs-Gewinn-Verhältnisse (KGV) nach dem Kursrutsch durchaus fair bewertet. Halten die Gewinnschätzungen für das Jahr 1999 also der Realität stand, sollte von der fundamentalen Seite her durchaus noch bzw. wieder Potential nach oben wahrscheinlich sein.

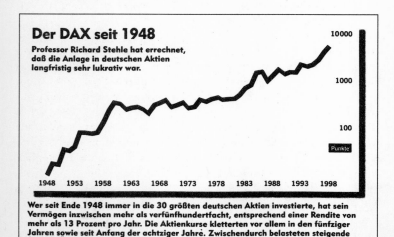

Der DAX seit 1948

Professor Richard Stehle hat errechnet, daß die Anlage in deutschen Aktien langfristig sehr lukrativ war.

10000

1000

100

Punkte

1948 1953 1958 1963 1968 1973 1978 1983 1988 1993 1998

Wer seit Ende 1948 immer in die 30 größten deutschen Aktien investierte, hat sein Vermögen inzwischen mehr als verfünfhundertfacht, entsprechend einer Rendite von mehr als 13 Prozent pro Jahr. Die Aktienkurse kletterten vor allem in den fünfziger Jahren sowie seit Anfang der achtziger Jahre. Zwischendurch belasteten steigende Zinsen, Ölkrise sowie eine allein nachfrageorientierte Wirtschaftspolitik.

Bei der Einschätzung der Börsenentwicklung 1999 gilt es jedoch, zwei Sonderfaktoren genau zu beachten. Gemeint ist zum einen die Asienkrise und zum anderen die Rußlandpleite. Da die Nachrichten bezüglich beider Regionen bereits weitläufig bekannt und in den Kursen reflektiert sind, bietet die weitere Entwicklung in diesen Regionen ein nicht kalkulierbares Auf- und auch Abwärtspotential für den deutschen Aktienmarkt. Es gilt für den Anleger daher, in 1999 nicht nur Aktien zu kaufen, die ein gutes Kurspotential bieten, sondern auch solche, die möglichst wenig Asien- und Rußlandrisiken in sich tragen.

The »big picture«

In den 60er Jahren waren sowohl Inflationsrate als auch Zinsniveau relativ niedrig. Konjunkturschwankungen beeinflußten beide Parameter nur unwesentlich. Dieses Szenario änderte sich zu Beginn der 70er Jahre erheblich. Insbesondere wurde eine signifikante Abhängigkeit der Zinsen und der Teuerungsrate von konjunkturellen Ausschlägen deutlich. Die beiden Ölschocks und der Zusammenbruch des Systems fester Wechselkurse von Bretton Woods führten einerseits zu einer nachfrageorientierten Fiskalpolitik der Regierungen und andererseits zu einer expansiven Geldpolitik durch die Notenbanken. In der Folge zogen Zinsniveau und Inflationsrate erheblich an.

Eine weitere Trendwende trat Anfang der 80er Jahre ein, als die nach den Wahlsiegen von Ronald Reagan, Margaret Thatcher und Helmut Kohl konservativen Regierungen der USA, Englands und Deutschlands das hohe Inflationsniveau durch eine verstärkt an Stabilitätskriterien orientierte Geldpolitik zu bekämpfen versuchten. Das Ergebnis war eindrucksvoll. In der Mitte der 80er Jahre hatte die Teuerungsrate bereits wieder das niedrige Niveau vor den Ölkrisen erreicht, und selbst in der Hochkonjunkturphase Ende der 80er Jahre blieb der Anstieg der Inflationsrate erheblich hinter den Entwicklungen der 70er und der frühen 80er Jahre zurück.

Die Stabilitätspolitik in der zweiten Hälfte der 80er Jahre hatte eine sehr positive Auswirkung auf die Finanzmärkte und schuf generell ein freundliches Investitionsklima. Das niedrige Inflationsniveau brachte sinkende Zinsen mit sich und führte damit zum einen zu erheblichen Kapitalgewinnen auf den Bondmärkten und zum anderen über die ebenfalls sinkende Volatilität der Inflationsraten zu noch positiveren Reaktionen der Aktienmärkte. Die Wirkungen der Stabilitätspolitik reichten bis in die zweite Hälfte der 90er Jahre hinein.

So paßten die Investoren nach dem Konjunktureinbruch zu Beginn des Jahres 1994 ihre Inflationserwartungen nach oben an in dem Glauben, daß sich das Weltwirtschaftswachstum beschleunige. Da sie sich allerdings an den hohen Teuerungsraten der vorherigen Konjunkturzyklen orientierten, wurde die tatsächliche Inflationsentwicklung überschätzt.

Als dann die Fehleinschätzung der Inflationsrate deutlich wurde, führte dies zu einer Hausse auf den Bond- und Aktienmärkten. Allerdings waren sowohl die falsche Einschätzung der tatsächlichen Teuerungsrate als auch die nachfolgende positive Überraschung der Investoren bei weitem nicht so intensiv wie in vergangenen Jahren, da die Investoren das veränderte wirtschaftspolitische Umfeld bereits weitgehend berücksichtigt hatten. Damit scheint der positive Stabilitätsimpuls, der von der Mitte der 80er Jahre bis weit in die 90er Jahre hinein auf Bond- und Aktienmärkten zu hohen Renditen geführt hat, langsam auszulaufen.

Abgelöst wird der Stabilitätsimpuls in den kommenden Jahren durch einen Liberalisierungsimpuls. Der Grundgedanke ist der, daß sich durch die Globalisierung der Märkte bei gleichzeitiger Deregulierung der Binnenmärkte die Konkurrenzsituation auf den Produkt- und Faktormärkten erheblich verschärft hat. Dies gilt im besonderen für den Faktor Arbeit. Durch die Liberalisierung des Welthandels und den damit verbundenen freien Güterhandel produzieren Unternehmen verstärkt dort, wo die besten Rahmenbedingungen herrschen. Damit bekommen die Qualität und vor allem auch der Preis des Faktors Arbeit ein neues Gewicht im internationalen Wettbewerb.

Der erhöhte Konkurrenzdruck auf den Arbeitsmärkten hat zur Folge, daß eine Einkommensverschiebung weg vom Faktor Arbeit und hin zum Faktor Kapital stattfindet. Rationalisierungsmaßnahmen, die vorwiegend den Faktor Arbeit betreffen, verbessern die Produktivität des eingesetzten Kapitals und führen dazu, daß die Ertragskraft der Unternehmen relativ zum Wachstum des Brutto-Inlandsprodukts zukünftig stärker ansteigen wird als in früheren Perioden.

Diese Entwicklung läßt sich bereits an den direkten Kapitalrenditen ablesen, die in den letzten Jahren erheblich gestiegen sind. Damit kann zumindest in den kommenden Jahren ein im Verhältnis zum BIP-Wachstum überproportionales Gewinnwachstum erreicht werden.

Allerdings lassen sich bei der Beurteilung deutliche Unterschiede zwischen den verschiedenen Weltregionen erkennen. So haben die USA durch stärkere Deregulierung und flexiblere Faktormärkte ihre Wettbewerbsposition im internationalen Vergleich bereits sehr gut ausgebaut.

Europa ist den USA in bezug auf Rationalisierungsanstrengungen dagegen aufgrund des nach wie vor dichten Netzes staatlicher Restriktionen einen Schritt hinterher. Und Japan hat nicht nur weiterhin erhebliche Strukturprobleme, sondern mittlerweile auch eine sinkende Kapitalproduktivität.

Dennoch hat der Liberalisierungsimpuls über eine global steigende Kapitalproduktivität und überproportional steigende Gewinne sehr günstige Auswirkungen auf die Aktienmärkte. Er könnte den auslaufenden Stabilitätsimpuls ersetzen und seinerseits die Aktienmärkte in den kommenden Jahren positiv beeinflussen.

Sollten die Finanzmärkte tatsächlich ab der zweiten Hälfte der 90er Jahre im Zeichen eines Liberalisierungsimpulses stehen, dann hat dies Konsequenzen für die Investoren.

In Zukunft werden dann die Erfolge einer Volkswirtschaft bei der Bewältigung des Restrukturierungsprozesses dafür entscheidend sein, ob ein Aktienmarkt zu den Top-Performern gehört oder nicht. Die Bedeutung von Erfolgen bei der Inflationsbekämpfung und der zukünftigen Geldpolitik wird dagegen tendenziell zurückgehen.

Und noch eine Konsequenz ergibt sich für die Anleger. Im Gegensatz zum Stabilisierungsimpuls der 70er und 80er Jahre, der sich sowohl auf die Aktien- als auch auf die Bondmärkte günstig auswirkte, wird der Liberalisierungsimpuls vorwiegend die Aktienmärkte beeinflussen. Denn gerade Aktieninvestoren werden in den kommenden Jahren von den Restrukturierungs- und Rationalisierungsprozessen in den Unternehmen profitieren können, wenngleich nicht durch eine willkürliche Streuung über verschiedene Märkte. Denn trotz der insgesamt günstigen Auswirkungen des Rationalisierungsprozesses auf die Aktienanlagen

wird es auch in der kommenden Periode des Liberalisierungsimpulses Verlierer geben. Die Bandbreite der zu beobachtenden
Renditen wird zwar sowohl auf Markt- als auch auf Sektorebene
ansteigen, aber über Erfolg oder Mißerfolg einer Anlagestrategie
wird noch stärker als in früheren Perioden die Qualität des Se-
lektionsprozesses entscheiden.

2.   Indizes und Währungskurse

Auf den folgenden Seiten sind einige Charts mit wichtigen internationalen Wirtschaftsdaten abgebildet. Stand: November 1998.

2.1 Euro-Stoxx

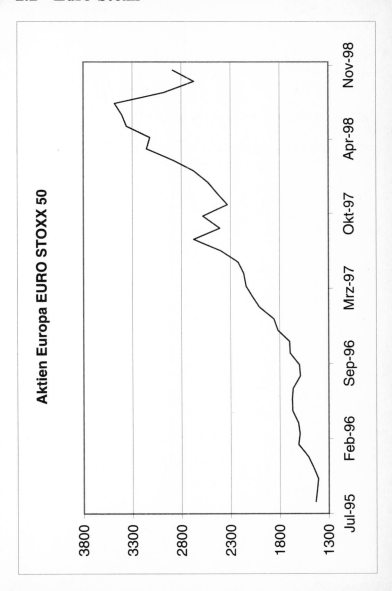

2.2   Deutschland

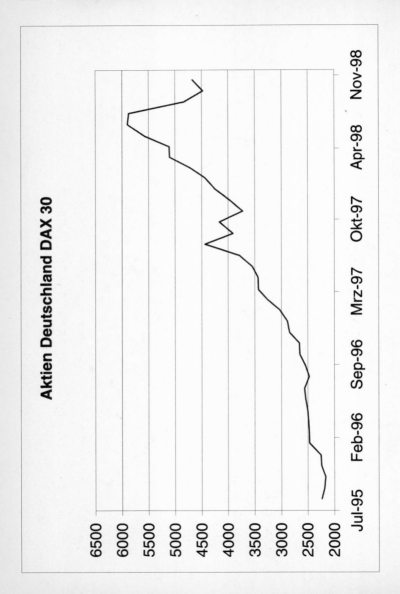

Aktien Deutschland DAX 30

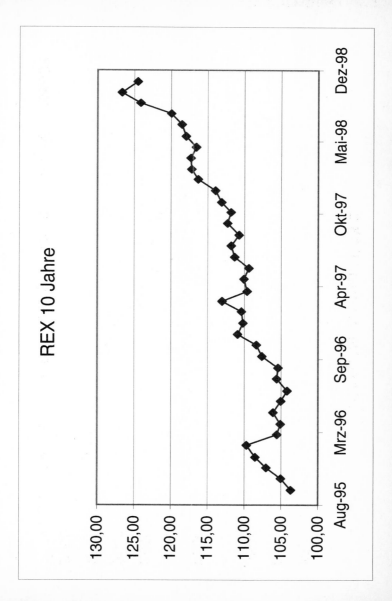

REX 10 Jahre

2.3 USA

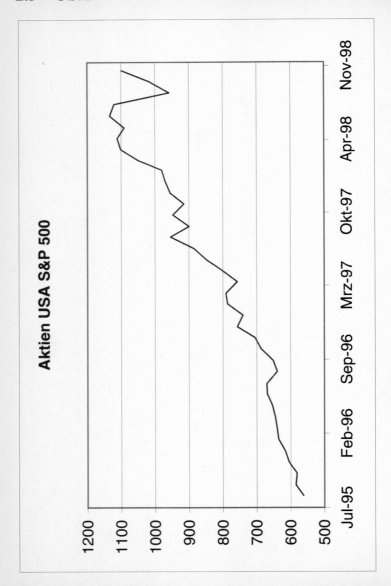

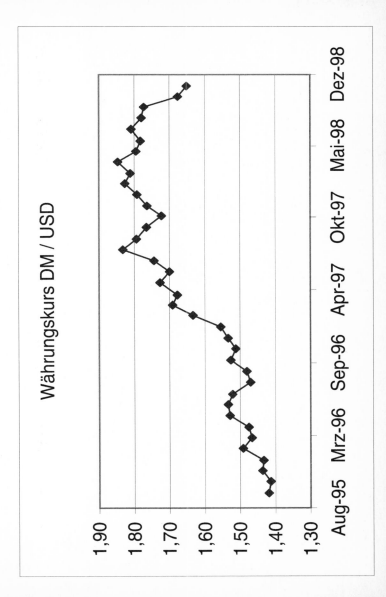

2.4 Japan

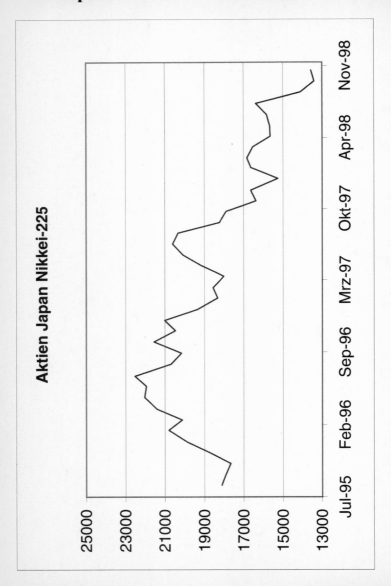

Aktien Japan Nikkei-225

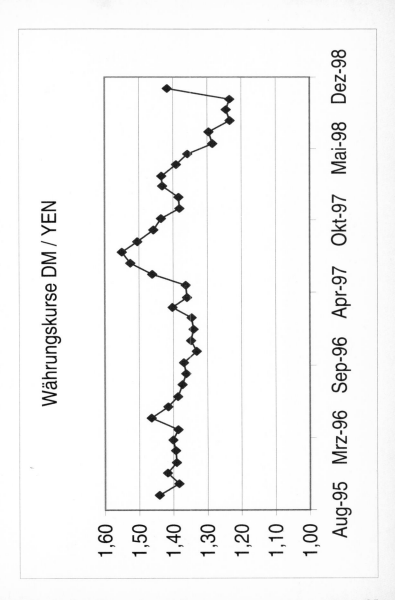

Währungskurse DM / YEN

2.5 Frankreich

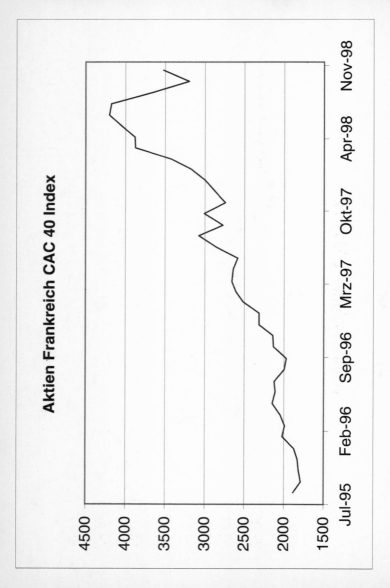

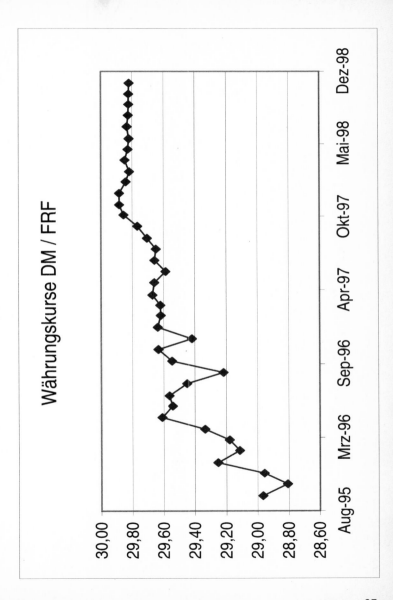

Währungskurse DM / FRF

2.6 England

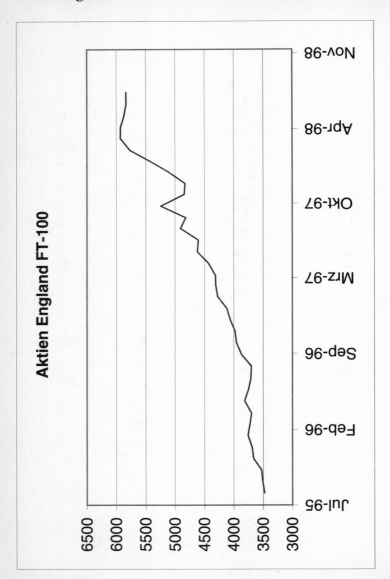

Aktien England FT-100

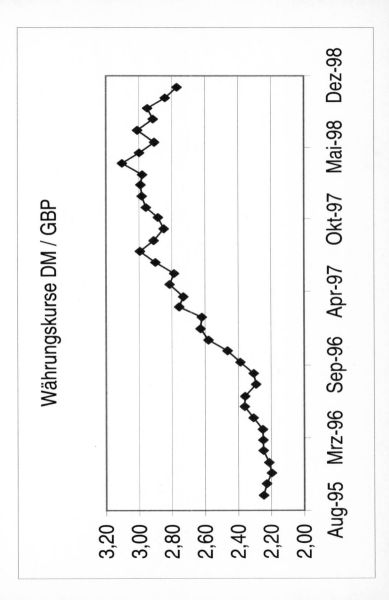

Währungskurse DM / GBP

1. Die Börse und ihr Hintergrund

1.1 Was ist eine Börse, und wozu dient sie?

Die Börse (eigentlich: Effektenbörse) ist ein organisierter Markt, der dem Kauf und Verkauf von Effekten dient. Unter »Effekten« versteht man Wertpapiere, also Urkunden über langfristige Kapitalanlagen.

Daneben gibt es Börsen, die auf Termingeschäfte spezialisiert sind. Zu dem Warenterminhandel der ersten Tage, von dem hier nicht die Rede sein wird, entwickelte sich inzwischen ein Terminhandel mit Instrumenten des Finanzmarktes. Anstelle von Vieh, Getreide und ähnlichem sind hier Aktien, Anleihen, Edelmetalle und Indizes auf Finanzmarktinstrumente die Grundlage von Options- und Fixgeschäften. Die wesentlichen Aufgaben der Börse sind:

- Abstimmen von Angebot und Nachfrage in bezug auf Effekten bzw. andere Objekte,
- Ermitteln eines Kurses und
- Bieten der Möglichkeit, Kapital anzulegen oder zu beschaffen.

Am Beispiel der Aktie erläutert: Für größere Unternehmen ist die Börse das Instrument für die (Eigenkapital-)Finanzierung. Sie fungiert einmal als Bindeglied zwischen Unternehmen (Emittent) und Anleger – das ist der Primärmarkt –, bildet aber auch die Handelsplattform für die Anleger untereinander (Sekundärmarkt). Sie schlägt damit die Brücke zwischen den Interessen des Finanzierungsbedarfs auf der einen Seite und den Bedürfnissen des Anlegerschutzes auf der anderen. Außerdem trachtet die Börse nach Effektivität, indem sie möglichst hohe Umsätze in möglichst kurzer Zeit mit geringstem Aufwand (Kosten) abzuwickeln sucht.

1.2 Das Börsengeschehen in Deutschland

1.2.1 Gesetze und Ordnungsvorschriften/Börsenorgane

Die Geschäfte an den deutschen Börsen haben ihre rechtlichen Grundlagen im Börsengesetz, das sich in sechs Abschnitte gliedert:

- Allgemeine Bestimmungen über die Börse (§§ 1–28)
- Feststellung der Börsenpreise und Maklerwesen (§§ 29–35)
- Zulassung von Wertpapieren zum Börsenhandel (§§ 36–49)
- Börsenterminhandel (§§ 50–70)
- Ordnungsverfahren (§§ 71–87, 1975 aufgehoben)
- Straf- und Bußgeldvorschriften sowie Schlußvorschriften (§§ 88–96)

Landesregierungen genehmigen das Einrichten von Börsen und bestellen Staatskommissare, die über die Einhaltung der Gesetze und Vorschriften wachen. Für jeden Börsenplatz gibt es darüber hinaus noch eine Börsenordnung, in der folgendes verzeichnet ist:

- Geschäftszweige des Börsenplatzes,
- Organisation,
- Art der Preis- und Kursveröffentlichung,
- Zulassungsstelle (Wahlverfahren/Zusammensetzung),
- Vorschriften fiir die Veröffentlichung der Umsätze,
- Definition der Kurzzusätze und -hinweise.

Als Organe der Börse agieren:

- der Börsenvorstand; er leitet die Börse und erstellt Ordnungsvorschriften,
- die Zulassungsstelle; sie entscheidet über die Zulassung eines Wertpapieres,
- die Maklerkammer; sie ist eine Standesvertretung, die Makler und deren Tätigkeit überwacht und Streitigkeiten unter Maklern schlichtet, und
- ein Ehrenausschuß.

Die Kontrolle des Börsenhandels wird durch das Bundesaufsichtsamt für den Wertpapierhandel (BAWe) in Frankfurt durchgeführt. Das BAWe überwacht die Handelstätigkeit und untersucht auffällige Kursverläufe auf möglichen Insiderhandel. Insider werden Personen genannt, die über nichtöffentliche Informationen verfügen, so z. B. das Management der betreffenden Aktiengesellschaft. Das Ausnutzen solcher Informationen ist an den meisten Börsenplätzen ein Straftatbestand. Das BAWe prüft auch, ob die Vorschriften zur Ad-hoc-Publizität durch die Aktiengesellschaft eingehalten werden. Diese Vorschriften verpflichten die Emittenten von Aktien, den Marktteilnehmern wichtige, für Kauf- oder Verkaufsentscheidungen relevante Unternehmensinformationen unverzüglich zur Verfügung zu stellen, um die Bildung unangemessener Börsenpreise zu vermeiden. Die Ad-hoc-Publizität ist damit eine Vorbeugemaßnahme gegen den Insiderhandel.

Die für den Börsenhandel üblichen Kontrollen sind verständlich, wenn man bedenkt, welche erheblichen Summen täglich an der Börse umgesetzt werden. So ist es auch einleuchtend, daß nicht jedermann zum Börsenbesuch und -handel zugelassen wird.

1.2.2 Der deutsche Wertpapiermarkt

a. Segmente

Der Wertpapiermarkt ist an den deutschen Börsenplätzen in folgende Marktsegmente gegliedert:

- Amtlicher Handel
- Geregelter Markt
- Freiverkehr
- Neuer Markt

Neben diesen Marktsegmenten des Kassamarktes, die an acht deutschen Regionalbörsen zu finden sind, existiert für den Terminhandel in Optionen und Futures die elektronische Börse Eurex Deutschland, die Nachfolgerin der Deutschen Terminbörse DTB.

b. Der amtliche Handel

Der amtliche Handel bildet das Kernstück des deutschen Aktienhandels und ist der Markt mit den höchsten Umsätzen und den bekanntesten Aktiengesellschaften. Amtlich ist er deshalb, weil er nur von amtlichen Maklern bestellt werden darf und börsengesetzlich geregelt ist (§§ 36–49 Börsengesetz). Damit eine Aktie zum amtlichen Handel zugelassen wird, hat das betreffende Unternehmen im wesentlichen folgenden EU-Vorschriften zu beachten:

- Zulassungsrichtlinie
- Prospektrichtlinie
- Zwischenbericht-Richtlinie

Das recht strenge Zulassungsverfahren für den amtlichen Handel sieht vor, daß das Unternehmen zusammen mit einer börsenlizenzierten Bank einen Antrag an die Zulassungsstelle richtet. Wichtigster Bestandteil dieses Begehrens ist der Emissionsprospekt, der alle relevanten Informationen über die wirtschaftlichen und rechtlichen Verhältnisse des potentiellen Emittenten enthält. Unternehmen und Bank haften gesamtschuldnerisch für vorsätzlich oder grob fahrlässig unwahre und nicht vollständige Angaben, sofern diese für die Beurteilung des Wertpapiers (nicht der Unternehmung!) relevant sind. Des weiteren unterliegt das Unternehmen der Publizitätspflicht: Es hat die Emission im amtlichen Börsenblatt rechtzeitig bekanntzugeben.

Die Mitglieder der Zulassungsstelle rekrutieren sich aus Banken, die selbst nicht direkt am Börsenhandel beteiligt sind. Diese hohen Anforderungen haben zur Folge, daß sich nur Großunternehmen diesem Verfahren unterziehen. So findet man im amtlichen Handel auch ausschließlich ihre Anteile.

c. Der geregelte Markt

Die hohen Anforderungen der Zulassung zum amtlichen Handel und die damit verbundenen Kosten (ca. 6–12 % der Emissionssumme) riefen die Notwendigkeit eines zweiten, börsenrechtlich geregelten Marktes mit erleichterten Zulassungsbedingungen auf den Plan. Als Vorbilder dienten der »second marche« in Frankreich, der »parallel market« in den Niederlanden oder der »unlisted securities market« in England. Der geregelte Markt ist eine Nebenbörse mit einer zwar nichtamtlichen, aber trotzdem börsengesetzlich geregelten Notierung. Die Kurse werden von amtlichen Maklern oder durch Freimakler festgestellt. Eine erleichterte Zulassung und das Entfallen von Publizitätspflicht und Prospekthaftung machen den Gang an die Börse damit auch für mittlere Unternehmen interessant, da die Kosten erheblich niedriger liegen.

d. Der Freiverkehr

Der Freiverkehr geschieht ohne amtliche Zulassung und Notierung und entbehrt auch einer börsengesetzlichen Regelung, lehnt sich jedoch an die Bestimmungen des amtlichen Handels an. Zugang erhalten die Interessenten über die Freiverkehrsausschüsse des jeweiligen Börsenplatzes durch ein Einbeziehungsverfahren. Beizubringende Unterlagen sind lediglich Handelsregisterauszug, Satzung und Geschäftsbericht. Das macht diesen Weg sehr kostengünstig.

Die Kursnotierung der Aktien des geregelten Freiverkehrs erfolgt als Spannenkurs (Brief zu Geld), wobei innerhalb dieser Spanne tatsächlicher Handel erfolgen mußte. Eine Einheits- oder variable Notierung wird nicht festgestellt, und der Auftraggeber hat keinen Anspruch auf Ausführung seiner Order.

e. Der Neue Markt

Der Neue Markt ist das Börsensegment für junge und innovative Wachstumsunternehmen und das jüngste Marktsegment. Der Start des Handels erfolgte am 10. März 1997 mit zwei Unternehmen. Die Zahl der notierten Gesellschaften wächst stetig – Ende August 1998 waren bereits 38 Unternehmen im Neuen Markt gelistet.

Der Neue Markt verlangt die höchsten Zulassungs- und Publizitätsanforderungen aller vier Börsensegmente. Er ist wie der Freiverkehr privatem Recht unterworfen. Die Emittenten tragen im Neuen Markt auch erhöhte Folgepflichten wie z. B. Jahresabschlüsse nach internationalen Standards, Quartalsberichte, Analystenveranstaltungen und die Herausgabe eines Unternehmenskalenders mit wichtigen Daten. Die höhere Transparenz im Neuen Markt sorgt für die Verbesserung der Investor Relations, eine bessere internationale Vergleichbarkeit und eine Steigerung des Shareholder Value.

Der Neue Markt bietet große Gewinnaussichten, mit denen allerdings auch höhere Risiken verbunden sind. Die Kurssteigerung einzelner Titel liegt hier in der Spitze bei über 300 %. Die Umschlagshäufigkeit der Aktien im Neuen Markt entspricht in etwa der Größenordnung bei den DAX-Werten.

Die Liquidität am Neuen Markt ist durch Betreuer sichergestellt, die sich verpflichtet haben, auf Anfrage verbindliche Geld- und Briefkurse zu stellen. Ein Betreuer ist ein an der Börse bereits zugelassenes Unternehmen, das primär als Ansprechpartner für den Handel und als Experte für den jeweiligen Wert fungiert. In der Regel handelt es sich bei dem Betreuer um die Bank, die den Börsengang begleitet hat. Vielfach treten auch mehrere Banken oder Maklerfirmen als Betreuer für einen Aktienwert auf.

f. Termingeschäfte

Neben den Segmenten des Kassamarktes sind die Termingeschäfte zu nennen. An dieser Stelle werden die Urheber dieses Börsenzweigs, die Warentermingeschäfte, nur erwähnt, die Aufmerksamkeit gilt hier jedoch den inzwischen bedeutender gewordenen *»Finanztermingeschäften«*. Gegenstände börslicher Termingeschäfte sind standardisierte Kontrakte mit offizieller Zulassung. Außerbörsliche Termingeschäfte, auch OTC-Geschäfte genannt, sind individuell geprägt und auch nicht Gegenstand dieses Buches.

Je nachdem, ob der Finanzkontrakt beide Seiten oder nur die eine allseits verpflichtet, wird nach *Fixgeschäfen (Futures)* und *Optionen* unterschieden.

1.2.3 Die Makler an den deutschen Börsen

Damit der Handel reibungslos abläuft, muß man eine exzellente Kenntnis der Kapitalmärkte und eine völlige Beherrschung der Börsentechnik bei einem Börsenmakler voraussetzen, eine angemessene finanzielle Ausstattung kommt hinzu. Nur unter diesen Bedingungen erhält man eine Zulassung zur Börse. In erster Linie finden sich dort die Besitzer und Vertreter von Banken, Bankboten und Pressevertreter.

Man unterscheidet bei den Maklern zwei Arten:

- den amtlichen und
- den freien Makler.

Die *amtlichen Makler* werden durch die Landesregierung bestellt und haben die Aufgabe, den Kurs der amtlich gehandelten Wertpapiere festzustellen und die Kauf- und Verkaufsorders dieser Papiere auszuführen.

Freie Makler sind nicht vereidigt und wirken bei der Kursfeststellung und Orderausführung von solchen Wertpapieren mit, die nicht zum amtlichen Verkehr zugelassen sind.

In Berichten über das Börsengeschehen ist auch häufiger von der *»Kulisse«* oder dem *»Berufshandel«* die Rede. Damit meint man die Käufe und Verkäufe der Börsenhändler, die Orders auf eigene Rechnung ausführen, um am Verlauf der Kurse zu verdienen. Die Bedeutung der »Kulisse« liegt darin, daß ein Marktausgleich herbeigeführt wird und damit gegen einen unerwünschten Trend gehandelt wird. Allerdings können die Aktivitäten der Kulisse kurzfristig auch die Kurse beeinflussen.

1.2.4 Deutsche Börsenplätze

In der Bundesrepublik Deutschland sind derzeit acht Börsenplätze eingerichtet:

- Frankfurt (Hauptbörse und Eurex)
- Berlin
- Bremen
- Düsseldorf
- Hamburg
- Hannover
- München
- Stuttgart

Einzelheiten siehe Anhang D.l. Nicht an allen diesen Börsenplätzen werden alle im Kapitel 2 erläuterten Börsenobjekte gehandelt.

1.3   Die ausländischen Börsen

1.3.1 Besonderheiten des amerikanischen Börsengeschäftes

Die amerikanische Effektenbörse unterscheidet sich von der deutschen Börse wesentlich in Umfang, Handelsform, Effektenarten und Ausbau.
Die amerikanischen Wertpapierhandelsplätze sind Unternehmen, deren Gesellschafter die Mitglieder der Börse selbst sind, und zwar Brokerfirmen, selbständige Makler oder vermögende private Investoren.

Es gibt hier folgende Maklerarten:

- Commission-Broker
- Two-Dollar-Broker (Floor-Broker)
- Specialists

Commission-Broker führen ausschließlich die Kauf- und Verkaufsaufträge der Kunden ihres Brokerhauses gegen Kommission aus.

Two-Dollar- oder *Floor-Broker* übernehmen von Commission-Brokern Teile der Kundenorders.

Specialists sind auf bestimmte Aktien oder Branchen spezialisierte Makler, die auf eigene Rechnung handeln, schwierige Kundenaufträge ausführen, aber auch Kurspflege in der von ihnen betreuten Aktie vornehmen und gegebenenfalls durch Käufe oder Verkäufe gegen den Trend wirken und damit für eine ausgeglichene Kursentwicklung sorgen.

1.3.2 Struktur des US-Marktes

Der amerikanische Effektenmarkt gliedert sich in acht Nationalbörsen, wobei die Hauptbörse die NYSE ist, Nebenbörse ist die AMEX. Die übrigen Börsen sind relativ unbedeutend.

NYSE Die New York Stock Exchange ist der Mittelpunkt der amerikanischen Börsen und die Welt-Leitbörse (80 % der amerikanischen Aktienumsätze = etwa 60 % des Weltvolumens). Die hier zum amtlichen Handel zugelassenen Effekten unterliegen der strengen Kontrolle durch die SEC. An der NYSE werden alle Titel gehandelt, die zum amtlichen Handel zugelassen sind. Dies sind vorwiegend die Aktien der großen, etablierten Gesellschaften, die die Zulassungs- und Publizitätsvorschriften erfüllen.

AMEX Die American Stock Exchange ist die zweite New Yorker Börse. Für die Effekten, die hier gehandelt werden, gelten weniger strenge Zulassungs- und Publizitätsvorschriften. Dies ist wohl ein Grund dafür, daß an der AMEX vorwiegend kleine und mittelgroße Gesellschaften gehandelt werden. Ein weiterer Schwerpunkt der AMEX ist der Handel mit Optionen und ausländischen Aktien.

Neben diesen staatlich regulierten Börsen findet der Handel auch privat statt. Besonders bedeutend in diesem sog. Over-The-Counter-Markt (OTC) ist die NASDAQ, an der viele junge, innovative Unternehmen gelistet sind. Für deutsche Unternehmen gibt es die Möglichkeit, hier in Form von American Depository Receipts (ADR) gehandelt zu werden, sofern sie sich nicht den strengen Anforderungen der amerikanischen Börsenaufsichtsbehörde SEC unterwerfen wollen und ein Listing an der NYSE anstreben.

OTC	Der Over-The-Counter-Markt (Über-den-Tisch-Markt) ist keine eigentliche Börse und wird außerhalb der Börsenräumlichkeiten durchgeführt. Hier findet der Handel mit Effekten statt, die nicht offiziell zum Börsenverkehr zugelassen sind. Die Schwerpunkte des OTC liegen bei festverzinslichen Wertpapieren und sonstigen, nicht zum Börsenverkehr zugelassenen Effekten, z. B. Aktien kleinerer Gesellschaften, die die Zulassungs- und Publizitätsvorschriften der Börse nicht erfüllen. Außerdem werden hier auch die Aktien junger Gesellschaften gehandelt, für die der OTC-Markt eine erste Bewährungsprobe darstellt, nachdem sie zum offiziellen Börsenhandel zugelassen wurden.

Der OTC läuft in der Art des deutschen Telefonhandels und ist ein durchaus relevanter und leistungsfähiger Markt. So werden an den OTC-Märkten etwa 25.000 Aktientitel gehandelt, also das Zehnfache des amtlichen Handels an der NYSE.

Die Grundlage des OTC bildet das NASDAQ-System, das »National Association of Securities Dealers Automated Quotations«-System, ein computergestütztes Online-Kommunikationssystem, das die laufende Kursermittlung in umsatzstarken OTC-Werten gewährleistet und von Wertpapierhändlern wie auch interessierten Privatinvestoren benutzt wird. Die Kurse für die nicht im NASDAQ-System enthaltenen OTC-Werte ermitteln die Wertpapierhändler nach wie vor im Telefonverkehr.

ADR	Die ADR (American Depository Receipts) sind Zertifikate großer US-Banken auf deren nichtamerikanische Aktienbestände. Diese Zertifikate erlauben einen Handel in nichtamerikanischen Wertpapieren außerhalb der etablierten Börse. Dort können auch deutsche Standardwerte gehandelt werden.

Beim Engagement in ausländische Aktien ist zu beachten, daß zum Ertrag aus dieser Anlage auch noch Gewinne oder Verluste aus der Umrechnung der jeweiligen Landeswährung in DM entstehen können.

Mit der Einführung des Euro fällt das Risiko der Währungsumrechnung zumindest bei der Anlage auf anderen europäischen Aktienmärkten weg.

1.3.3 Sonstige ausländische Börsen

Börsen gibt es in praktisch allen Hauptstädten der einzelnen Länder. Neben den in der Börsenwelt führenden USA und neben Deutschland haben noch folgende Plätze höhere Bedeutung:

- London
- Paris
- Tokio

Eine Aufstellung der wichtigsten Börsen enthält der Anhang D.1.

2. Was an der Börse gehandelt wird

2.1 Wertpapiere – ein Oberbegriff für vieles

Wertpapiere (auch: Effekten) sind Urkunden, die private Vermögensrechte verbriefen. Das aus der Urkunde hervorgehende Recht kann nur von demjenigen ausgeübt werden, der berechtigt ist, über die Urkunde zu verfügen.

Es lassen sich drei Arten von Wertpapieren unterscheiden:

- Wertpapiere der Kapitalbeschaffung und -anlage; dazu zählen Aktien, Obligationen, Investmentzertifikate, aber auch Grundschuldbriefe.
- Wertpapiere des Zahlungs- und Kreditverkehrs; dies sind zum Beispiel Schecks, Wechsel, Sparbücher, Überweisungen.
- Wertpapiere des Güterverkehrs; sie heißen Lagerschein, Ladeschein oder Konnossement (Frachtbrief).

Wenn ein Börsianer von Wertpapieren spricht, so meint er selbstverständlich die der Kapitalanlage und -beschaffung, und davon wiederum nur die mit der Eigenschaft, sich innerhalb ihrer Gattung gegenseitig vertreten zu können. Man sagt: »Die Effekten sind fungibel«, was die gegenseitige Vertretbarkeit innerhalb der Gattung bedeutet.

Die Effekten sind Gegenstand des Börsenhandels. Voraussetzung für einen reibungslosen Handel ist die Vertretbarkeit der Wertpapiere, wobei die gehandelten Güter nicht gegenständlich anwesend sein müssen.

Eine andere Unterteilung der Effekten geschieht nach der Art des verbrieften Rechts:

- Mitgliedschafts- oder Anteilspapiere (Aktien und Fondsanteile)
- Forderungspapiere (Schuldverschreibungen)

Weiterhin kann man nach der Übertragbarkeit unterscheiden: Inhaber-, Rekta- und Orderpapiere:

Zu den *Inhaberpapieren* gehören Inhaberaktien (Beispiel siehe Abb. 2.1) und Inhaberschuldverschreibungen. Sie lauten auf den Inhaber, das heißt: Der jeweilige Besitzer ist nicht namentlich genannt, sondern jeder, der das Papier besitzt, kann das Recht aus

Abb. 2.1   *Inhaberaktie*

ihm geltend machen, also verkaufen oder sonstwie darüber verfügen sowie Dividenden und Zinsen kassieren. Das verbriefte Recht wird durch Einigung und Übergabe übertragen.

Die Mehrzahl der gehandelten Effekten sind Inhaberpapiere, durch deren einfache Übertragbarkeit die umfangreichen Umsätze überhaupt erst möglich sind.

Zu den *Rektapapieren* zählen wir die vinkulierte Namensaktie (vinkuliert = an die Genehmigung des Emittenten gebundenes Übertragungsrecht). Rektapapiere bezeichnen den Inhaber der Urkunde namentlich. Hier kann, im Gegensatz zum Inhaberpapier, nur der bezeichnete Inhaber das Recht aus dem Papier geltend machen. Die Weitergabe eines Rektapapiers erfolgt durch eine Zession (Abtretung). Beispiel siehe Abb. 2.2.

Rektapapiere sind wegen des erschwerten Eigentumswechsels im Börsenhandel selten, werden aber von bestimmten Branchen bevorzugt, z. B. bei Versicherungsgesellschaften und Zuckerfabriken. Für solche Papiere ist der Markt sehr eng.

Beispiele für *Orderpapiere* sind die Orderschuldverschreibung und die Namensaktie. Orderpapiere bilden eine Zwischenform von Inhaber- und Rektapapier. Zwar wird der Berechtigte der Urkunde gundsätzlich mit Namen genannt, der Schuldner bzw. der Verpflichtete des Orderpapieres ist jedoch verpflichtet, auch an denjenigen zu leisten, den der Berechtigte durch seine Order bestimmt hat. Die Übertragung eines Orderpapieres erfolgt durch Indossament (Übertragungsvermerk), Einigung und Übergabe.

Effekten können auf unterschiedliche Weise *Ertrag* bringen: Da gibt es

- den festen Ertrag (z. B. Schuldscheine),
- den variablen Ertrag (bei Aktien geschäftsabhängig) sowie
- Mischformen wie Gewinnschuldverschreibungen und Genußscheine.

Letztlich bietet die *äußere Form* eine Unterscheidungsmöglichkeit der Effekten. Sie bestehen prinzipiell aus »Mantel« und »Bogen«. Der Mantel ist die eigentliche Urkunde und verbrieft das Hauptrecht, und das kann sein:

- Forderungsrecht (Schuldverschreibungen)
- Anteilsrecht (Aktien)
- Miteigentumsrecht (Investmentanteil)

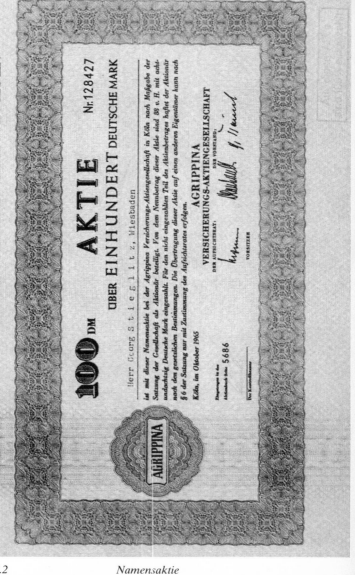

Abb. 2.2   *Namensaktie*

Der Bogen verbrieft Nebenrechte wie Zinsansprüche, Gewinnanteile oder Ertragsanteilsrechte in Form von Zinsscheinen (Coupons) zu Schuldverschreibungen, Dividendenscheinen von Aktien sowie Ertragsanteilen von Investmentzertifikaten. Das sind selbständige Wertpapiere, die nicht an den Mantel gebunden sind.

Dem Bogen ist meist ein Erneuerungsschein oder Talon angefügt, mit dem man neue Zins- oder Ertragsscheine einlösen kann. Der Talon ist aber kein selbständiges Wertpapier, daher ist bei Benutzung des Erneuerungsscheines stets der Mantel, in dem das Hauptrecht verbrieft ist, erforderlich.

Solche effektiven Stücke aus Mantel und Bogen sind heute aber eher selten, da die Kosten für die Übertragung im Falle eines Verkaufs viel zu hoch sind.

Die Stücke werden daher zentral gelagert, oder sämtliche Aktienrechte werden in einer Globalurkunde verbrieft. Die Aktionäre erhalten dann nicht mehr die effektiven Stücke, sondern bekommen eine Depotgutschrift über ihren Aktienbestand bei einem Kreditinstitut.

Das Kreditinstitut kümmert sich bei der Verwahrung und Verwaltung der Wertpapiere seiner Kunden auch um die Einlösung der Zins- und Dividendenscheine und überwacht wichtige, mit den Aktien zusammenhängende Termine wie z. B. Bezugsrechte und Teilrechte aus Kapitalerhöhungen.

2.2 Aktien

Aktien sind Wertpapiere, die das Mitgliedschaftsrecht an einer Aktiengesellschaft verbriefen. Durch ihren Kauf beteiligt sich der Aktionär am Grundkapital der Aktiengesellschaft und wird dadurch ihr Teilhaber (Beispiel siehe Abb. 2.3). Sein Risiko ist begrenzt auf den totalen Verlust des Wertes seiner Aktie. Die Motive für einen Aktienkauf können sein:

● Beteiligung am Gewinn (Dividende etc.) der Aktiengesellschaft
● Erzielen von Kursgewinnen
● Einflußnahme auf das Unternehmen, z. B. als Großaktionär

Abb. 2.3   *Siemensaktie*

Die wesentlichen Rechte des Aktionärs sind:

- Beteiligung am Gewinn (Dividendenrecht)
- Teilnahme an der Hauptversammlung
- Stimmrecht in der Hauptversammlung
- Auskunft durch den Vorstand
- Bezug junger Aktien (Bezugsrecht)
- Anteil am Liquidationserlös

Eine Aktiengesellschaft verfügt über folgende Organe:

Vorstand: der alleinig zur Geschäftsführung bestimmt und berechtigt ist und die AG nach außen vertritt; er wird durch den Aufsichtsrat bestellt.

Aufsichtsrat: Er überwacht die Geschäftsführung des Vorstandes und ist das Kontrollorgan der AG.

Hauptversammlung: Sie ist das beschlußfassende Organ der AG und besteht aus der Gesamtheit der Aktionäre.

Die Aufgaben der Hauptversammlung sind im wesentlichen:

- Wahl der Kapitalvertreter des Aufsichtsrats
- Entlastung des Vorstands und des Aufsichtsrats
- Beschlußfassung über die Verwendung des erwirtschafteten Gewinns

Bei der Abstimmung über einen Punkt entscheidet die Mehrheit der Stimmen. Jede Aktie stellt eine Stimme dar, wodurch also der Aktionär um so mehr Einfluß hat, je mehr Aktien und damit Stimmen er besitzt.

Durch die Ausgabe von Aktien verschafft sich die Aktiengesellschaft das zu Finanzierungen benötigte Eigenkapital. Aktien dürfen nicht unter ihrem Nennwert ausgegeben werden, eine Ausgabe über pari ist möglich und üblich. Der Teil des Aktienpreises, der den Nennwert übersteigt (das Agio), wird in die Rücklagen eingestellt. Ist der Nennwert einer Aktie noch nicht voll eingezahlt, so müssen diese Aktien als Namensaktien behandelt werden. Von der AG wird ein Aktionärsbuch, ein Verzeichnis der Namensaktien und der zugehörigen Aktionäre, geführt.

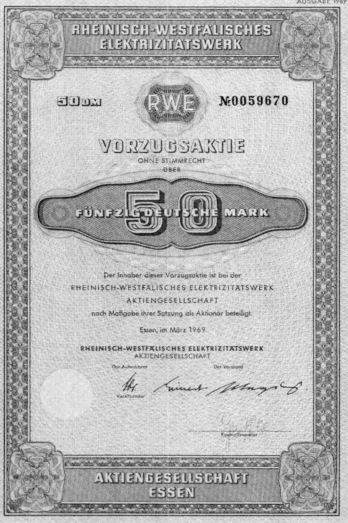

Abb. 2.4   *Vorzugsaktie*

Aktiengesellschaften sind untereinander vielfältig und verschieden, und so gibt es auch Unterschiede bei den Aktien. Man kann differenzieren nach:

- Emittent oder Emittentengruppe
- Branchen (z. B. »die Metallaktien«)
- Volkswirtschaften (z. B. »die Japaner«)
- Größe und Bedeutung der Unternehmen (»Standardwert«, »Spezialpapier«)
- Art der Übertragung (Inhaberaktie, Übertragung durch Einigung und Übergabe)

Neben den »*Stammaktien*«, die dem Inhaber die normalen Rechte verbriefen, werden von manchen AGs unter bestimmten Umständen »*Vorzugsaktien*« ausgegeben, die dem Aktionär zwar gewisse Vorrechte bei der Gewinnausschüttung einräumen, jedoch sein Stimmrecht einschränken oder gar ausschließen. Anlaß für eine solche Maßnahme kann die mangelnde Aufnahmebereitschaft des Marktes für eine weitere Stammaktie sein. Das betreffende Unternehmen sucht dann eine Kapitalerhöhung quasi per »*Sonderangebot*« durchzuführen. Beispiel siehe Abb. 2.4.

Sozusagen das Gegenteil von einer Kapitalerhöhung ist die Kapitalberichtigung. Sie wird in Fällen erforderlich, wo das Unternehmen Rücklagen mobilisiert und in dividendenberechtigtes Kapital umwandelt. Die notwendig werdenden neuen Anteilsberechtigungen heißen: »*Berichtigungs*«-, »*Gratis*«- oder »*Zusatzaktien*«. Diese werden an die bisherigen Aktionäre gemäß ihren Anteilen ausgegeben. Dabei ändert sich natürlich der Wert des Unternehmens nicht, verteilt sich aber auf mehr Aktien. Das drückt deren Kurs.

Früher gab es in Deutschland nur Aktien mit einem Nennwert von DM 5 oder einem Vielfachen davon. Wegen der Einführung des Euro muß dieser Nennwert von DM auf Euro umgestellt werden. Weil es hierbei zu Rundungsdifferenzen kommt, die eine Kapitalberichtigung erforderlich machen würden, sind in Deutschland jetzt auch nennwertlose Aktien erlaubt. Dabei unterscheidet man echt und unecht nennwertlose Aktien.

Die echt nennwertlose Aktie lautet auf »Stück«. Hier fehlt jede Angabe über die Höhe des Betrages oder den Umfang der Beteiligung. Das Grundkapital der Gesellschaft ist variabel und richtet sich danach, wieviel Kapital auf die bestehenden Aktien eingezahlt ist.

Die unecht nennwertlose Aktie lautet ebenfalls auf Stück, es ist jedoch ein Quotient eingetragen, der angibt, wie hoch der Anteil der Aktie am Grundkapital ist. Das Grundkapital ist der Höhe nach bestimmt. Die unecht nennwertlose Aktie wird auch als *»Quotenpapier«* bezeichnet.

Eine Besonderheit ausländischer Aktien ist, daß mitunter keine Bardividende ausgezahlt wird, sondern Stockdividenden ausgegeben werden. Das sind junge Aktien aus einer Kapitalerhöhung, wobei das Kapital der Erhöhung die nicht ausgezahlte Dividende ist. Durch diese Technik wird die Liquiditätslage der Gesellschaft nicht beeinträchtigt.

2.3 Anleihen

2.3.1 Allgemeines zu festverzinslichen deutschen Anleihen

Anleihen verbriefen eine schuldrechtliche Verpflichtung und geben dem Inhaber den Anspruch auf die Rückzahlung und die Verzinsung des betreffenden Betrages. Das Forderungsrecht auf Rückzahlung kann der Inhaber des Wertpapiers auch im Falle eines Konkurses des Schuldners geltend machen. Die Motive für den Kauf festverzinslicher Wertpapiere sind:

● Kapitalverzinsung zu erhalten und
● Kursgewinne zu erzielen.

Die festverzinslichen Wertpapiere werden sowohl von Unternehmen als auch vom Staat emittiert, um sich damit Fremdkapital zu verschaffen. Je nach dem Emittenten spricht man von:

Begriff	Emittent
Staatsanleihe, Kassenobligationen	Bund sowie dessen Sondervermögen
Bundesschatzbriefe	Bund (Beispiel siehe Abb. 2.5)

Begriff	Emittent
Kommunalanleihen	Gemeinden und Gemeindeverbände (Beispiel siehe Abb. 2.6)
Pfandbriefe	Private und öffentlich-rechtliche Realkreditinstitute (Beispiel siehe Abb. 2.7)
Industrieobligationen	Industrieunternehmen
Bank- und Sparkassenobligationen	Banken und Sparkassen

Anstelle von »Obligation« verwendet man auch »Schuldverschreibung«, »Rente« oder »Anleihe« als synonyme Begriffe. Die Konditionen, mit denen eine Anleihe ausgestattet ist, sind sehr unterschiedlich und von der Lage des Kapitalmarktes abhängig: Verzinsung, Laufzeit, Tilgung und sonstige Kriterien variieren zum Teil erheblich.

Hier eine Kurzbeschreibung typischer Merkmale von Anleihen:

Die zugesicherte *Verzinsung* des Anleihebetrages, die Nominalverzinsung, ist ein wichtiges Kriterium der Anleihe, entscheidend jedoch ist die *»Rendite«,* die neben der Nominalverzinsung auch Kursgewinne bzw. -verluste bis zur Auszahlung mit einschließt. Zieht man von der Nominalverzinsung den durch die Steuer abfließenden Anteil ab und addiert dazu den (steuerfreien) Kursgewinn bzw. -verlust, so erhält man die *Nettorendite* oder *Rendite nach Steuern.*

Der Zeitpunkt der Zinszahlungen wirkt sich auf die Effektivverzinsung aus! Üblich sind nachschüssige Zahlungen (also erst nach Verstreichen des Zinszeitraumes) mit jährlichem oder halbjährlichem Turnus, neuerdings aber auch quartalsweise.

Darüber hinaus gibt es Anleihen, bei denen die Zinsen in einer Summe am Ende der Laufzeit oder zu einem bestimmten Termin gezahlt werden, was jedoch selten ist. Eine Besonderheit bilden die »Zerobonds«. Bei diesen *»Null-Kupon-Anleihen«* erfolgt keine Zinsauszahlung, hier ergibt sich die Rendite aus einem entsprechend hohen Unterschied zwischen Ausgabekurs und Nennbetrag-Rückzahlung (Einzelheiten hierzu siehe Ziffer 2.3.7).

Neben den kurzfristigen Geld- und Offenmarktpapieren mit *Laufzeiten* von drei Monaten bis zwei Jahren stehen die mittelfristigen Anleihen mit vier- bis fünfjähriger Laufzeit sowie die langfristigen Anleihen mit einer Laufzeit von über fünf Jahren. Was kurz-, mittel- und langfristig ist, findet man nirgendwo genau definiert, die obengenannten Angaben stellen die in der heutigen Praxis übliche Abgrenzung dar. Für den Anleger spielt die Gesamtlaufzeit aber meist eine untergeordnete Rolle; entscheidend ist die Restlaufzeit, also der Zeitraum bis zur Endfälligkeit der Anleihe.

Die *Tilgung,* also die Rückzahlung des Anleihebetrages, kann auf verschiedene Arten erfolgen, fließt aber immer mit in die Effektivverzinsung ein. Es lassen sich drei Tilgungsarten erkennen:

● Tilgung mit festem Tilgungsplan
● Tilgung ohne Tilgungsplan
● Endfällige Tilgung

Tilgungen mit festem Tilgungsplan treten in zwei Formen auf: der Raten- und der Annuitätentilgung. Bei der *Ratentilgung* wird regelmäßig ein gleichbleibender Betrag der Anleihe zurückbezahlt. Da die Zinsen von der Restschuld berechnet werden und diese durch die Ratenzahlungen kleiner wird, nimmt für den Emittenten im Laufe der Zeit die Belastung ab.

Bei der *Annuitätentilgung* dagegen wird ein über die gesamte Laufzeit gleichbleibender Betrag regelmäßig zurückbezahlt, der sich aus Zins- und Tilgungsanteil zusammensetzt.

Eine Tilgung ohne Tilgungsplan kann über Auslosung, Kündigung oder freihändigen Rückkauf erfolgen. Bei der *Auslosung* werden jährlich einige Serien regelrecht ausgelost. Die so ermittelten Anleiheserien werden dann zum Rücknahmekurs (meist 100 %) zurückgekauft. Bei der *Kündigung* kauft der Emittent die Anleihe zum Rücknahmekurs zurück. Der *freihändige Rückkauf* geschieht über die Börse: Dort kauft der Emittent die Anleihestücke zum Börsenkurs zurück.

Die *Tilgung bei Endfälligkeit* ist die am meisten verbreitete Form der Anleihentilgung. Am Ende der Laufzeit wird dem Eigentümer der Anleihe der Anleihebetrag zurückgegeben.

Manche Anleihen weisen besondere Eigenschaften auf wie:

● Mündelsicherheit
● Deckungsstockfähigkeit

Abb. 2.5   *Staatsanleihe Bund*

Kommunal-Schuldverschreibung   F/A   5¹/₂%   REIHE 42   DM **1000.-**

REIHE **42**

BUCHSTABE **C**
№ 002600

5¹/₂% Mündelsichere
Kommunal-Schuldverschreibung

der

Landesbank und Girozentrale
Schleswig-Holstein in Kiel

über

EINTAUSEND DEUTSCHE MARK

Die LANDESBANK UND GIROZENTRALE SCHLESWIG-HOLSTEIN
schuldet dem Inhaber dieser Kommunal-Schuldverschreibung den
Betrag von

EINTAUSEND DEUTSCHE MARK

verzinslich mit 5 ½ % jährlich in halbjährlich
am **1. Februar** und **1. August** nachträglich zahlbaren Raten.

Die Kommunal-Schuldverschreibung ist seitens des Inhabers unkündbar
und wird von der Landesbank und Girozentrale Schleswig-Holstein in
Kiel nach Maßgabe der umstehenden Bedingungen eingelöst.

Kiel, im Juni 1959

Landesbank und Girozentrale
Schleswig-Holstein

Eingetragen in das Register der
Kommunal-Schuldverschreibungen

Blatt 25

Der Kontrollbeamte

Abb. 2.6   *Kommunalschuldverschreibung*

53

Abb. 2.7   *Bank-Pfandbrief*

54

Mündelsichere Papiere sind solche, die ein Vormund mit dem Geld des Mündels verzinslich anlegen muß. *Deckungsstockfähig* besagt, daß diese Papiere z. B. im Deckungsstock einer Versicherung angelegt werden dürfen.

Die Besicherung der Anleihen geschieht über:

- Bürgschaft des Landes oder des Bundes,
- durch Bildung von Deckungsmassen oder
- durch Negativklausel.

Die *Negativklausel* besagt, daß im Falle späterer Anleihen zur selben Sache der früheren eine gleichwertige Sicherheit im nachhinein eingeräumt wird.

Macht der Emittent von seinem Kündigungsrecht Gebrauch und bietet er gleichzeitig eine neue, niedriger verzinsliche Anleihe an, so spricht man von einer *Konvertierung* oder *Konversion*. Eine solche Aktion wird von einem Emittenten dann durchgeführt, wenn das Zinsniveau gegenüber dem Zeitpunkt der Anleihe stark gefallen ist und der Emittent sich zu den aktuellen, niedrigeren Zinsen verschulden möchte. Das Konvertierungsangebot muß vom Inhaber der alten Anleihe nicht angenommen werden. Eine Sonderform der Konvertierung bildet die *Staffelanleihe*. Hier gilt eine Zinsgleitklausel. Dies hat zur Folge, daß bei einer signifikanten Zinsveränderung die Nominalverzinsung der Anleihe automatisch an das aktuelle Zinsniveau angepaßt wird.

Eine *Konsolidierung* liegt vor, wenn die Reste mehrerer alter Anleihen zu einer neuen zusammengefaßt oder wenn kurz- oder mittelfristige Anleihen in eine längerfristige umgewandelt werden.

Anleihen können sowohl einen festen Zins zu den Zinsterminen beziehen als auch variabel verzinslich ausgestattet sein. Bei variabel verzinslichen Anleihen wird in der Regel alle drei bis sechs Monate ein neuer Zins festgesetzt, der sich am dann aktuellen Zinsniveau orientiert. Bei Begebung der Anleihe wird in einem solchen Fall ein Referenzzinssatz wie z. B. der LIBOR, der Interbankenzinssatz der in London ansässigen Kreditinstitute, bestimmt und zu diesem eine genau spezifizierte Marge addiert. Durch die häufige Anpassung des Zinssatzes an das Marktniveau unterliegen variabel verzinsliche Anleihen nur einem sehr geringen Kursrisiko.

Obligationen mit Festzinssatz steigen dagegen in ihrem Kurswert, wenn das Zinsniveau für die entsprechende Restlaufzeit fällt: Diese Anleihen bieten jetzt eine unverändert hohe Nominalverzinsung, die bei neu emittierten Anleihen gleicher Laufzeit nicht mehr zu bekommen ist. Auf der anderen Seite verringert sich der Kurswert der Festzinsanleihen aber bei steigenden Zinsen.

2.3.2 Genußscheine

Der Genußschein ist ein Gläubigerpapier, das zusätzlich mit bestimmten Nebenrechten ausgestattet ist. Dies können Gewinnbeteiligung oder Beteiligung am Überschuß bei Liquidation sein. Trotz des Beteiligungsaspektes bleiben die Genußscheine reine Gläubigerpapiere, die keinerlei Mitgliedschaftsrechte wie Stimmrecht oder Teilnahme an der Hauptversammlung verbriefen.

2.3.3 Gewinnschuldverschreibungen

Die Gewinnschuldverschreibung ist ein Gläubigerpapier, das neben dem Anspruch auf Zins und Tilgung ein Anrecht auf gewinnabhängige Zusatzverzinsung verbrieft.

2.3.4 Wandelanleihen

Der Convertible Bond ist eine Anleihe, die dem Inhaber neben den Gläubigerrechten (aus der Anleihe) das Recht einräumt, die Anleihe anstelle der Tilgung in Aktien der Gesellschaft umzuwandeln. Das Wandlungsrecht ist unentziehbar und kann innerhalb eines bestimmten Zeitraumes geltend gemacht werden. Durch die Wandlung wird der Obligationär zum Aktionär, das Forderungsrecht wird in ein Mitgliedschaftsrecht gewandelt.
Die Ausgabe einer Wandelanleihe setzt eine bedingte Kapitalerhöhung voraus. Bedingung ist, daß eine Erhöhung des Grundkapitals nur dann und in dem Umfang erfolgt, wie Anleihen in Aktien gewandelt werden. Durch die bedingte Kapitalerhöhung erhält jeder Aktionär ein Bezugsrecht auf die Wandelschuldverschreibung. Der Aktionär muß es nicht selbst ausüben, er kann es an der Börse verkaufen. Kaufen werden diejenigen, die die Wandelanleihe zeichnen wollen, denn das Bezugsrecht berechtigt zum Kauf der Wandelanleihe. Die Wandelanleihe ist mit einer festen, relativ niedrigen Verzinsung ausgestattet. Die Tilgung erfolgt in Raten, endfällig oder durch Auslosung. Wird die Serie ausgelost,

so kann der Eigentümer sofort die Rückzahlung seines Kapitals oder die Wandlung in junge Aktien verlangen.

Bei den meisten Anleihen ist es innerhalb einer bestimmten Frist direkt nach der Ausgabe der Wandelanleihe nicht möglich, von seinem Wandlungsrecht Gebrauch zu machen, danach kann das Umtauschrecht jederzeit ausgeübt werden. Wie viele junge Aktien man für eine Wandelanleihe bekommt, wird durch das Umtauschverhältnis angegeben. Ein Umtauschverhältnis von 3:2 sagt aus, daß man für drei Wandelschuldverschreibungen zwei Aktien erhält. In der Regel ist die Umwandlung noch mit einer Zuzahlung verbunden, die von vornherein bekannt ist. Es kann auch vereinbart sein, daß sich die Zuzahlung von Jahr zu Jahr erhöht oder verringert. (Dies übt einen Einfluß darauf aus, wie schnell gewandelt wird.) Grundsätzlich lohnt sich eine Umwandlung erst dann, wenn der Börsenkurs der Aktien über dem Umtauschkurs plus Zuzahlung liegt. Dann ist der indirekte Erwerb der Aktien – über die Ausübung des Wandlungsrechts – günstiger als der direkte Kauf der Aktien an der Börse. Eine besondere Form der Wandelanleihe ist die Optionsanleihe (siehe nächsten Punkt).

2.3.5 Optionsanleihen

Die Optionsanleihe ist eine Schuldverschreibung, die zusätzlich zu den Forderungsrechten mit einem selbständigen Bezugsrecht, dem *Optionsschein,* ausgestattet ist. Der Optionsschein ist ein eigenständiges Wertpapier, das dem Inhaber das Recht einräumt, diesen in eine bestimmte Anzahl Aktien zu einem bestimmten Kurs innerhalb einer bestimmten Frist umzuwandeln. An der Börse werden die Optionsanleihen gehandelt:

- »cum«, d. h. Anleihe *mit* Optionsschein
- »ex«, d. h. Anleihe *ohne* Optionsschein
- Optionsschein *allein* (Warrant)

Der Börsenkurs des Optionsscheins richtet sich maßgeblich nach dem Börsenkurs der Aktien, zu deren Umtausch er berechtigt. Zum Optionsschein werden unter Punkt 5.5 mehr Erläuterungen gegeben.

2.3.6 Auslandsanleihen

Nicht nur der eigene Staat und die inländischen Unternehmen emittieren Anleihen. Auch ausländische Adressen sind am Kapitalmarkt zu finden und möchten Geld aufnehmen. Von Bedeutung sind zwei Formen der Auslandsanleihe:

- die auf DM lautende und in DM zu bedienende Anleihe eines ausländischen Emittenten und
- die auf ausländische Währung lautende und darin zu bedienende Anleihe eines ausländischen Emittenten.

Daneben treten auch Mischformen auf wie *Teilanleihen* oder *Parallelanleihen.* Dabei werden Teile einer Anleihe gleichzeitig in verschiedenen Ländern und Währungen aufgelegt. Sofern die Zins- und Tilgungszahlungen einer Anleihe in einer fremden Währung geleistet werden, entsteht ein Währungsrisiko.

Hinsichtlich Zinsen, Laufzeit, Tilgung und Eigenschaften gilt das bei inländischen Anleihen Gesagte gleichermaßen für die Auslandspapiere. Besondere Beachtung sollte man jedoch der Währungsrelation widmen. Ferner muß man sich darüber klar sein, wie sicher der Emittent und dessen Zins- und Tilgungszahlungen sind und wie die politischen, gesetzlichen und wirtschaftlichen Verhältnisse des Emittentenlandes erscheinen. Eine hohe Rendite muß auch hier mit verringerter Sicherheit bezahlt werden. Sonderformen der Anleihe sind neben Wandelschuldverschreibung und Optionsanleihe der Genußschein und die Gewinnschuldverschreibung.

2.3.7 Zerobonds

Zerobonds oder »Null-Kupon-Anleihen« sind eine spezielle Art von Anleihen. Die Besonderheit der Zerobonds ist, daß die Zinszahlung nicht ausgeschüttet, sondern dem rechnerischen Wert (Kurs) der Anleihe zugeschlagen wird. Sie sind besonders interessant

- für konservative Anleger, die Steuerstundung anstreben, sowie
- für Spekulanten, die an überproportionalen Kursbewegungen interessiert sind.

Eine besondere Variante von Zerobonds sind die sogenannten »gestrippten Bonds«. Hier sind Brief (Hauptrecht) und Mantel (Zinsscheine) getrennt. Der gestrippte Bond besteht nur aus dem Brief, ihm fehlt der Mantel mit der Verzinsung.

Die Zerobonds sind eine relativ junge Anlageform, die 1981 auf den amerikanischen Markt kam. Die Laufzeiten liegen zwischen drei und 30 Jahren, die meisten Zeros laufen zwischen zehn und 15 Jahren.

Gehandelt werden Zeros an amerikanischen Börsen sowie im US-Freiverkehr und auf dem Euromarkt. Sie stammen meist von privatrechtlichen amerikanischen Unternehmen, aber auch amerikanischen Gebietskörperschaften. Indirekt werden auch Zeros angeboten, die durch Anleihen der amerikanischen Regierung gesichert sind.

Amerikanische Depotbanken stellen aus US-Staatsanleihen mit deren Zins- und Tilgungsterminen individuelle Portfolios mit verschiedenen Laufzeiten zusammen. Darauf werden dann Zerobonds ausgegeben.

Ein weiterer Pluspunkt des Zerobonds liegt in der Besteuerung der Erträge. So findet man die Zeros in vielen Steuermodellen und Vorsorgeplänen mit Wertpapieren wieder.

2.4   Termingeschäfte

An bestimmten Börsen, in Deutschland an der Eurex, können Interessenten mit unterschiedlichen Zukunftserwartungen und Zielsetzungen über die Entwicklung von Effekten und Finanzinstrumenten miteinander Terminkontrakte abschließen.

Die beiden Grundtypen dieser Konstruktion sind:

● *»Fixgeschäfte« (= »Futures«)* – sie binden beide Parteien an die Vereinbarung, ein bestimmtes Geschäft zu einem bestimmten Zeitpunkt und zu einem festgelegten Preis zu machen.

● *»Optionen«* – auch hier gilt: bestimmtes Geschäft und bestimmter Preis, aber hier hat der Käufer mehr Freiheiten. Er kann das Recht während der gesamten Laufzeit der Option ausüben, verkaufen oder am Ende verfallen lassen. Der Verkäufer *(= »Stillhalter«)* muß dem Verlangen des Käufers jederzeit nachkommen.

Für das Recht auf dieses Geschäft bezahlt der Käufer an den Verkäufer eine Prämie, den Future- bzw. Optionspreis.

Außerdem gibt es *»Optionsscheine«,* Wertpapiere, die aus der Optionsanleihe hervorgegangen und in ihrer Funktion den Optionen sehr ähnlich sind.

Den Eigenarten der Termingeschäfte ist im übrigen in diesem Buch das 5. Kapitel gewidmet.

2.5 Edelmetalle

Während Metalle im allgemeinen nur in standardisierten, relativ großen Einheiten gehandelt werden, macht man bei einigen Edelmetallen eine Ausnahme und bietet sie in kleineren Stücken an. So ist es auch dem »kleinen Mann« möglich, sich einen physischen Bestand an Gold oder Silber anzulegen. Das wiederum verhilft diesen Edelmetallen zu einer Sonderstellung. Während nahezu alle Metalle über die Warenterminmärkte gehen, werden vorrangig Gold und Silber an vielen Effektenbörsen mitgehandelt.

In Europa gibt es fünf Goldbörsen, eine davon ist die Frankfurter Wertpapierbörse. Hier werden börsentäglich die Kurse für Goldbarren von 1 kg und von 12,5 kg festgestellt und gehandelt. Da Gold und Silber als besonders wertbeständige Anlagen gelten, genießen sie beim Publikum hohes Interesse. Die Nachfrage nach Gold steigt besonders in Krisensituationen, da es sich als ausgezeichnete Fluchtwährung etabliert hat. Ein Goldbarren ist relativ klein, kann also leicht transportiert und gelagert (versteckt?) werden, und der Wert des Goldes wird in allen Ländern der Erde anerkannt. Goldbarren besitzen einen direkten Substanzwert, damit ist Gold so etwas wie eine internationale Währung. Eben diese Eigenschaften machen das Gold zu einer idealen Krisenanlage.

Die Barreneinheiten, die derzeit bei deutschen Banken erhältlich sind, reichen von einem Gramm bis 12,5 kg. Oft stößt man bei Gold auf die Gewichtseinheit »Unze« oder »Feinunze«, das sind 31,1 Gramm.

Nach Wegfall der Mehrwertsteuerpflicht bei Gold in Deutschland ist die Bedeutung der Goldzertifikate gesunken. Hier ging es nicht um den physischen Erwerb der Barren, sondern um verbriefte Rechte auf Aushändigung der Barren, die im Ausland verwahrt bleiben.

Wer Gold in der Erwartung eines Goldpreisanstieges kauft, der sollte alternativ den Erwerb von Goldminenaktien betrachten. Es könnte der interessantere Weg sein, denn Goldminenaktien haben einen deutlich »längeren Hebel« bei der Veränderung des Goldpreises. Tritt der erwartete Goldpreisanstieg ein, so macht man mit dem Kauf von Goldminenaktien leicht den doppelt so hohen Gewinn wie beim Kauf von Goldbarren oder Goldzertifikaten.

3. Wissenswertes über Kurse

3.1 Was sind Börsenkurse, und wie werden sie ermittelt?

Der Kurs bezeichnet den aktuellen Preis der Ware »Wertpapier« oder eines anderen Börsenobjektes. Er legt den Wert offen, der dem betreffenden Papier seitens der Kauf- oder Verkaufsinteressenten beigemessen wird.

Der zuständige Makler setzt den Kurs für sein Wertpapier anhand der vorliegenden Kauf- und Verkaufsaufträge so fest, daß möglichst alle vorliegenden Aufträge ausgeführt werden können. Es gilt das Prinzip des größtmöglichen Umsatzes. Wenn nicht alle Aufträge ausgeführt werden konnten, so erhält der Kurszettel einen entsprechenden Vermerk. Das der Kursermittlung zugrundeliegende Prinzip kann aus der Beispieltabelle in Abb. 3.1 ersehen werden:

	Kurs/ Limit DM	Kaufaufträge		Verkaufsaufträge		Anzahl der realisierbaren Aufträge
		Stück je Limit	Stück kumul.*	Stück je Limit	Stück kumul.*	
1	bestens	–	–	100	100	0
2	200	30	260	10	110	110
3	202	10	230	0	110	110
4	205	20	220	25	135	135
5	206	10	200	0	135	135
6	208	10	190	0	135	135
7	**210**	**40**	**180**	**20**	**155**	**155**
8	215	30	140	25	180	140
9	217	0	110	12	192	110
10	219	0	110	10	202	110
11	220	10	110	50	252	110
12	billigst	100	100	–	–	0

Abb. 3.1   * *kumuliert*

Kumulation:

● Kaufaufträge in Richtung niedrigerer Kurse kumuliert (nach oben)

● Verkaufsaufträge in Richtung höherer Kurse kumuliert (nach unten)

Der Makler wird im Beispiel den Kurs auf 210 DM festsetzen, weil er mit 155 Stück die höchstmögliche Zahl von Aufträgen realisieren kann, mehr als zu jedem anderen Kurs. Allerdings werden 25 Kaufaufträge unberücksichtigt bleiben müssen.

Kurse werden »notiert«. Dabei unterscheiden wir zwei Notierungsarten:

● Kassa- (= Einheits-)Kurse und
● variable (= fortlaufende) Notierungen.

Der *Kassa- oder Einheitskurs* wird für Aufträge ermittelt, die nur einen geringen Umsatz ausmachen. Für diese Geschäfte wird an jedem Börsentag zu festgelegter Zeit (in Frankfurt um 12 Uhr) aufgrund der vorliegenden Aufträge ein Einheitskurs festgesetzt. Zu diesem Kurs werden dann *alle* Kauf- und Verkaufsaufträge ausgeführt, vorausgesetzt, es steht dem kein Limit entgegen.

Wesentlich flexibler, weil der jeweiligen Marktlage nachkommend, sind die *fortlaufenden* oder *variablen Notierungen.* Hierbei werden während der gesamten Börsenzeit laufend die Kurse für das bestimmte Wertpapier wie oben erläutert ermittelt, heutzutage natürlich per Computer.

3.2 Veröffentlichungen über Kurse und Tendenzen

3.2.1 Börsenbericht

Die allgemeine Tendenz an der Börse findet Niederschlag im täglichen Börsenbericht. Hier findet man knappe, aber präzise Angaben zum Tagesgeschehen. Im Beispiel Abb. 3.2 schildert die Frankfurter Allgemeine Zeitung die Situation nach einer am Vortag erfolgten Zinssenkung.

In Börsenberichten werden oftmals Begriffe benutzt, die teilweise ihre börsenspezifische Bedeutung haben:

Begriff	Bedeutung im Börsengeschehen
Hausse:	Sehr starke Kurssteigerungen um etwa 10 % des Kurswertes, anhaltender Kursanstieg
Fest:	Gewinne von ca. 2–5 % des Kurswertes
Anziehend:	Gewinne bis ca. 2 % des Kurswertes
Freundlich:	Kleine Kursgewinne, zunehmende Nachfrage
Erholt:	Steigende Kurse nach einem Rückgang
Gehalten, behauptet:	Trotz starkem Angebot nur kleine Verluste
Lustlos:	Kaum Nachfrage, geringe Umsätze
Abbröckelnd:	Kurse gehen stetig leicht zurück
Leichter, nachgebend:	Kursverluste bis etwa 1 % des Kurswertes
Schwächer:	Bis ca. 2 % Kursverluste
Schwach:	Etwa 3–5 % Kursrückgänge
Baisse:	Verluste von über 5 %, anhaltender Kursrückgang

3.2.2 Aktienkurszettel

Neben diesen Tendenzaussagen, die die gesamte Börse betreffen, gibt es zu jeder einzelnen Aktie noch Anmerkungen. Die wichtigsten Kürzel sind in der folgenden Tabelle zusammengefaßt.

Bezeichnung	Erklärung
G Geld	Nur Nachfrage. Umsätze wurden nicht getätigt. Es wird das höchste Limit der vorliegenden Kaufaufträge als (Geld-) Kurs notiert.
B Brief	Nur Angebot, keine Umsätze getätigt. Es wird das niedrigste Limit der vorliegenden Verkaufsaufträge als (Brief-) Kurs notiert.
b (bez) bezahlt	Angebot und Nachfrage waren ausgeglichen. Umsätze fanden statt. Es wurden ausgeführt: a) *Kaufaufträge:* b) *Verkaufsaufträge:* unlimitierte, zum notierten unlimitierte, zum notierten Kurs oder höher limitierte. Kurs oder niedriger limitierte. Zum festgesetzten Kurs lagen keine weiteren Kauf- und Verkaufsaufträge vor.
bG bezahlt Geld	Umsätze fanden statt. Zum notierten Kurs bestand noch weitere Nachfrage. Es wurden ausgeführt: a) *Kaufaufträge:* b) *Verkaufsaufträge:* unlimitierte und höher unlimitierte, zum Kurs oder limitierte voll, zum niedriger limitierte. Kurs limitierte zum Teil.
bB bezahlt Brief	Umsätze fanden statt. Zum notierten Kurs lag noch weiteres Angebot vor. Es wurden ausgeführt: a) *Kaufaufträge:* b) *Verkaufsaufträge:* unlimitierte, zum Kurs unlimitierte und niedriger und höher limitierte. limitierte voll, zum Kurs limitierte zum Teil.
ebG etwas bezahlt Geld	Es fanden geringe Umsätze statt. Die zum festgestellten Kurs limitierten Kaufaufträge konnten nur zu einem geringen Teil ausgeführt werden. Es wurden ausgeführt: a) *Kaufaufträge:* b) *Verkaufsaufträge:* unlimitierte und höher limi- alle unlimitierten, zum tierte wurden voll ausge- Kurs oder niedriger führt, von den zum notierten limitierten. Kurs limitierten nur ein Teil.
ebB etwas bezahlt Brief	Es fanden geringe Umsätze statt. Die zum festgestellten Kurs limitierten Verkaufsaufträge konnten nur zu einem geringen Teil ausgeführt werden. Es wurden ausgeführt: a) *Kaufaufträge:* b) *Verkaufsaufträge:* alle unlimitierten zum unlimitierte und niedriger Kurs oder höher limitierte voll, von den limitierten. zum Kurs limitierten nur ein kleiner Teil.

Bezeichnung		Erklärung
ratG	rationiert Geld	Die zum Kurs und darüber limitierten Kaufaufträge konnten nur beschränkt ausgeführt werden. a) *Kaufaufträge*: unlimitierte, zum notierten Kurs oder höher limitierte alle nur teilweise. b) *Verkaufsaufträge:* unlimitierte, zum Kurs oder niedriger limitierte.
ratB	rationiert Brief	Die zum Kurs und niedriger limitierten sowie die unlimitierten Verkaufsaufträge konnten nur beschränkt ausgeführt werden. a) *Kaufaufträge*: unlimitierte, zum notierten Kurs oder höher limitierte. b) *Verkaufsaufträge:* unlimitierte, zum Kurs oder niedriger limitierte alle nur teilweise.
*	Sternchen	Kleine Beträge konnten nicht gehandelt werden.
–	gestrichener Kurs	Keine Umsätze: es liegen keine Aufträge vor, ein Kurs konnte nicht festgestellt werden.
–G	gestrichen Geld	Ein Kurs konnte nicht festgestellt werden, da überwiegend Nachfrage bestand.
–B	gestrichen Brief	Ein Kurs konnte nicht festgestellt werden, da überwiegend Angebot bestand.
T	Taxe	Es fanden keine Umsätze statt, der Kurs ist geschätzt.
ex D oder ex Div.	ausschließlich Dividende	Kursnotiz am Tage des Dividendenabschlages.
ex B oder ex Bez.	ausschließlich Bezugsrecht	Kursnotiz am Tage des Bezugsrechtsabschlages.

Abb. 3.2

Auf den folgenden Seiten finden sich Beispiele zu Aktienkurszetteln aus verschiedenen Tages- und Wochenzeitungen.

Deutsche Aktien verlieren kräftig

Am deutschen Aktienmarkt hat sich die Erholung der Kurse am Donnerstag nicht fortgesetzt. Der Xetra-Dax des Computerhandels, der schon am Mittwoch nachmittag nachgegeben hatte, rutschte im Handelsverlauf um 2,06 Prozent auf 5486,76 Prozent. Der Deutsche Aktienindex Dax am Parkett gab ebenfalls spürbar nach und verlor 1,93 Prozent auf 5488,22 Punkte. Etwas besser standen die Aktien der zweiten Reihe da, der M-Dax fiel 0,62 Prozent auf 4429,77 Punkte. Der F.A.Z.-Aktienindex wurde mit 1741,36 Punkten etwas niedriger berechnet als am Vortag (1765,41 Punkte).

Verschiedene Faktoren hätten die Stimmung am Aktienmarkt eingetrübt, berichteten Börsianer. Die leichten Kursverluste an der Wall Street seien dafür ebenso verantwortlich wie der schwächere Dollar und die Warnungen vor einem Zusammenbruch einiger Banken in Rußland, hieß es. Die Kursgewinne der Vortage dürften nicht darüber hinwegtäuschen, daß die Nervosität in diesen Tagen sehr groß sei, sagte ein Börsianer. Zu den größten Kursverlierern des Handelstages zählten die Aktien von Bayer, die 7,4 Prozent auf 73,50 DM rutschten. Grund für die Verkäufe war nach Auskunft von Händlern die Vorlage der Halbjahreszahlen des Unternehmens. Bayer hatte nach einem erfreulichen ersten Quartal über eine schwächere Geschäftsentwicklung in den zweiten drei Monaten berichtet. Am Tag nach Bekanntgabe des Halbjahresergebnisses verloren auch Hoechst-Aktien kräftig. Der Kurs gab 3,22 Prozent auf 78,20 DM nach. Nicht einmal die Kaufempfehlung einer Bank habe den Kurs stützen können, hieß es.

An den deutschen Regionalbörsen war die Tendenz zur Kasse uneinheitlich. In **Stuttgart** fielen Allianz Leben um 25 auf 1211 DM zurück. Porsche schwächten sich um 40 auf 4660 DM ab. Transtec kletterten nach Doppelplusankündigung um 10,50 auf 116,50 DM. In **Hannover** wurden Sartorius Stammaktien um 10 auf 540 DM herabgestuft.

Schott steigerten sich um 7 auf 332 DM. KWS verloren 18 auf 1380 DM. In **Hamburg** büßten Springer 12 auf 1188 DM ein. Fielmann verloren 1,50 auf 56 DM. Jil Sander Vorzüge erholten sich um 10 auf 680 DM, Dräger legten 2,10 auf 36,80 DM zu. In **Berlin** wurden Berliner Freiverkehr um 35 auf 1490 DM herabgestuft. Cybermind verbesserten sich um 7 auf 95 DM. In **Düsseldorf** stiegen Brau und Brunnen um 7 auf 220 DM.

Bezugsrechte (Konditionen und Kurse im alphabetischen Aktienkursteil): Berliner Freiverkehr, Drägerwerke, Gerling, RSE Grudbesitz u. Beteiligung.

Gewinner und Verlierer des Tages

Veränderung in Prozent am 20. August 1998

Plus		Minus	
Rosenthal	11,76	Bayer	7,43
Schneider Rund	7,20	Moksel	6,42
Ceag	6,67	Bremer Vulkan	5,76
Drägerwerk Vz	5,72	Dresdner Bank	5,67
Brau und Brunnen	4,74	Ex-Cell-O	5,00
Berliner Kraft (Bewag)	3,95	Jagenberg Vz	4,11
Hamborner	3,71	Dt. Bank	4,01
Koenig&Bauer Vz	2,63	Wella Vz	3,96
FAG Kugelf.St	2,62	Grohe Vz	3,54
O&K Orenstein	2,49	Holzmann	3,42

Errechnet aus den Einzelindizes der im F.A.Z.-Performance-Index enthaltenen Titel. – Quelle: F.A.Z.

Börsenstatistik*

	Frankfurt		alle dt. Börsen	
	19.8.98	20.8.98	19.8.98	20.8.98
Gesamtumsatz	33061,47	28700,89	42849,01	36837,34
Dt. Aktien	15906.78	14278,96	18295,10	16534,76
Ausl. Aktien	799.37	582,22	1530,59	1149,33
Optionsscheine	465.36	383,84	685,66	567,24
Renten gesamt	15889.96	13455,88	22337.66	18586,02
Bund-Bahn-Post	15027.15	12912,74	21110,05	17751,10
sonst. öff. Anleihen	48.39	25,79	50,50	28,55
sonst. Schv./KO/PF	406.60	183,38	684,61	407,25
Opt. u. Wandelanl.	5.77	8,25	12,78	16,76
Währungsanl.	0.29	0,60	1,78	2,66
DM Auslandsanl.	399.76	324,95	477,71	379,43
Umsatzindex	106963.07	97145,00		

Kursveränderung - Anzahl der Aktien (Vortag): Höher 102 (157), niedriger 163 (99), unverändert 108 (116).
* Geschäftsvolumen (ausmachende Beträge in Mill. DM)

Abb. 3.3   Quelle: Frankfurter Allgemeine Zeitung

Inländische Aktien

Wertpapier Kenn-Nr. Kürzel [Dividende] (Kapital) Not. Einheitskurs vom V (24. 8. Schluß) Fortlfd.Not. in 25. 8. 24. 8.	Höchst-/ Tiefstkurs seit 2. 1. 98

```
🔲 1 & 1  508900 EIE  (13,2:5)  Bl: 195,- G  195,-b  V(191,- G)195-6-6//-6-195G                         281,-/172,-
Dü: 197,-b  190,-G  V(190,-G)194B-4//-197
Fr  195,-b  190,50b  V(191,-)191-1-2-3,5-4-5//-6,5-6,5-198
Hb: 190,-G  193,-B  V(193,-B)190G   Mü: 196,--T  196,--T  V(191,-G)193-6//-7-197T
St: 195,-b  195,50bB  V(192,-G)191G-5-2-3-1-4//-5-7-196G

A.A.A. Allg.Anlagev. 722800 AAA SWOG  [0 HV21.8.97+6] (95,9336:50) Z 6/97                                24,-/9,-
Fr  13,80 B  13,80 b  V(13,80)-//-13,8G

Aach.Straßenbahn 820000 ASE ASEG  [4,▶V4,-27.8.-43] (N 11,76:100) Z 6/98                                444,-/380,-
Bl: 410,--T  410,--T  Dü 444,-B  444,-bB  V(444,-B)444B//-444B

🔲 Aach.u.Münch.Lebensvers. 845392 AML2 AMLG  [15,-ex4.5.98+11] (26,4:50)                                890,-/800,-
Z 6/98  Bl 870,--T  870,--T  Dü 860,-b  870,-G  V(870,-G)870G//-60-860
Fr  870,-b  870,-b

🔲 Aach.u.Münch.Vers. vink.Na.A. 841080 AMV AMVG  [15,-ex22.5.98+24]                                     675,-/550,-
(168,444:50) Z 6/97  Bl 603,--T  602,--T  Dü 615,-G  V(615,-G)615G//-615G
Fr  603,-b  602,-b  Hb 603,--T  602,--T  V(602,--T)-//  Mü 615,-G  615,-G

Achterbahn 500740 ACH  [V0 28.8.] (4 0:5)                                                              162,-/57,80
Bl: 154,50b  150,50b  V(152,-G)151,5G-1,5-4-4//-5bG-5-7-6-4,5-1-3-3,5-2-152,5G
Fr: 151,50bG  155,-bB  V(150,-G)155G-5//-5bB-150T

Actium.Bet. 725020 SPO SPOG  [2,80ex22.5.98+6] (4,5:50)                                                 160,-/105,-
Dü: 153,-B  153,-B  V(153,-B)153B//

🔲 adidas-Salomon ■ ◆ Fr l 500340 ADS ADSG  [1,65ex8.5.98+1998] (226,746:5)                            331,-/216,30
Z 6/97 mind.Xetra 100
Bl: 229,50b  221,-b  V(224,-)227-7,5-8-30,5-2-0,5-0-29,9//-8,5-8-6-5,5-5-6-6-7-7-8-8-6,5-7,5-227
Br: 228,90 G  222,-G  V(225,-G)226-8,45-30-29,6//-7,5-6-5,9-5,5-5,5-5,5-6,75-6,95-6,6-6,55-227G
Dü: 228,-G  222,20b  V(226,-)226-9-9-7-8-7,5-7-7-7-7,5-7-7,5-7,5-7,5-8-5-9-8,3-30-0-1,4-0-1-0-0-
0-0-1-1-1-0-0-1-1-29//-9,5-9,5-9-7,5-7,5-8,5-8-8-8-7-6,5-5-6-7,7-8-8-8-228,8
Fr  228,90 b  222,-b  V(224,-)226-5-6,5-7-6-7-8,5-9-9-9-9-9,5-9,5-30-0-0-1-1-0-0-0-29-9-8,5-8,5-
8-8-9,5-30-29,5-9-8,5-8,3-8,3-9-9,6-9,6-9-8,5-8,9//-8-7,5-7-7-6,5-6,5-6-6,5-5-2-6-6-7-7,5-7,5-8-8-
8,5-7,5-7,5-6,5-7-6,5-225,5
Hb: 227,70b  224,50b  V(224,50)226,5-6-8,3-9,8-30-0-0,3-29,5-9,8-9-8-5,8-8,8-8,3-6-8-5,5-5,5-8-7,7-
227,7   Hn: 228,-G  221,-G  V(221,-G)-//
Mü: 228,95 b  220,15b  V(224,-B)228,5-5,5-7-8,5-8,9-9,8-9,8-9,5-9,9-30,95-29,45-30,15-0-29,5-9-
9-9,6-8,95//-8,5-8,2-6,9-5-9,6,5-6,85-7,9-7,65-7,7-7,5-6,95-6,65-6,7-6,95-7-6,75-226,75B
St: 228,95 b  220,50b  V(225,-)229-6-6-6-5,8-6,9-6,5-5,5-6,6-6,6-6,6-6,6-6,6-6,6-4,6-4,6-5,6,2-6,2-6-
6-6-7-7,9-8,15-8,85-8,9-8,9-8,5-9-9-9-9-9-9-30-1-1-1-0,5-0,5-0,5-29-30-0-0,4-29,85-9,85-9,85-9-8,7-9-
9-9-9-9-8-9,1-9-1-//-9-8,6-8-8,3-8-8-8-8,95//-8-9-8,8-8-8-8,5-8-8,3-8,3-8,5-8,45-8,4-8,4-8,4-7,4-7,1-
7,85-7,7-7,5-7-5,7-7,7-7-8,5-8-8-7,8-25-8,5-7//?7,8-7,8-7-7-6,5-6,35-6,95-6-5,5-6-6-6,95-7-6,75-6-
225,5G

Adlerw. vorm. H.Kleyer 500800 ADL ADLG  [12,▶ex6.7.98+44] (20,0:50) Z 6/97                             245,-/186,-
Bl 188,--T  186,--T  Dü 200,-B  200,-B  V(200,-B)200B//-200B  Fr 188,-G  186,10G
Mü 190,-B★  190,-B★

🔲 AEE Lebensmittel 820250 AEE AEEG  [12,50ex29.9.97+1] (1,6:10)                                        130,-/101,-
Dü: 119,-B  119,-B  V(119,-B)119B//

🔲 AGFB AG f.Bet.a.Telekommunik. 500880 ABT  [V0,40 25.9.+5] (75,0:5)                                  29,85/7,90
Bl: 21,50 bG  21,30--T  V(21,05)21,2-2-2,15-1,8-1,5bG//-1,6-1,5bG-1,5-1,3bB-21,5bG
Dü: 21,70 b  21,10G  V(21,-G)21G-1,1-1,8-1,5//-1,1-1,1-21,5G
Fr: 21,20 b  21,-b  V(21,-G)21,1-1,5bG-1,5bG-1,4-1-4-1,5-1,5-1,5//-1,5-1,4-1,4-1,4-1,1-1,5-1,5-
1,4-1,5-1,5bG-21,5G
Mü: 21,50 b  21,40 B  V(20,85)20,85T-1,3-1,5//-1,2-1,5bG-1,5bG-21,5G

AGIV ◆ Fr l 502820 AFI AFIG  [1,-ex1.7.98+33] (200,0:5 bed.20,0) Z 6/98                                55,-/31,25
mind.Xetra 100  Bl 46,90 G  44,50b  V(45,50 G)45G45G-6G//-6,9-6,7-47G
Br 46,90 G  45,-G  V(45,-G)-//-46,9G  Dü 47,-G  44,55G  V(45,50 G)45G-7//-46,6G
Fr 46,90 G  45,-b  V(46,50)47-7-6,9-6,9//-7-6,9-7-6,9-47
Hb 46,90 G  44,60G  V(45,80 G)-//-47G  Hn 46,90 b  45,-b  V(45,-)47//-47
Mü 46,50--T  44,50--T  V(45,50 -T)45,5T//-7,2-7,2-47,2T
St 46,90 G  44,50 G  V(46,-G)46G-7,5//-6,9-46,9G

🔲 AGROB 501900 AGR AGRG  [0 HV26.6.98+30] (11,57:100) Z 6/97                                           538,-/300,-
Mü 415,-b  405,-TB

dgl. Vz.A.o.St 501903 AGR3 AGR3pr  [0 HV26.6.98+31] (7,912:100)                                        535,-/299,-
Mü 400,-b  396,-b

Ahlers, Adolf St.A. 500970 AAH AAHG  [16,-ex25.6.98+15] (39,9975:o.Nw.) Z 5/98                         47,50/39,50
Bl: 39,80 G  40,20 G  V(39,70 G)40G//-39,3G
Dü 39,50 G  40,-G  V(39,50 G)39,5G-9,5//-39G
Fr: 39,50 G  40,-b  V(40,-B)40,5bB-39,5bG-9,5//-39,5B

dgl. Vz.A.o.St 500973 AAH3 AAHGpr  [17,-ex25.6.98+6] (20,0:o.Nw.)                                      56,50/41,50
Bl: 44,-G  44,-G  V(44,50 G)44,5GB//
Dü 44,50 G  44,-G  V(44,50 G)44,5G-4,5//-5,5-6-45,5G
Fr 44,50--T  45,-b  V(45,50)44,5T//-4-5-45,5
```

Abb. 3.4   Quelle: Börsenzeitung

Kursteil Aktien

Erläuterungen:

Der Kursteil enthält in den Abschnitten In- und Ausländische Aktien, Genußscheine und Aktienoptionsscheine alle Notierungen des Amtlichen Handels sowie alle Preise des Geregelten Markts, des Neuen Markts und des Freiverkehrs aller Börsen.
Die Abschnitte werden wie folgt sortiert: nach Emittent, Wertpapiertyp und ISIN (Int. Wertpapier-Kenn-Nummer) aufsteigend.

Namenszeile des Aktienkursteils: = Unternehmen hat Übernahmekodex der Sachverständigenkommission anerkannt. Nach dem Namen der Gesellschaft und dem Wertpapiertyp (ohne Kennzeichnung = Aktien) folgen: ■ = Eurex-Deutschland-Wert, ◨ = Dax- und Xetra-Wert, ◐ = MDax- und Xetra-Wert, ☉ = Euro-Stoxx/Stoxx 50 u. Xetra-Wert ▲ = Xetra-Wert, Wertpapier-Kenn-Nummer, Börsen-Kürzel und das Reuters-Symbol (ohne Börsen-Zeichen).
In eckiger Klammer werden aufgeführt: [letzte Dividende, Ex- bzw. HV-Termin + Dividendenscheinnr.; V = Div.-Vorschlag und Tag der bevorstehenden HV; **a.o.** = außerordentliche HV; ▶ = Div. für freie bzw. Minderheitsaktionäre; ★ = Div. auf das berichtigte Kapital; ◆ = wahlweise Bonusaktien].
In runder Klammer folgen: (emittiertes Kapital je Wertpapiergattung; Nennwert je Stück/Kursnotiz; △ = Vorzugsaktien der Gesellschaft nicht notiert; N = nicht sämtliche Stücke sind lieferbar; "bed." bzw. "res." = bedingtes bzw. reserviertes Kapital). Z = Zwischenbericht mit Ausstellungs- bzw. Berichtsmonat gem. Bekanntgabe durch die Heimatbörse.

Börsenplätze und Art der Notierung: Die Börsen Frankfurt und Hannover führen ein einheitliches Dachskonto für die Dax-100-Werte. Im Rahmen des Dachskontos erfolgt eine einheitliche Eröffnungs-, Kassa- und Schlußkursfeststellung durch die beteiligten Börsen. Dachskontoführend kann die Börse Frankfurt sein. Dies wird nach dem Namen der Emission, vor dem Wertpapiertyp, mit der Abkürzung **Fr** gekennzeichnet. Es gelten folgende Mindestschlüsse im variablen Aktien- und Optionsscheinhandel: Börsen Berlin, Bremen, Düsseldorf, Hamburg, München und Stuttgart: 1 Stück; Börse Frankfurt: Neuer Markt: 1 Stück; Börse Frankfurt (übrige Marktsegmente) und Börse Hannover: bei Nennwert 50,- DM: 50 Stück; bei Nennwert 5,- DM: 100 Stück.

Genaue Angaben zum Mindestschluß, insbesondere bei ausländischen Aktien, Genußund Optionsscheinen, siehe in den Erläuterungen zum Kursblatt der Börsen-Zeitung (Teilausgaben Aktien bzw. Optionsscheine). Freiverkehr der Börsen Frankfurt (nur ausländische Aktien) und Hamburg: Tages- und Vortageskursspalten enthalten jeweils die letzte variable Notierung, da keine Einheitspreise festgestellt werden. Preisfeststellung im variablen Handel ohne Mindestschluß. Die Erteilung von Stop-Loss-/Stop-Buy-Orders iat an allen acht deutschen Börsen für alle gehandelten Werte möglich.
Kurse: Sie werden in DM pro Stück des kleinsten Nennwerts notiert. In der runden Klammer wird ggfs. die abweichende Währung des Nennwerts genannt oder bei Aktien ohne Nennwert der Vermerk "o.Nw." Wenn die kleinste handelbare Einheit von 1 abweicht, wird dies hinter "m." angegeben. "%Not." weist auf prozentnotierte Aktienwerte hin.
Die Kurseröffnung erfolgt im Anschluß an die Stammdateninformationen und wird in den folgenden Zeilen fortgesetzt.
Höchst-/Tiefstkurse: Diese werden in der Namenszeile ganz rechts aufgeführt und sind errechnet aus den Einheitskursen (amtl.) und Preisen des Geregelten Markts und des Freiverkehrs aller Börsen; eine Bereinigung erfolgt bei Kapitalveränderungen und Notizumstellungen unter Beachtung des Dividendenvor- und -nachteils; jeweils zum 1.4. wird die Basis umgestellt.
Börsenplätze und Art der Notierung: Amtliche Notierung: Kennzeichnung in fetter Schrift, **Bl**= Berlin, **Br**= Bremen, **Dü**= Düsseldorf, **Fr**= Frankfurt, **Hb**= Hamburg, **Hn**= Hannover, **Mü**= München, **St**= Stuttgart.
Geregelter Markt: Kennzeichnung in fetter Schrift mit Doppelpunkt, z.B. **Bl:**= Berlin.
Neuer Markt Frankfurt: Kennzeichnung in fetter Kursivschrift ohne Doppelpunkt, z.B. *Fr*
Freiverkehr: Kennzeichnung in fetter Kursivschrift mit Doppelpunkt, z.B. *Dü:*= Freiverkehr Düsseldorf.
Kurse: Fortlaufende Notierungen werden in der gesamten Folge veröffentlicht. V = variable, fortlaufende Kurse; (in Klammer = Schlußkurs Vortag); // = fortl. Kurse nach diesem Zeichen sind nach dem Einheitskurs festgestellt worden. Abschnitte nur mit Tageskursveröffentlichung: bei fehlendem Tageskurs wird der Vortageskurs oder der zuletzt gelieferte Kurs in kursiver Schrift in der Tageskursspalte veröffentlicht. Abschnitte mit Tages- und Vortageskursveröffentlichung: in der Tageskursspalte steht das Datum des letzten Kurses, in der Vortageskursspalte der Kurs dazu.

Hinweise: ex A = ex Ausschüttung; ex BA = ex Berichtigungsaktien; ex BR = ex Bezugsrecht; ex D = ex Dividende; ex AZ = ex Ausgleichszahlung; ex BO = ex Bonusrecht ex abc = ex versch. Rechte; ex SP = ex Split; C = Kompenstaionsgeschäft; H = Hinweise; ■ = der Kurs wurde berichtigt; ausg. = Notierung ausgesetzt.

Abb. 3.5

Quelle: Börsenzeitung

68

Aktienkurse aus aller Welt

Deutschland

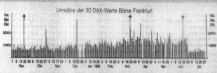

Umsätze der 30 DAX-Werte Börse Frankfurt

Aktuelle Börsenbewertung der Aktienkurse:

A+	= sehr gut	D	= Gesellschaft
A	= gut		befindet sich
A–	= gut bis mittel-		in Sanierung
	mäßig	k.S.	= keine Schät-
B+	= ausreichend		zung des Ge-
B	= schwach		winns möglich
C	= sehr schwach	n. m.	= nicht möglich

Dax-Index 4.08.: 5799,88 (28.07.: 5880,14)

MDax-Index 4.08.: 4569,01 (28.07.: 4704,98)

Höchst/ Tiefst 1996	Ultimo- kurs 1997	Max. Streu- besitz	28.07.	4.08.	Name [Branche, Stückelung]	Letzte Divi- dende	95/96 1996	96/97 1997	97/98 1998	98/99 1999	Letztes Bezugs- recht	Kurs- chan- cen
281-172	–	34%	235,0	224,5	1&1 (Dienstleister, 5)			1,80	2,30	2,30	3/98	B–
331-226	236,6	69%	247,5	265,0	adidas-Salomon (Sportart., 5)	1,55	6,93	10,25	Verl.	15,20	11/95	B
55-31	34,0	40%	52,7	46,0	AGIV (Holding, 5)	1,00	0,20	2,20	3,00	3,20	9/93	A–
384-281	210,0	40%	356,0	354,0	Aixtron (Halbleiter)	–	–	1,28	2,30	3,30	6/98	B–
680-457	466,0	45%	653,0	641,0	Allianz (Vers.-Holding, 5)	1,90	9,09	10,15	10,90	12,00	3/98	B+
157-121	123,5	49%	132,8	128,3	Altana (Diätet., 5)	1,60	4,25	5,10	6,00	7,30	11/93	B+
255-193	196,5	33%	232,0	254,9	AMB Nam. (Versich., 5)	1,70	7,10	8,35	8,40	8,70	2/64	B+
148-100	–	50%	124,6	124,0	Augusta Bet. (Info.techn., 5)	–	–	1,90	3,80	4,17	5/98	B–
735-469	463,5	19%	648,0	635,0	AVA (Handel, 50)	0,00	7,50	7,50	14,10	25,50	1/92	B–
280-153	172,0	25%	262,0	239,0	Axa Colonia St. (Versich., 5)	2,00	9,75	10,20	10,20	11,10	1/95	A–
236-149	172,0	100%	201,0	184,0	dgl. Vz.	3,10	9,75	10,20	10,20	11,10	1/95	A–
49-35	39,8	23%	36,6	34,5	Bankges. Berlin (5)	1,10	Verl.	2,50	2,50	3,00	6/94	B
93-60	63,8	88%	81,0	79,9	BASF (Chemie)	2,00	4,40	4,91	5,75	7,00	9/85	A–
97-64	67,2*	95%	83,5	80,3	Bayer (Chemie)	1,90	3,75*	4,05*	4,50	4,75	1/86	A–
138-83	87,8	20%	123,5	125,2	Bayerische Hypobank (5)	1,45	2,40	3,04	5,20	6,20	9/84	B+
184-110	117,7	79%	165,3	167,0	Bayerische Vereinsbank (5)	1,80	2,83	3,21	5,20	6,20	10/97	B+
126-75	78,0	30%	121,0	111,0	Beiersdorf (Kosmetik, 5)	1,00	2,63	2,72	3,10	3,60	8/96	B+
124-61	67,0	30%	104,0	101,6	Bertrandt (Autozulief., 5)	0,60	1,64	1,22	2,10	2,70	10/96	B+
89-52	144,5	63%	53,0	52,8	Beta Systems (Comp.)	–	–	2,26	3,09	3,69	7/98	B
92-51	54,4	25%	81,4	71,0	BEWAG (Elektrizität, 5)	1,00	2,22	2,29	2,38	2,59	10/83	B
87-49	51,0	60%	86,5	83,9	BHF-Bank (5)	1,45	1,74	1,90	2,40	3,10	1/64	A–
34-29	29,5	30%	30,9	30,1	BHW (Bauspar 5)	0,95	1,23	1,39	1,45	1,85	4/97	B+
1966-1008	1345	39%	1752	1638	BMW St. (Auto, 50)	20,00	48,70	69,20	72,59	90,90	6/98	B
1290-706	919,0	39%	1075	995,0	dgl. Vz. (50)	21,00	48,70	69,20	72,59	90,90	6/98	B
925-805	806,0	65%	890,0	860,0	Buderus (Heizungstechn., 50)	22,00	47,00	48,00	50,00	53,00	6/92	A–
295-185	–	50%	197,0	210,0	CE Computer Equipment (5)	–	–	0,37	3,00	4,21	4/98	B
364-219	–	40%	277,5	265,0	Cenit (Software, 5)	–	–	1,19	4,05	4,80	5/98	B
76-64	70,8	96%	68,9	66,3	Commerzbank	1,50	2,96	2,45	3,70	3,90	10/97	B+
63-40	39,7	52%	62,1	58,5	Continental (Reifen, 5)	0,70	2,32	2,64	4,00	4,80	10/87	B+
203-117	126,2	50%	182,3	177,5	Daimler-Benz (Auto, 5)	21,80	5,37	6,15	6,90	8,20	6/98	B+
625-588	580,0	71%	752,0	760,0	DBV-Winterthur (Holding, 50)	12,00	31,40	39,00	54,00	48,00	–	B+
120-90	90,0	61%	112,0	111,5	Degussa (Chemie/Pharma, 5)	1,80	3,90	4,40	5,55	6,15	9/82	B+
157-108	106,8	48%	154,0	156,0	GePfa-Bank (Hypobk., 5)	1,30	5,12	6,35	7,35	7,95	5/86	B+
140-90	105,0	83%	134,6	126,0	Deutsche Babcock (Masch., 50)	0,00	Verl.	1,44	2,25	4,15	1/82	B
163-109	127,0	95%	146,3	137,8	Deutsche Bank **	1,80	4,44	1,97	8,70	7,20	2/93	B+
55-31	33,9	26%	51,9	51,0	Deutsche Telekom (5)	1,20	1,13	1,43	1,60	1,94	10/96	B+
27-12,5	13,2	50%	24,8	24,0	Deutz (Motor./Anlageb., 5)	0,00	Verl.	0,29	1,60	2,10	7/95	A–
354-190	205,0	75%	345,0	346,5	DLW (Linoleum, 50)	5,00	Verl.	8,40	19,00	22,00	6/93	B+
103-52	54,3	43%	82,5	82,6	Douglas Hold. (vorm. Hussel,5)	7,40	2,95	3,75	3,57	4,06	7/98	B+
113-75	83,0	58%	106,3	106,0	Dresdner Bank	1,55	2,87*	2,99*	0,76	0,90	9/97	B+
77-53	59,3	20%	65,1	61,0	Dürr (Lackieranlagen, 5)	1,50	2,30	3,41	4,20	4,80	6/92	B+
670-490	508,0	49%	631,0	645,0	Dyckerhoff St. (Zement, 50)	14,00	43,00	48,53	53,84	58,00	7/96	B
788-475	475,0	49%	705,0	730,0	dgl. Vz. (50)	14,00	43,00	48,53	53,60	58,00	7/96	B
380-220	–	36%	323,5	318,0	Ergo Versicherung (5)	1,50	6,74	7,61	7,80	8,20	2/98	B
315-237	244,0	56%	257,0	257,0	Escada St. (DOB, 50)	7,00	19,11	20,26	24,20	28,90	6/91	B+
300-208	203,0	71%	250,0	252,0	dgl. Vz. (50)	8,00	19,11	20,26	24,20	28,90	6/91	B+
31-22	23,8	93%	26,8	25,2	FAG Kugelfischer (Kugelf., 5)	0,60	1,75	1,92	2,05	2,25	5/96	B+
70-36	40,0	64%	62,2	61,0	Fielmann Vz. (Optik, 5)	1,20	2,62	1,09	1,90	2,10	10/94	B
400-268	303,0	17%	302,0	297,0	Fresenius St. (Pharma, 5)	2,10	7,05	10,65	12,20	15,20	4/97	B+
439-309	331,0	100%	335,0	317,0	dgl. Vz. (5)	2,00	7,05	10,65	12,20	15,20	4/97	B+
144-106	119,5	12%	119,0	106,0	Fresenius Medical Care St. (5)	1,00	1,038	1,168	1,508	2,028	–	B+
114-80	97,0	100%	83,8	81,5	dgl. Vz. (5)	1,10	1,038	1,168	1,508	2,028	–	B+
81-61	68,0	25%	69,5	61,0	Gaa St. (Maschinenbau)	1,20	3,02	4,53	4,58	5,52	3/94	B+
76-57	58,2	100%	66,5	61,0	dgl. Vz.	1,80	3,02	4,53	4,58	5,62	3/94	B+
106-91	90,0	39%	101,0	106,2	Gehe (Pharmazie, 5)	1,30	3,75	4,20	4,60	5,10	8/98	B+
29-24	25,1	39%	26,0	25,3	Gerresheimer Glas (5)	0,40	2,25	0,60	1,00	1,40	2/93	B–
177-93	98,0	61%	160,0	155,0	Gildemeister (Masch., 50)	0,00	Verl.	6,16	7,00	8,00	12/90	B+
650-470	436,0	90%	583,0	620,0	Grohe Vz. (Sanitär, 50)	21,00	27,20	30,90	35,00	38,00	–	B+
257-142	168,0	30%	229,0	241,0	Hannover Rück (Versich., 5)	3,15	8,36	6,80	7,70	9,00	–	B+
170-94	–	15%	152,0	140,0	Heidelberger Druck (5)	–	–	5,99	7,86	9,00	12/97	B+

* bezogen auf 5-DM-Aktie; ** Ergebnis je Aktie nach IAS; *** BA 1:1; Douglas: 10:1:32,50

Abb. 3.6

Quelle: Effecten-Spiegel

69

1998 High	1998 Low	Stock	Div	Yld. %	P/E	Vol 100s	High	Low	Close Quote	Ch'ge Prev. Close
$4\frac{3}{4}$	$3\frac{1}{4}$	Sun Energy	0.04	1.2	10	120	$3\frac{5}{16}$	d$3\frac{1}{4}$	$3\frac{5}{16}$	
67	37	Sunamr x	0.60	1.0	25	5031	63	$60\frac{3}{4}$	$62\frac{1}{16}$	$+2\frac{5}{16}$
$71\frac{5}{8}$	$46\frac{7}{16}$	Sndstr	0.68	1.3	13	4436	$52\frac{3}{16}$	$51\frac{1}{2}$	$52\frac{1}{16}$	$+\frac{1}{16}$
40	$28\frac{7}{16}$	SunGard			32	1440	$36\frac{15}{16}$	36	$36\frac{1}{8}$	$-\frac{3}{8}$
$87\frac{3}{4}$	64	Suntst	1.00	1.5	19	6714	$66\frac{1}{2}$	$65\frac{3}{8}$	$66\frac{1}{16}$	$+\frac{1}{16}$
$33\frac{7}{8}$	$24\frac{1}{4}$	Superior	0.32	1.3	12	971	$24\frac{15}{16}$	d$24\frac{1}{4}$	$24\frac{15}{16}$	$+\frac{1}{16}$
$50\frac{3}{8}$	$40\frac{3}{8}$	Supvalu♣ x	1.06	2.2	12	1247	$47\frac{1}{2}$	47	$47\frac{3}{16}$	$+\frac{1}{16}$
$34\frac{5}{8}$	26	Swiss Helv				105	$31\frac{7}{8}$	$31\frac{5}{8}$	$31\frac{1}{16}$	$+\frac{1}{16}$
$49\frac{1}{16}$	$24\frac{9}{16}$	Symbol Tec	0.27	0.5	37	5012	u$51\frac{1}{2}$	$49\frac{3}{8}$	$51\frac{1}{16}$	$+2\frac{1}{16}$
$15\frac{11}{16}$	$11\frac{5}{8}$	Syms Corp	0.20	1.4	19	12	$13\frac{11}{16}$	$13\frac{3}{8}$	$13\frac{7}{8}$	$-\frac{1}{16}$
$25\frac{13}{16}$	$19\frac{3}{4}$	SynvFn	0.29	1.4	31	1189	$21\frac{1}{2}$	$20\frac{1}{16}$	$21\frac{1}{16}$	
$26\frac{3}{4}$	$21\frac{5}{8}$	Sysco	0.36	1.6	23	6121	$23\frac{5}{16}$	$22\frac{1}{16}$	$22\frac{3}{4}$	$+\frac{9}{16}$

- T -

1998 High	1998 Low	Stock	Div	Yld. %	P/E	Vol 100s	High	Low	Close Quote	Ch'ge Prev. Close
$10\frac{1}{4}$	$6\frac{3}{4}$	TCBY Enter	0.20	2.6	18	143	$7\frac{7}{8}$	$7\frac{9}{16}$	$7\frac{9}{16}$	$-\frac{1}{4}$
$37\frac{1}{4}$	$26\frac{1}{8}$	TCF Financ x	0.65	2.4	15	1461	$27\frac{1}{16}$	$26\frac{1}{2}$	$27\frac{1}{16}$	$+5\frac{5}{8}$
11	$9\frac{3}{8}$	TCWCvSc♣	0.84	8.8		320	$9\frac{9}{16}$	$9\frac{1}{2}$	$9\frac{9}{16}$	
$84\frac{1}{2}$	$68\frac{3}{4}$	TDK Corp A	0.37	0.5	19	60	$70\frac{1}{2}$	$69\frac{1}{4}$	$69\frac{1}{2}$	$-\frac{1}{4}$
$2\frac{3}{8}$	$\frac{1}{16}$	T I S Mtge				z0	1	1	1	
$28\frac{1}{16}$	$15\frac{1}{2}$	TJX x	0.12	0.5	25	11565	$26\frac{1}{4}$	$24\frac{1}{8}$	$25\frac{7}{8}$	$+1\frac{3}{8}$
$34\frac{1}{8}$	$30\frac{11}{16}$	TNP Ent♣	1.08	3.5	11	176	$31\frac{1}{2}$	$30\frac{1}{4}$	$30\frac{11}{16}$	$-\frac{1}{16}$
$57\frac{3}{8}$	$48\frac{13}{16}$	TRW x	1.24	2.6		5243	$49\frac{1}{4}$	d$48\frac{3}{8}$	$48\frac{5}{8}$	$-\frac{3}{4}$
$19\frac{7}{8}$	$11\frac{9}{16}$	Taiwan Fd	4.61			523	$12\frac{7}{8}$	$12\frac{3}{4}$	$12\frac{7}{8}$	$+\frac{1}{4}$
$58\frac{5}{8}$	$30\frac{3}{8}$	Tandy	0.40	0.7	44	6689	u$62\frac{3}{8}$	$57\frac{5}{8}$	$60\frac{13}{16}$	$+2\frac{13}{16}$
$10\frac{1}{8}$	$4\frac{1}{8}$	TCC Inds				19	$5\frac{5}{16}$	$5\frac{1}{2}$	$5\frac{5}{16}$	$-\frac{1}{16}$
$28\frac{1}{2}$	$24\frac{3}{4}$	TecoEngy	1.24	4.8	17	1155	26	$25\frac{11}{16}$	$25\frac{3}{4}$	$-\frac{1}{16}$
$48\frac{5}{16}$	$26\frac{7}{16}$	Tktrnx♣	0.48	1.6	18	1525	$31\frac{3}{16}$	$29\frac{1}{2}$	$30\frac{15}{16}$	$+1\frac{1}{2}$
$56\frac{1}{16}$	$30\frac{5}{8}$	TeleDa	0.99	1.9	29	1787	$52\frac{1}{4}$	$51\frac{5}{8}$	$52\frac{1}{16}$	$+1\frac{13}{16}$
135	$92\frac{5}{16}$	Telebras				37757	$95\frac{1}{16}$	d$91\frac{1}{16}$	$95\frac{1}{4}$	$+1\frac{5}{16}$
$90\frac{7}{8}$	$42\frac{1}{8}$	Telcmlt	0.72	0.8	45	739	$87\frac{1}{4}$	85	$87\frac{3}{4}$	$+3\frac{1}{4}$
$158\frac{1}{8}$	$87\frac{1}{2}$	TeleEspSA	1.41	1.0	37	405	$146\frac{1}{4}$	$144\frac{1}{4}$	$146\frac{1}{4}$	$+2\frac{7}{8}$
$58\frac{1}{16}$	$40\frac{1}{8}$	Telmex	0.91	2.1	18	35823	$44\frac{13}{16}$	$42\frac{1}{2}$	44	$+\frac{3}{8}$
$67\frac{1}{4}$	$48\frac{13}{16}$	TempInl♣	1.28	2.6	33	2705	50	d$48\frac{3}{4}$	50	$+1$
$19\frac{15}{16}$	$11\frac{13}{16}$	TempltEmMk	0.21	1.8		487	$11\frac{15}{16}$	d$11\frac{3}{4}$	$11\frac{3}{4}$	$-\frac{1}{8}$
$40\frac{7}{8}$	$25\frac{1}{4}$	TenetHlth				12913	$26\frac{1}{2}$	$25\frac{15}{16}$	$26\frac{7}{16}$	$+\frac{1}{2}$
$47\frac{1}{2}$	$32\frac{5}{16}$	Tnneco	1.20	3.6	14	2797	$33\frac{1}{4}$	d$32\frac{1}{2}$	$32\frac{15}{16}$	$+\frac{1}{16}$
$61\frac{3}{8}$	$18\frac{7}{8}$	Teppco Pts	3.60	6.8	14	93	$52\frac{15}{16}$	$52\frac{1}{2}$	$52\frac{1}{16}$	
$48\frac{1}{16}$	$20\frac{5}{8}$	Teradyne			11	4732	$23\frac{1}{16}$	$22\frac{1}{16}$	$23\frac{1}{16}$	$+\frac{15}{16}$
$31\frac{1}{2}$	$18\frac{7}{8}$	TerexCp♣				1092	$23\frac{1}{16}$	23	$23\frac{1}{16}$	$+\frac{1}{16}$
$13\frac{1}{8}$	6	Terra♣	0.20	3.2	3	376	$6\frac{1}{4}$	$6\frac{1}{8}$	$6\frac{1}{4}$	
$21\frac{1}{4}$	$14\frac{13}{16}$	Tesoro			5	818	17	$16\frac{1}{2}$	17	$+\frac{7}{8}$
$25\frac{1}{2}$	13	Tetra Tec			12	553	$13\frac{11}{16}$	$13\frac{5}{16}$	$13\frac{5}{8}$	$-\frac{1}{8}$
$64\frac{3}{4}$	$49\frac{1}{8}$	Texaco x	1.80	3.0	36	9039	$61\frac{3}{16}$	$60\frac{1}{4}$	$60\frac{15}{16}$	$-\frac{1}{4}$
$68\frac{1}{4}$	32	Texas Ind x	0.30	0.8	7	1047	$35\frac{3}{8}$	$34\frac{3}{8}$	$35\frac{1}{16}$	$+\frac{15}{16}$
67	$40\frac{1}{4}$	TxInst x	0.34	0.5		21241	$63\frac{3}{8}$	$61\frac{1}{2}$	$62\frac{1}{2}$	$+1\frac{15}{16}$
48	38	Texas Pac	0.40	1.0	16	73	$39\frac{5}{8}$	$38\frac{1}{4}$	$39\frac{1}{16}$	$+1\frac{1}{16}$
$42\frac{5}{16}$	$38\frac{3}{8}$	TxUtil	2.20	5.3	16	10904	$41\frac{1}{16}$	$41\frac{1}{4}$	$41\frac{3}{8}$	$+\frac{1}{16}$
$4\frac{1}{4}$	$\frac{5}{8}$	Texfi Inds				1946	$\frac{5}{8}$	d$\frac{1}{2}$	$\frac{9}{16}$	$-\frac{1}{16}$
$80\frac{13}{16}$	$56\frac{3}{8}$	Textrn	1.14	1.7	19	6352	$69\frac{5}{16}$	$67\frac{3}{8}$	$68\frac{1}{16}$	$+\frac{1}{2}$
$6\frac{1}{16}$	$3\frac{1}{16}$	Thai Cap				74	$3\frac{1}{8}$	d$3\frac{1}{16}$	$3\frac{1}{8}$	$+\frac{1}{16}$
$10\frac{5}{16}$	5	Thai Fund	0.37	7.0		143	$5\frac{3}{8}$	$5\frac{5}{16}$	$5\frac{5}{16}$	
$44\frac{1}{2}$	20	ThrmElect			12	11995	$20\frac{5}{16}$	d$19\frac{1}{16}$	$19\frac{11}{16}$	$-\frac{9}{16}$
$55\frac{3}{4}$	$39\frac{1}{8}$	ThiokI	0.40	1.0	11	1940	$40\frac{1}{16}$	$39\frac{5}{8}$	$39\frac{7}{8}$	$-\frac{1}{8}$
$63\frac{5}{8}$	39	ThomBetts	1.12	2.8	13	1156	$40\frac{1}{16}$	$39\frac{3}{4}$	$39\frac{7}{8}$	$-\frac{1}{8}$
$26\frac{11}{16}$	$18\frac{11}{16}$	Thomas Ind	0.30	1.3	15	53	$23\frac{5}{16}$	$23\frac{1}{4}$	$23\frac{5}{16}$	$+\frac{1}{8}$
$36\frac{1}{4}$	$18\frac{1}{8}$	360Comm			41	z0	$33\frac{1}{8}$	$33\frac{1}{8}$	$33\frac{1}{8}$	
$55\frac{7}{8}$	25	Tidwtr	0.60	2.3	6	5121	$26\frac{11}{16}$	$26\frac{1}{16}$	$26\frac{5}{16}$	$-\frac{1}{16}$
52	$34\frac{3}{4}$	Tiffany	0.36	0.8	20	2580	$44\frac{1}{4}$	$42\frac{3}{4}$	$44\frac{1}{2}$	$+1\frac{3}{4}$
$34\frac{3}{8}$	$17\frac{1}{16}$	TIG Hdgs x	0.60	3.6	20	2632	$17\frac{5}{16}$	d$16\frac{15}{16}$	$16\frac{3}{4}$	$-\frac{5}{8}$
100	$58\frac{1}{8}$	TmWarn	0.36	0.4		14738	$90\frac{1}{8}$	$89\frac{5}{16}$	90	$+\frac{3}{8}$
$65\frac{13}{16}$	$56\frac{15}{16}$	TmMirA	0.72	1.2	26	758	$61\frac{5}{16}$	61	$61\frac{1}{2}$	$+\frac{1}{16}$
$41\frac{15}{16}$	$21\frac{13}{16}$	Timken♣	0.72	3.1	8	1572	$23\frac{5}{8}$	$22\frac{5}{8}$	$23\frac{9}{16}$	$+\frac{7}{8}$
$8\frac{1}{16}$	$5\frac{1}{8}$	TitanCrp			20	492	$5\frac{1}{2}$	d$5\frac{1}{8}$	$5\frac{1}{8}$	

Abb. 3.7

Quelle: Financial Times

3.2.3 Optionskurszettel

Der Optionsmarkt wird durch andere Merkmale bestimmt als der Aktienmarkt, auch wenn es sich um Aktienoptionen handelt. Aus diesem Grund sehen die Optionskurszettel anders aus. Hier zunächst zwei deutsche Beispiele als Muster:

Eurex Deutschland

		Calls				Contract			Puts			
Vol.	Open Interest	Settlement	High	Low	Last	Month / Strike Price	Last	Low	High	Settlement	Open Interest	Vol.

Deutsche Bank — 25.08.1998 — 128,60 — DBK

Vol.	Open Interest	Settlement	High	Low	Last	Month/Strike Price	Last	Low	High	Settlement	Open Interest	Vol.
						Sep 98						
10	10	25,26	25,40	25,40	25,40	105,00	0,00	0,00	0,00	0,52	225	0
15	1260	20,66	22,00	20,50	22,00	110,00	0,79	0,79	0,79	0,92	3315	100
0	5933	16,43	0,00	0,00	0,00	115,00	1,65	1,45	1,97	1,68	4917	310
132	5544	12,56	13,59	11,70	11,70	120,00	2,72	2,26	2,80	2,80	7515	516
412	9368	8,83	9,80	8,21	8,90	125,00	4,27	3,80	5,00	4,06	7776	409
902	17351	6,03	7,20	5,30	6,00	130,00	6,50	5,78	7,15	6,26	5747	221
678	15769	4,02	5,00	3,40	3,65	135,00	8,90	8,90	10,00	9,25	8017	72
2278	9071	2,60	3,30	2,13	2,21	140,00	13,00	13,00	13,00	12,83	5773	28
1272	4251	1,61	2,10	1,30	1,36	145,00	18,20	17,30	18,20	16,86	2571	55
509	9225	0,89	1,70	0,80	0,85	150,00	21,45	21,20	21,50	21,17	2015	110
70	7963	0,59	0,70	0,65	0,70	155,00	0,00	0,00	0,00	25,88	3894	0
370	23756	0,36	0,60	0,40	0,40	160,00	0,00	0,00	0,00	30,68	255	0
30	3207	0,30	0,50	0,40	0,50	165,00	0,00	0,00	0,00	35,63	106	0
42	4358	0,24	0,30	0,29	0,29	170,00	0,00	0,00	0,00	40,58	112	0
50	2102	0,16	0,21	0,21	0,21	175,00	0,00	0,00	0,00	45,53	115	0
						Oct 98						
0	50	14,95	0,00	0,00	0,00	120,00	4,95	4,35	4,94	4,80	1505	34
25	232	11,60	12,50	11,20	11,20	125,00	6,85	6,40	7,00	6,52	614	201
75	189	9,01	9,20	8,80	9,20	130,00	0,00	0,00	0,00	8,92	569	0
127	253	7,11	7,70	6,60	6,85	135,00	0,00	0,00	0,00	12,01	1763	0
394	753	5,43	5,40	4,60	5,20	140,00	0,00	0,00	0,00	15,33	115	0
134	1207	4,03	4,15	3,41	3,90	145,00	0,00	0,00	0,00	18,94	698	0
128	1658	2,93	3,00	2,60	2,60	150,00	0,00	0,00	0,00	22,86	375	0
959	958	2,09	2,33	1,80	1,95	155,00	0,00	0,00	0,00	27,10	80	0
165	1992	1,53	1,70	1,44	1,44	160,00	0,00	0,00	0,00	31,51	50	0
						Nov 98						
0	0	13,76	0,00	0,00	0,00	125,00	7,80	7,80	8,10	8,29	20	20
						Dec 98						
0	1645	41,37	0,00	0,00	0,00	90,00	0,99	0,99	1,00	0,88	1742	110
0	5405	21,35	0,00	0,00	0,00	115,00	5,50	5,30	5,50	5,40	4433	55
469	5623	17,96	19,35	17,00	18,00	120,00	7,30	6,85	7,92	7,20	3644	271
0	2964	15,10	0,00	0,00	0,00	125,00	9,30	9,00	9,30	9,31	1269	15
114	5580	12,55	13,00	12,45	12,70	130,00	12,00	11,80	12,00	11,74	6857	10
66	1600	10,49	10,50	10,20	10,20	135,00	14,10	14,00	14,10	14,65	4760	210
110	6559	8,60	8,10	8,10	8,10	140,00	0,00	0,00	0,00	17,76	3860	0
80	1243	7,35	7,80	6,55	6,55	145,00	0,00	0,00	0,00	21,50	1789	0
97	3577	5,96	6,50	5,50	6,20	150,00	24,20	24,20	24,20	25,13	5513	5
1	3376	4,94	4,95	4,95	4,95	155,00	0,00	0,00	0,00	29,31	2488	0
118	5568	4,00	4,20	3,80	3,80	160,00	0,00	0,00	0,00	33,31	1630	0
206	8284	2,68	2,80	2,64	2,80	170,00	0,00	0,00	0,00	41,97	1161	0
						Mar 99						
100	130	21,45	21,00	21,00	21,00	120,00	0,00	0,00	0,00	9,67	283	0
0	2315	18,52	0,00	0,00	0,00	125,00	12,55	12,55	12,55	11,67	2087	3
70	17377	9,10	9,00	8,56	9,00	150,00	0,00	0,00	0,00	28,02	235	0
2	562	7,86	6,70	6,70	6,70	160,00	0,00	0,00	0,00	35,87	395	0
125	1435	6,00	5,20	5,00	5,00	170,00	0,00	0,00	0,00	44,21	0	0
						Jun 99						
0	1310	29,58	0,00	0,00	0,00	110,00	8,10	8,10	8,62	8,11	315	78
25	16333	12,09	12,30	12,30	12,30	150,00	0,00	0,00	0,00	30,15	20	0
20	220	7,34	7,70	7,45	7,45	170,00	0,00	0,00	0,00	45,16	5	0
						Dec 99						
0	2102	22,58	0,00	0,00	0,00	130,00	20,00	19,75	20,00	19,25	4510	500

Sep'98:100,00: C29,99 / 527 ; P0,26 / 5410 ;**180,00:** C0,13 / 7616 ; P50,51 / 60 ;**Oct'98:165,00:** C1,18 / 839 ; P36,18 / 100 ;**Dec'98:80,00:** C50,66 / 0 ; P0,28 / 1960 ;**100,00:** C32,70 / 765 ; P2,11 / 8975 ;**105,00:** C28,70 / 210 ; P3,06 / 676 ;**110,00:** C24,87 / 249 ; P4,19 / 3920 ;**165,00:** C3,39 / 826 ; P37,62 / 383 ;**Mar'99:130,00:** C16,19 / 438 ; P4,32 / 911 ;**135,00:** C14,36 / 1210 ; P17,43 / 1779 ;**140,00:** C12,75 / 4241 ; P20,79 / 2419 ;**145,00:** C11,12 / 1330 ; P24,15 / 1100 ;**155,00:** C8,55 / 197 ; P31,60 / 210 ;**165,00:** C6,83 / 53 ; P39,85 / 60 ;**Jun'99:80,00:** C52,65 / 10 ; P1,40 / 270 ;**90,00:** C44,24 / 679 ; P2,90 / 285 ;**100,00:** C36,63 / 10 ; P5,23 / 140 ;**120,00:** C23,35 / 360 ; P11,80 / 565 ;**125,00:** C20,74 / 0 ; P14,12 / 51 ;**130,00:** C18,40 / 1096 ; P16,74 / 1150 ;**135,00:** C16,80 / 0 ; P20,07 / 100 ;**140,00:** C14,76 / 4636 ; P22,97 / 5756 ;**145,00:** C13,16 / 0 ; P34,30 / 501 ;**155,00:** C10,61 / 275 ; P33,60 / 20 ;**160,00:** C9,44 / 3267 ; P37,37 / 3320 ;**165,00:** C8,38 / 100 ; P41,25 / 20 ;**180,00:** C5,74 / 105 ; P53,53 / 50 ;**Dec'99:100,00:** C39,48 / 0 ; P7,18 / 10 ;**110,00:** C32,63 / 0 ; P9,91 / 15 ;**120,00:** C27,29 / 3240 ; P14,23 / 1211 ;**140,00:** C18,67 / 6594 ; P25,07 / 4734 ;**150,00:** C16,58 / 745 ; P32,75 / 4140 ;**160,00:** C13,73 / 1410 ; P39,71 / 253 ;**170,00:** C11,46 / 505 ; P47,30 / 4100 ;**180,00:** C9,47 / 1246 ; P55,23 / 100 ;

Range :Sep'98(100,00 - 180,00)**Oct'98(** 120,00 - 165,00)**Nov'98(** 115,00 - 135,00)**Dec'98(** 80,00 - 170,00)**Mar'99(** 120,00 - 170,00)**Jun'99(** 80,00 - 180,00)**Dec'99(** 100,00 - 180,00)

Daily Volume: 10380 Open Interest: 262447	Daily Volume: 3333 Open Interest: 159892

Abb. 3.8

Quelle: Börsenzeitung

Vol.	Open Interest	Settlement	High	Low	Last	Month / Strike Price	Last	Low	High	Settlement	Open Interest	Vol.
						Dax-Index-Option						**25.08.1998**
						Jun 00						
20	20	1244,80	1223,00	1223,00	1223,00	5000,00	0,00	0,00	0,00	517,60	67	0
0	914	656,10	0,00	0,00	0,00	6200,00	1070,00	1070,00	1070,00	1052,10	80	10
0	164	586,80	0,00	0,00	0,00	6400,00	1195,00	1195,00	1197,00	1169,90	42	4
						Sep 98						
17	911	1613,20	1580,00	1580,00	1580,00	3800,00	0,00	0,00	0,00	2,00	6664	0
0	434	1514,20	0,00	0,00	0,00	3900,00	3,20	3,00	3,90	2,80	3158	222
0	2002	1415,60	0,00	0,00	0,00	4000,00	3,90	3,90	6,00	3,90	12578	2485
0	583	1317,50	0,00	0,00	0,00	4100,00	5,70	5,20	6,40	5,60	7937	2356
0	3595	1219,80	0,00	0,00	0,00	4200,00	7,50	7,40	10,00	7,70	8888	715
0	4425	1122,80	0,00	0,00	0,00	4300,00	11,00	10,00	14,00	10,50	6005	639
0	5889	1026,70	0,00	0,00	0,00	4400,00	14,00	10,00	17,00	14,20	6364	674
5	2110	931,70	900,00	900,00	900,00	4500,00	18,90	17,40	23,50	18,90	15434	4312
20	2045	837,90	778,30	778,30	778,30	4600,00	24,00	22,00	32,00	24,90	7784	1794
5	174	791,70	757,00	757,00	757,00	4650,00	0,00	0,00	0,00	28,60	3101	0
1	1688	745,90	683,10	683,10	683,10	4700,00	32,00	30,50	40,00	32,70	12682	1832
0	4026	655,60	0,00	0,00	0,00	4800,00	44,00	40,00	52,60	42,10	13138	3915
0	62	611,20	0,00	0,00	0,00	4850,00	54,00	54,00	55,00	47,70	5374	1000
0	1227	567,60	0,00	0,00	0,00	4900,00	53,10	51,00	70,00	53,90	16812	2776
311	7826	483,00	457,00	436,90	444,00	5000,00	71,00	66,00	95,00	69,10	28217	4636
13	128	441,80	386,00	384,00	384,00	5050,00	0,00	0,00	0,00	77,80	1935	0
13	4256	402,10	345,00	345,00	345,00	5100,00	90,00	85,00	118,00	88,00	12738	1410
307	5119	326,40	310,00	260,00	310,00	5200,00	115,90	110,00	153,00	112,00	16931	4721
90	2467	290,10	275,00	245,00	275,00	5250,00	0,00	0,00	0,00	125,70	1509	0
1306	6708	256,50	252,00	200,00	252,00	5300,00	143,00	138,00	190,00	142,00	16336	2970
262	505	223,10	205,00	190,00	205,00	5350,00	163,40	163,40	175,00	158,40	1640	418
4201	11427	193,10	190,00	145,00	190,00	5400,00	183,00	178,00	230,10	178,30	19459	2635
40	1418	165,20	127,00	124,00	127,00	5450,00	195,00	195,00	195,00	200,30	4764	60
5681	8895	139,00	136,00	100,00	136,00	5500,00	230,00	230,00	280,00	224,00	19456	1547
54	1597	115,90	102,70	95,00	102,70	5550,00	265,00	265,00	302,00	250,70	1504	30
3618	21466	94,70	91,00	64,00	90,00	5600,00	290,00	280,00	340,00	280,00	13584	256
237	2085	76,10	65,00	56,50	65,00	5650,00	0,00	0,00	0,00	310,70	1876	0
2526	14720	60,00	58,00	41,00	54,00	5700,00	354,00	354,00	407,00	344,60	10281	233
534	6673	46,60	41,00	36,00	39,00	5750,00	0,00	0,00	0,00	381,00	6861	0
6537	23045	35,00	35,00	21,30	35,00	5800,00	432,00	432,00	487,00	419,40	9046	1129
2	3684	26,60	21,00	21,00	21,00	5850,00	500,00	500,00	531,00	460,80	1722	560
2585	12414	19,50	27,50	11,80	19,00	5900,00	530,00	530,00	550,00	503,60	5005	118
175	1087	14,10	14,00	14,00	14,00	5950,00	0,00	0,00	0,00	548,10	6748	0
4114	23772	10,10	10,00	5,50	10,00	6000,00	642,00	605,00	670,00	594,00	7074	63
50	1790	7,20	4,00	4,00	4,00	6050,00	0,00	0,00	0,00	640,90	2205	0
2460	9102	5,30	4,90	3,50	4,00	6100,00	0,00	0,00	0,00	689,00	3906	0
65	1630	3,60	3,20	3,20	3,20	6150,00	0,00	0,00	0,00	737,10	867	0
227	9509	2,30	2,50	2,00	2,00	6200,00	875,00	875,00	875,00	785,70	3183	10
12	7701	1,70	1,50	1,50	1,50	6300,00	0,00	0,00	0,00	884,90	440	0
105	8704	1,30	1,00	1,00	1,00	6400,00	0,00	0,00	0,00	984,20	255	0
10	1972	0,80	1,20	1,20	1,20	6500,00	0,00	0,00	0,00	1083,50	135	0
125	11454	0,60	1,00	0,50	0,50	6600,00	0,00	0,00	0,00	1183,10	386	0
						Oct 98						
1240	600	903,30	875,00	870,00	875,00	4600,00	79,50	73,20	85,10	78,70	6895	3095
0	40	816,80	0,00	0,00	0,00	4700,00	93,00	91,00	93,00	91,70	989	100
0	20	735,00	0,00	0,00	0,00	4800,00	114,00	105,00	130,00	109,40	1659	305
0	20	655,90	0,00	0,00	0,00	4900,00	139,10	125,00	145,60	129,90	1097	561
10	48	578,50	540,00	540,00	540,00	5000,00	154,60	145,10	167,10	152,00	3369	833
20	20	504,50	470,10	470,10	470,10	5100,00	185,00	175,00	230,00	177,50	815	80
131	1142	434,60	415,00	400,00	402,00	5200,00	210,10	201,00	236,00	207,10	17096	3028
100	132	400,90	364,00	362,90	364,00	5250,00	243,60	243,60	243,60	223,20	120	2
112	2153	368,80	345,60	320,00	345,60	5300,00	255,00	237,00	278,00	240,80	12087	4058
121	150	337,50	318,40	276,00	313,60	5350,00	270,00	257,00	290,00	259,30	361	186
1614	3727	308,60	292,20	254,00	291,50	5400,00	283,60	279,90	312,70	280,10	7545	925
50	92	279,50	265,20	253,00	265,20	5450,00	315,00	313,00	317,60	300,80	577	185
187	1421	252,40	239,00	204,00	239,00	5500,00	340,00	315,00	340,00	323,50	2975	21
30	148	226,60	212,00	203,00	212,00	5550,00	0,00	0,00	0,00	347,40	233	0
732	2210	202,50	196,60	179,00	195,00	5600,00	380,00	380,00	388,00	373,10	2790	180
585	4863	158,90	140,00	120,00	140,00	5700,00	450,00	435,00	465,00	429,00	1940	320
1424	4823	121,30	111,50	98,00	107,00	5800,00	532,10	530,70	535,00	490,80	1169	207
496	3800	89,70	85,00	65,00	85,00	5900,00	0,00	0,00	0,00	558,80	4777	0
2818	11575	64,20	64,90	49,00	64,90	6000,00	669,30	668,50	669,30	632,80	1664	40
344	2104	44,10	45,00	37,00	45,00	6100,00	738,60	738,60	742,00	712,20	498	77
314	4165	29,10	30,00	25,00	30,00	6200,00	0,00	0,00	0,00	796,80	1017	0
196	1764	19,60	20,00	16,30	19,00	6300,00	0,00	0,00	0,00	886,80	42	0
588	2390	12,30	12,00	9,60	12,00	6400,00	1009,90	1008,90	1012,00	979,00	600	1200
						Nov 98						
0	0	609,70	0,00	0,00	0,00	5050,00	230,00	230,00	230,00	219,60	30	30

Abb. 3.9

Quelle: Börsenzeitung

In amerikanischen Fachblättern findet man weitere Varianten für die Gestaltung von Optionskurszetteln. Auch hier stellt man sich die Aufgabe, ein Maximum von Informationen auf einem Minimum an Papier wiederzugeben.
Als Beispiel ist eine Veröffentlichung von der Chicagoer Optionsbörse in Abb. 3.10 dargestellt.

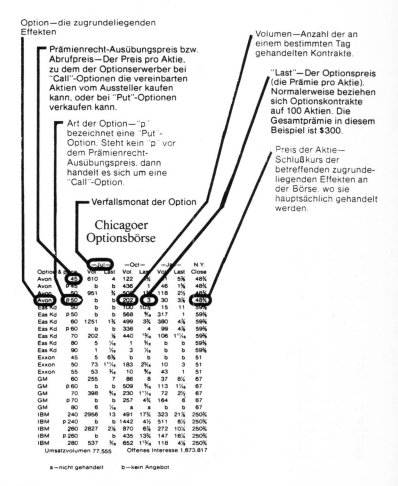

Option—die zugrundeliegenden Effekten

Prämienrecht-Ausübungspreis bzw. Abrufpreis—Der Preis pro Aktie, zu dem der Optionserwerber bei "Call"-Optionen die vereinbarten Aktien vom Aussteller kaufen kann, oder bei "Put"-Optionen verkaufen kann.

Art der Option—"p" bezeichnet eine "Put"-Option. Steht kein "p" vor dem Prämienrecht-Ausübungspreis, dann handelt es sich um eine "Call"-Option.

Verfallsmonat der Option

Volumen—Anzahl der an einem bestimmten Tag gehandelten Kontrakte.

"Last"—Der Optionspreis (die Prämie pro Aktie). Normalerweise beziehen sich Optionskontrakte auf 100 Aktien. Die Gesamtprämie in diesem Beispiel ist $300.

Preis der Aktie—Schlußkurs der betreffenden zugrundeliegenden Effekten an der Börse, wo sie hauptsächlich gehandelt werden.

Chicagoer Optionsbörse

		—Jul—		—Oct—		—Jan—		N.Y.
Option & price		Vol.	Last	Vol.	Last	Vol.	Last	Close
Avon	45	610	4	122	[illegible]	[illegible]	5⅜	48¾
Avon	p 45	b	b	436	1	46	1⅝	48¾
Avon	50	951	¾	508	[illegible]	118	2½	48¾
Avon	p 50	b	b	202	3	30	3⅞	48¾
Eas Kd	50	b	b	100	10⅞	15	11	59⅜
Eas Kd	p 50	b	b	568	9/16	317	1	59⅜
Eas Kd	60	1251	1¾	499	3¾	380	4⅞	59⅜
Eas Kd	p 60	b	b	336	4	99	4⅞	59⅜
Eas Kd	70	202	⅛	440	13/16	106	1 11/16	59⅜
Eas Kd	80	5	1/16	1	3/16	b	b	59⅜
Eas Kd	90	1	1/16	3	1/16	b	b	59⅜
Exxon	45	5	6⅜	b	b	b	b	51
Exxon	50	73	1 11/16	183	2 5/16	10	3	51
Exxon	55	53	3/16	10	9/16	43	1	51
GM	60	255	7	86	8	37	8¼	67
GM	p 60	b	b	509	9/16	113	1 1/16	67
GM	70	398	9/16	230	1 11/16	72	2½	67
GM	p 70	b	b	257	4¾	164	6	67
GM	80	6	1/16	a	a	b	b	67
IBM	240	2956	13	491	17¾	323	21⅞	250¾
IBM	p 240	b	b	1442	4½	511	6½	250¾
IBM	260	2827	2⅛	870	6⅞	272	10¼	250¾
IBM	p 260	b	b	435	13¾	147	16¼	250¾
IBM	280	537	3/16	652	1 13/16	118	4⅛	250¾

Umsatzvolumen 77.555 Offenes Interesse 1.673.817

a—nicht gehandelt b—kein Angebot

Abb. 3.10

3.2.4 Andere Kurszettel

Das Beispiel in Abb. 3.11 gibt einen Kurszettel für Investmentfonds wieder.

Investmentfonds

Name	Whrg.	Ausg.	Rückn. 20.8.98	Rückn. 19.8.98
ABN AMRO Luxembourg				
AAIGF-NLG	NLG	137,25	133,25	133,25
AAIGF-BEF	BEF	2782,00	2701,00	2700,00
AAIGF-USD	USD	66,06	64,14	64,13
AAIGF-DEM	DEM	125,74	122,08	122,08
AAIGF-ITL	ITL	108282	105128	105118
AAIGF-EURO	XEU	52,43	50,90	50,90
AA Asia Bond Fd.* .	USD	51,85	49,15	49,24
AA Asian Tig. Eq.* .	USD	29,11	27,46	26,86
AA Brazil Eq.Fd.* . .	USD	44,95	42,21	42,67
AA China Eq.Fd.*. .	USD	35,97	33,85	32,58
AA Eastern Eur.Eq.*	DEM	198,91	185,03	184,30
AA Euro Fd.*	XEU	58,14	55,24	55,26
AA Euro Eq.Fd.*. .	XEU	53,14	50,37	50,18
AA Europe Bd.Fd.* .	USD	76,10	72,30	72,34
AA Europe Eq.Fd.* .	USD	143,76	136,27	135,82
AA Germ. Bd.Fd.* .	DEM	123,52	117,36	117,39
AA Germ.Eq.Fd.* .	DEM	354,67	336,18	334,84
AA Global Bd.Fd.* .	USD	74,51	70,79	70,85
AA Gl.Em.M.Bd.* . .	USD	48,89	46,34	46,78
AA Global Em.M.Eq.	USD	31,08	29,05	28,79
AA Global Eq.Fd.* .	USD	51,16	48,49	48,19
AA Gl.Inf.Soc.Eq.* .	USD	58,92	53,95	54,04
AA Gl.Life Eq.Fd.* .	USD	52,44	49,71	49,63
AA Gl.R.Soc.Eq.* .	USD	43,11	40,86	40,58
AA Italy Bond Fd.* .	ITL	117341	111488	111508
AA Italy Eq.Fd.*. . . .	ITL	177034	167805	169442
AA Japan Eq.Fd. . .	USD	40,27	37,99	37,78
AA Latin Amer.Eq. .	USD	49,37	46,36	46,86
AA Lat.Amer.Bd.* . .	USD	49,06	46,50	47,21
AA Netherl.Bd.Fd.*.	NLG	113,99	108,30	108,35
AA Netherl.Eq.Fd.*.	NLG	123,74	117,29	115,59
AA N.Amer.Eq.* . . .	USD	126,51	119,91	119,91
AA Spain Bond Fd.*	ESP	12627,00	11997,00	11998,00
AA Switzerl.Eq.*. . .	CHF	252,60	239,43	239,97
AA US Bond Fd.* . .	USD	71,39	67,83	67,81
ADIG				
Adiasia	DEM	53,03	50,50	50,21
Adifonds	DEM	190,16	181,10	183,40
Aktien-Deutsch. . . .	DEM	201,47	193,72	196,20
Aktien-Frankr.. . . .	DEM	167,69	161,24	161,76
Aktien-Grossbr. . . .	DEM	173,36	166,69	167,33
Aktien-Japan	DEM	54,45	52,36	51,98
Aktien-USA	DEM	218,17	209,78	211,14

Name	Whrg.	Ausg.	Rückn. 20.8.98	Rückn. 19.8.98
Adigjobal	DEM	84,02	81,57	81,62
Adikur	DEM	87,12	85,41	85,39
Adirenta.	DEM	24,68	23,96	23,93
Adireth.	DEM	106,53	103,43	103,35
Adirewa	DEM	212,61	206,42	206,40
Adiropa	DEM	90,88	88,23	88,21
Adiselekt	DEM	191,07	181,97	183,01
Aditec	DEM	189,00	180,00	180,76
Adiverba	DEM	336,51	320,49	324,43
Convest 21 VL	DEM	106,04	100,99	101,28
CB-Rent-Spezial. . .	DEM	99,38	97,43	98,52
EuroExpert	DEM	115,70	112,88	113,20
EuropaVision	DEM	72,27	70,51	71,00
Fondak	DEM	148,86	141,77	143,29
Fondamerika	DEM	259,42	247,07	249,21
Fondirent.	DEM	76,31	74,09	74,10
Fondiro	DEM	68,63	65,36	65,25
Fondiropa	DEM	182,73	174,03	174,99
Fondis	DEM	123,12	117,26	117,90
Fondra.	DEM	174,67	166,35	167,42
Geldmarkt 1	DEM	91,88	91,88	91,86
Gotharent.	DEM	103,40	99,81	99,66
Lfz.30.9.98.	DEM		46,83	46,82
Lfz.30.10.98.	DEM		48,52	48,51
Lfz.30.6.99.	DEM	47,31	46,73	46,72
Lfz.31.10.2000 . . .	DEM	50,89	50,01	50,01
Lfz.28.9.2001. . . .	DEM	47,84	46,90	46,88
Lfz.31.10.2001 . . .	DEM	48,48	47,65	47,62
Lfz.31.10.2002 . . .	DEM	48,11	47,28	47,24
Nürnberger A.	DEM	232,64	221,56	223,44
Plusfonds	DEM	219,66	209,20	211,38
Victoria Rent	DEM	78,09	75,45	75,36
WeltVision	DEM	45,35	44,24	44,49
WWK-Rent.	DEM	82,26	79,17	79,06
ADIG Invest (Lux.)				
Adilux	DEM*	81,97	79,58	79,51
Aktien-Schweiz. . . .	CHF*	106,85	102,74	101,87
Asian Tiger	DEM*	42,90	40,86	39,48
Beth.-VB-DM-Re.1.	DEM*	1062,96	1062,96	1063,00
Beth.-VB-DM-Re.2.	DEM*	1186,91	1186,91	1187,24
Beth.-VB-DM-Re.3.	DEM*	1269,68	1269,68	1270,20
Bit.	DEM*	146,11	141,85	141,72
CB E.M.E.Euro.A . .	DEM*	89,19	86,17	85,73
CB Geldmarkt D.1 .	DEM*	103,28	103,28	103,28
CB-Lux-P.Dt.Akt.A .	DEM*	331,71	318,95	315,26
CB-Lux-P.Dt.Akt.B .	DEM*	323,35	317,01	313,34

Abb. 3.11   Quelle: Frankfurter Allgemeine Zeitung

Schließlich wird in Abb. 3.12 noch ein Kurszettel für Devisen gezeigt.

Dollar in Frankfurt zunächst leichter

Der Dollarkurs hat sich im europäischen Geschäft am Donnerstag zunächst etwas abgeschwächt. Der amtliche Mittelkurs wurde in Frankfurt mit 1,7944 (Vortag 1,8025) DM festgestellt. Marktteilnehmer sagten, nachdem sich die amerikanische Währung am Mittwoch in New York nicht über 1,80 DM habe behaupten können, sei der Kurs in Europa unter Druck geraten. Am Nachmittag kam es zu einer Wende. Der Dollar reagierte mit einem Kurssprung von etwa einem halben Pfennig auf die Nachricht, wonach der russische Vize-Notenbankchef vor größeren Bankzusammenbrüchen binnen weniger Tage gewarnt haben soll. Es wurde auch darauf verwiesen, daß sich der polnische Zloty rapide verschlechtert habe. Dies sei ein Zeichen dafür, daß der gesamte osteuropäische Raum von der Rußland-Krise angesteckt sei; hier könnten Gefahrzeichen für die D-Mark zu sehen sein.

Dagegen werde das Dollar-Yen-Verhältnis weiter durch die Asien-Krise bestimmt. Die Furcht vor Interventionen drückte den Dollar gegenüber dem Yen auf Werte um 1,42,70/80. Das Pfund kletterte am Nachmittag auf 2,9231 DM nach 2,91907 DM bei Fixing. (Reuters/vwd/Bloomberg)

Devisen und Noten

20.8.98	Dis-kont-satz	Frankfurter Devisen Geld	Brief	Wechs. Ankfs.-Kurs³)	Noten-ankauf* (DM)	Noten-verk.* (DM)
Am. Dollar¹)...5		1.7904	1.7984	1.7828	1.74	1.85
Aust. Dollar¹)*)7		1.0565	1.0685	—	1.00	1.13
Belg. Fr.... 2.75		4.8396	4.8596	4.8486	4.67	5.02
Brit. Pfund¹)		2.9120	2.9260	2.8824	2.81	3.01
Dän. Kron. 3.75		26.203	26.323	26.224	25.10	27.35
Finnmark........4		32.802	32.962	32.884	31.55	34.05
Fr. Franc		29.770	29.890	29.827	28.60	31.00
Gr. Drach.*)14.5		0.5490	0.6049	—	0.535	0.665
Holl. Guld........		88.565	88.785	88.672	87.25	90.25
Hongk. Dollar*)		23.07	23.27	—	20.00	25.00
Irl. Pfund¹) 6.75		2.4998	2.5138	2.4905	2.41	2.61
It. Lire²) 5		1.0097	1.0177	1.0102	0.955	1.075
Jap. Yen......0.5		1.2594	1.2624	1.2583	1.18	1.28
Kan. Dollar¹)..5		1.1697	1.1777	1.1634	1.115	1.235
Neus. Dollar¹)*)		0.8896	0.9016	—	0.79	0.99
Norw. Kron. 4.5		23.244	23.364	23.149	22.10	24.50
Öst. Schill. ..2.5		14.192	14.232	14.211	13.97	14.40
Poln. Zloty¹)		48.8917	48.8957	—	47.00	58.00
Port. Escudo ..6		0.9741	0.9801	0.9751	0.93	1.04
Südaf. Rand¹)*)		0.2759	0.2879	—	0.21	0.35
Schw. Kron. ...2		22.040	22.160	22.045	20.90	23.30
Schw. Frank...1		119.175	119.375	119.309	117.70	120.90
Sing. Dollar¹)*).		1.0263	1.0323	—	0.91	1.09
Slowak. Kron.*)		4.9980	5.0000	—	4.40	5.75
Span. Pes........		1.1745	1.1825	1.1752	1.115	1.245
Tsch. Kronen*).		5.3924	5.5124	—	5.10	6.00
Türk. Lira²)*) ...		0.0050	0.0090	—	0.0040	0.0095
Ungar. Forint¹).		0.7981	0.8001	—	0.65	1.02

100 Einh.; ¹) 1 Einh.; ²) 1000 Einh.; ³) 90 Tage; *) nicht amtl.

Termine (Swapsätze in Pfg.) 1,3,6 Monate (Mittelkurse): **Dollar:** 0,33;0,98;1,85 Abschl.;**Pfund:** 1,04;3,02;5,75 Abschl.;**Franc:** ± 0; 0,5; 0,5 Abschl.; **Gulden:** 0,5; 1,5; 4,0 Aufschl.; **Schweizer Franken:** 17,50; 50,00; 101,00 Aufschl.

Tendenz: Kaum Veränderungen am Terminmarkt.

Quelle: BHF-BANK AG

Devisenmarkt: Crossrates

20.8.	D-Mark	$	bfrs	£	FF	Lit
D-Mark ¹)	1.	0.5573	20.620	0.3426	3.3523	986.48
$........¹)	1.7944	1.	37.001	0.6147	6.0154	1770.1
bfrs	4.8496	2.7026	100.	1.6614	16.257	4784.0
£........¹)	2.919	1.6267	60.190	1.	9.7855	2879.5
dkr	26.263	14.636	541.54	8.9973	88.042	25908.
fim	32.882	18.324	678.03	11.264	110.23	32437.
FF	29.83	16.623	615.10	10.219	100.	29426.
hfl	88.675	49.417	1828.5	30.378	297.26	87476.
Irl£........¹)	2.5068	1.397	51.690	0.8588	8.4036	2472.9
Lit ....²)	1.0137	0.5649	20.902	0.3473	3.3983	1000.
Yen	2.9069	0.7027	26.000	0.432	4.227	1243.8
Kan$ ....¹)	1.1737	0.6541	24.202	0.4021	3.9346	1157.8
nkr	23.304	12.987	480.53	7.9836	78.122	22989.
Öschi........	14.212	7.9202	293.05	4.8688	47.643	14019.
Esc........	0.9771	0.5445	20.148	0.3347	3.2756	963.89
skr	22.1	12.316	455.70	7.5711	74.086	21801.
sfr	119.275	66.470	2459.4	40.861	399.84	117663
Ptas........	1.1785	0.6568	24.301	0.4037	3.9507	1162.5

20.8.	Yen	Öschi	sfr	hfl	skr	Ptas
D-Mark ¹)	79.308	7.0363	0.8384	1.1277	4.5249	84.853
$........¹)	142.31	12.625	1.5044	2.0236	8.1195	152.26
bfrs	384.61	34.123	4.0659	5.469	21.943	411.50
£........¹)	231.50	20.539	2.4473	3.2918	13.208	247.68
dkr	2082.8	184.79	22.018	29.617	118.83	2228.5
fim	2607.8	231.36	27.568	37.081	148.78	2790.1
FF	2365.7	209.89	25.016	33.639	134.97	2531.1
hfl	7032.6	623.94	74.345	100.	401.24	7524.3
Irl£........¹)	17638	17.638	2.1017	2.827	11.343	212.71
Lit ....²)	80.395	7.1327	0.8499	1.1432	4.5869	86.016
nkr	1848.2	163.97	19.538	26.287	105.44	1977.4
Öschi........	1127.1	100.	11.915	16.027	64.307	1205.9
Esc........	77.492	6.8732	0.8192	1.1019	4.4213	82.910
skr	1752.7	155.50	18.528	24.922	100.	1875.2
sfr	9459.5	839.25	100.	134.50	539.70	10120.
Ptas........	93.465	8.2923	0.9881	1.329	5.3326	100.

Berechnungsbasis: Amtliche Devisenkurse Frankfurt; 100 Einheiten. — ¹) 1 Einh. — ²) 1000 Einh.

Abb. 3.12

Quelle: Frankfurter Allgemeine Zeitung

3.3 Xetra

Xetra ist sowohl ein Informations- als auch ein Handelssystem für Aktien. Es hat im November 1997 das Integrierte Börseninformations- und Handelssystem IBIS als elektronisches Handelssystem abgelöst. Ab Ende 1998 werden auch kleine Orders und weniger liquide Werte über Xetra gehandelt. Xetra bietet Liquidität durch die Zusammenführung aller Orders in einem zentralen Orderbuch und sichert dadurch die Ausführung zum bestmöglichen Preis. In umsatzschwächeren Werten stellen Betreuer durch ihre Handelsbereitschaft Liquidität sicher. Das Orderbuch ist für alle Marktteilnehmer einsehbar und erhöht somit den Informationsstand und die Transparenz des Marktes. Auch Kleinanleger sollen in einer späteren Ausbaustufe von den Vorteilen von Xetra profitieren können. Ende 1999 schließlich können voraussichtlich alle in Deutschland notierten Wertpapiere über Xetra elektronisch gehandelt werden.

4. Der Umgang mit Effekten

4.1 Vorbereitungen zum Einstieg

4.1.1 Wie kommt man an Wertpapiere?

Kaufen und verkaufen, so mag man denken, kann jeder. Bei Wertpapieren ist das anders. Sie werden ausschließlich, wie in den vorherigen Kapiteln beschrieben, an der Börse gehandelt. So kann Herr Meier nicht einfach seine Siemens-Aktien an Frau Huber verkaufen, er muß sie über das Börsenparkett laufen lassen. Das ist eine der Eigenarten des Börsengeschäftes: Jeder Besitzerwechsel ist ein Handelsvorgang, der den aktuellen Kurs mitbestimmt. Eine Ausnahme bildet der Telefonhandel: Hier spielt sich der Handel außerhalb der Börse ab.

Dem potentiellen Anleger stehen drei Wege offen:

- Er engagiert sich selbst in Einzelwerten; dazu bedient er sich der Dienste seines *Kreditinstitutes*.
- Er legt sein Geld in Fonds an, auch dazu braucht er sein *Kreditinstitut*.
- Er vertraut sein Geld einem *Vermögensverwalter* an (ab etwa 100.000,– DM), der das Geld absprachegemäß für ihn anlegt.
- Er wendet sich an einen Makler direkt und gibt ihm seine Weisungen, der sie annehmen und ausführen wird, wenn er mehr als nur einen »kleinen« Kunden vor sich hat.

Das *Kreditinstitut* stellt dem Anleger folgenden Service bereit:

- Informationen über die möglichen Anlageformen sowie über die Situation an den Kapitalmärkten. Hierbei und erst recht bei den fallbedingten Empfehlungen spielen die eigenen Interessen des Institutes natürlich eine erhebliche Rolle. Es will seine eigenen Produkte an den Mann oder die Frau bringen, und das sind nicht unbedingt die besten auf dem Markt.
- Das Kreditinstitut übernimmt die Realisierung der Kundenaufträge, wobei es die dafür vorgesehenen Funktionen einschaltet (z. B. Börsenmakler).
- Verwahrung der gekauften Wertpapiere und Übernahme der allfälligen Überwachungsarbeiten (z. B. Dividendeneinzug). Das ist praktisch und preiswert, so daß eine eigenhändige Wahrnehmung nicht sinnvoll ist.

Kleinere Banken oder Zweigstellen haben oft nur eine kleine Abteilung bzw. wenig Personal für das Börsengeschäft. Das kann seine Tücken haben, wenn der einzige oder gewohnte Ansprechpartner überlastet, krank oder in Urlaub ist. Man sollte nicht nur eine Kontaktperson kennen.

Ein *Vermögensverwalter* sorgt für die professionelle Kontrolle und Disposition des Vermögens. Durch eine vorausgehende klare Definition der Ziele und deren konsequente Verfolgung entstehen für den Anleger Sicherheit und Transparenz, außerdem ist er natürlich zeitlich entlastet und frei von der Notwendigkeit, sich Fachwissen erwerben zu müssen. Das hat natürlich seinen Preis. Banken berechnen 0,5 bis 1,5 % vom Volumen, bei höheren Beträgen kann man aber oft handeln.

Die Alternative zu den Banken ist bei den *unabhängigen Vermögensverwaltern* zu finden. Hier muß man schon etwas mehr Geld als 100.000,– DM haben, mancher Verwalter wird gar erst ab einer Million tätig. Bei solchen Beträgen kann man dann auch schon Sonderkonditionen erwarten. Das betrifft nicht nur den Gebührensatz, sondern auch die Art der Berechnung. Da kann man eine verhältnismäßig geringe Verwaltungsgebühr vereinbaren und dazu ein ergebnisabhängiges Erfolgshonorar.

Der Markt der Vermögensverwaltung ist allerdings wenig transparent, denn nicht alle Vermögensberater verdienen das volle Vertrauen. Auch hier ist von Einmannbetrieben abzuraten. Aber es gibt eine Vielzahl vermögender Leute, die sich bei einem Verwalter gut aufgehoben fühlen. Ein Gesichtspunkt bei der Auswahl eines Verwalters oder Beraters ist erst einmal die bisherige Wertentwicklung, die seine Depots vorzuweisen haben. Das ist ein Anhaltspunkt, aber noch keine eindeutige Aussage für oder gegen ihn. Die Art und Weise seiner Abrechnung (Durchschaubarkeit), die Qualifikation der Mitarbeiter sowie die Ausrüstung sind weitere Indizien. Einen Beweis haben Sie aber erst dann, wenn Sie ihn selbst ausprobiert haben und sich gut beraten fühlen. Wenn es das Volumen hergibt, ist das Ausprobieren mehrerer Verwalter/Berater zur gleichen Zeit die günstigste Empfehlung.

Nicht zu unterschätzen bei der Auswahl ist die Funktion des Erfolgshonorars als der gemeinsame Strick, an dem Anleger und Verwalter ziehen.

4.1.2 Vermögen und Vermögensaufbau

a. Grundempfehlungen

Ein wichtiger Punkt der Vorüberlegungen ist die Klärung der Frage, welche Menge Geld für das geplante Börsenengagement zur Verfügung steht. Es empfiehlt sich nicht, den so ermittelten Betrag gleich in einer Aktion in Wertpapieren zu binden. Zunächst sollte man einen Grundstock bilden, daneben aber eine »Spielreserve« für unvorhergesehene Ereignisse verfügbar halten. Es kann sich nämlich als sinnvoll erweisen, eine günstige Gelegenheit wahrzunehmen, oder es kann notwendig werden, zusätzliche Absicherungen zu kaufen. Bei der Zusammenstellung des Depots – des Portefeuilles oder Portfolios – kann sich der Einsteiger an Empfehlungen orientieren. Da gibt es zunächst eine Grundempfehlung für den Vermögensaufbau, die viele Fachleute für nützlich halten:

● Rücklagen für besondere und nicht vorhergesehene Fälle: Sofort oder kurzfristig verfügbares Geld auf Giro- oder Sparkonto, oder kurzfristiges Festgeld; Größenordnung 15.000 bis 20.000 DM. Hauptzweck: rasche Verfügbarkeit.
● Grundstock für das optimale Depot auf der relativ sicheren Basis festverzinslicher Wertpapiere. Größenordnung 30.000 bis 50.000 DM. Hauptzweck hier: sicherer Ertrag.
● Ausbau des optimalen Depots in Richtung einer ausgewogenen Verteilung gemäß Schema in Abb. 4.1. Ziel: Ausgewogenheit zwischen Sicherheit und Rendite.

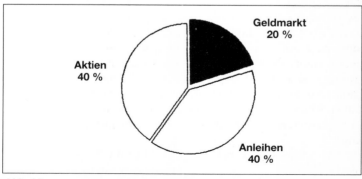

Abb. 4.1

79

b. Diversifikation

Das ist die Umsetzung der Volksweisheit, daß man nicht alle Eier in einen Korb legen sollte. Der Profi trachtet danach, sein Vermögen in verschiedene Anlagen zu investieren, die eine voneinander unabhängige Entwicklung zeigen oder versprechen. Für ein Aktiendepot bedeutet dies, daß man Papiere verschiedener Branchen, Märkte und Strukturen (Standard- oder Spezialwerte) erwirbt. Bezieht man »Diversifizieren« auf das gesamte Vermögen, so bedeutet es natürlich auch das Aufteilen in (hier nicht behandelte) Immobilien und (mobile) Finanzwerte. Für zieloptimierte Portefeuilles können die in den Abb. 4.2a bis 4.2d gezeigten Faustregeln gelten.

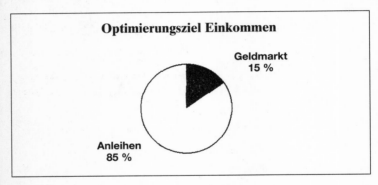

Abb. 4.2a

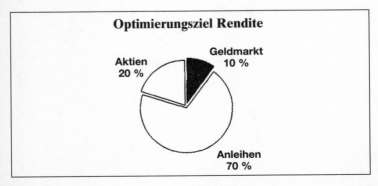

Abb. 4.2b

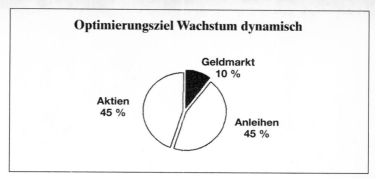

Abb. 4.2c

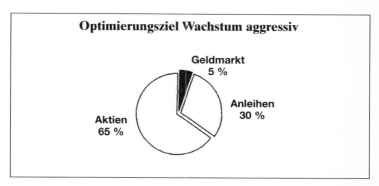

Abb. 4.2d

Mit der Rendite steigt bekanntlich das *Risiko,* wobei dieses hier nichts anderes bedeutet als Fluktuation in den Einnahmen bzw. Gewinnen. Risiko hat insoweit nicht allein mit Verlusten zu tun, sondern heißt hier nur, daß man nicht mit Sicherheit vorhersagen kann, daß der Anlagebetrag x auf die Summe y ansteigen wird. Für Aktien gilt das besonders, deshalb werden sie als »Einkommen« oben auch nicht empfohlen. Trotzdem waren die Aktien in den letzten fünf, zehn und 15 Jahren allen anderen Finanzanlagen deutlich überlegen.

Bei der Auslegung *von Vermögensstrukturen* sind solche Zeiträume zugrunde zu legen. Monate oder wenige Jahre sind keine geeignete Basis für grundsätzliche Überlegungen in bezug auf Anlagestrukturen. Nur dort, wo kurz- und mittelfristige Betrachtungen es angeraten sein lassen, sollte man von diesen Grundsätzen abweichen. Als Beispiel kann die intakte Aktienhausse der Jahre 1980 bis 85 gelten: Hier ging man mit Recht verstärkt auf Aktien. In einer historischen Hochzinsphase wie 1991 bis 93 investiert man dagegen bevorzugt in lang laufende Anleihen. Aber auch die grundsätzliche Struktur ist nicht bedingungslos festgeschrieben, man kann sie mit besserem Wissen durchaus umschreiben.

Hat dann eine Festsetzung der Vermögensstruktur überhaupt einen Sinn? Nun, sie schützt recht gut davor, augenblicklichen Stimmungen zu folgen. Sie regt zumindest dazu an, spontane Entscheidungen am Rahmen des Ganzen zu messen. Ein markantes Beispiel dazu liefert die jüngere Vergangenheit: Viele Anleger investierten alles in Aktien, da der Aktienmarkt seit Anfang der 80er Jahre stetig nach oben wies und »leichtes« Geschäft versprach. Im Oktober 87 kam dann der Crash und raffte 30 % hinweg. Viele, besonders die mit geliehenem Geld Eingestiegenen, verkauften in Panik und erlitten herbe Verluste. Seit Mitte 1989 werden aber wieder neue Höchstkurse notiert.

Keiner Anlageart wird in den Abb. 4.2a bis 4.2d ein Anteil von 100 % zugeschrieben. Aber Sie können die angegebenen Grenzwerte getrost über- oder unterschreiten, wenn Sie bewußt einem vorübergehenden Ziel folgen. Wenn Sie zum Beispiel eine überdurchschnittliche Rendite wollen, müssen Sie sich für eine Strategie aggressiven Wachstums entscheiden. Wenn Sie dann den Aktienmarkt sehr positiv einschätzen, investieren Sie zunächst bis zu 65 % Ihres Vermögens in Aktien. Stellen sich dann die ersten Kursgewinne ein, baut man Obligationen ab, geht auf 85 % Aktien, hält aber mindestens 15 % Cash (Geldmarkt). Wenn man dann Kursgewinne realisiert, dann achtet man darauf, nicht unter 15 % liquide Mittel zu gehen und den Aktienanteil tendenziell auf 65 % zurückzufahren.

Bevor man dann neuerlich in den »roten Bereich« geht, also über 65 % Aktien, prüft man die in Frage kommenden Aktien gut! Als Dauerzustand ist dieses Verhalten nämlich nicht geeignet.

c. Disposition

Hierunter versteht der Börsianer das Umschichten von einer Anlageart in die andere, also zum Beispiel von Anleihen in Aktien oder umgekehrt. Aber auch das Umschichten innerhalb einer Anlageart gehört zum Disponieren, zum Beispiel dann, wenn man bei fallenden Zinsen nicht in Festgeld oder kurzfristigen Anleihen investieren, sondern Geld in langfristigen Anleihen anlegen und dabei neben der Verzinsung noch beachtliche Kursgewinne erzielen will. Auch dann, wenn Sie am deutschen Markt eine Maschinenbauaktie abstoßen und eine spanische Versorgungsaktie kaufen, disponieren Sie.

4.1.3 Ziele setzen

Vor der Auswahl der »richtigen« Wertpapiere steht für den Anleger die Frage, was er erreichen will mit seinem Geld. Die zum Teil gegensätzlichen Zielrichtungen sind:

- *Rendite:* Hierunter ist die Summe aus Kursgewinn/-verlust und Dividende/Ausschüttung zu verstehen; Aktien sind z. B. gewinnträchtiger als festverzinsliche Wertpapiere.
- *Sicherheit:* Geldanlagen können verlorengehen, sei es durch Scheitern des betreffenden Unternehmens (Totalverlust) oder durch gravierende Kursstürze (Teilverlust); hier liegt bei den Aktien ein höheres Risiko als bei Festverzinslichen, die teilweise als sehr sicher einzustufen sind (z. B. Bundesschatzbriefe).
- *Liquidität:* Geld wird entweder auf bestimmte Zeit (Festverzinsliche) oder unbestimmte Zeit (Aktien) angelegt. Beim Verkauf kann man nur dann auf einen günstigen Preis hoffen, wenn man nicht unter Zeitdruck steht und warten kann. Somit wird der Rückflußbedarf in bezug auf den Zeitpunkt ein Anlagekriterium.
- *Steuer:* Die Anlageangebote auf dem Markt bieten unterschiedliche Möglichkeiten der Steuerminderung. Wer diese anstrebt, muß seine Wahl auch nach diesem Gesichtspunkt treffen.
- *Fachwissen:* Wer sich mit der Börse, ihren Produkten und dem Umgang damit auskennt, wird sein Geld spezifischer anlegen können als derjenige, der sich mit dem Fachwissen nicht auseinandersetzen will oder kann. Auch dieser Gesichtspunkt beeinflußt Art und Weise der Geldanlage.

Aus diesen Kriterien hat der Anleger zunächst die für ihn zutreffenden zu finden und zu gewichten. Unglücklicherweise konkurrieren einige dieser Kriterien miteinander:

- Höchste Sicherheit und Spitzenrendite vertragen sich nicht miteinander.
- Mangelndes Fachwissen verhindert rasches Erkennen und Reagieren auf gute Chancen bei Renditen und Steuervorteilen.
- Besondere Steuervorteile haben auf dem Markt ihren Preis: Meistens leiden Rendite und/oder Sicherheit darunter.

Um sich die Auswirkungen der genannten Kriterien bewußtzumachen, sollte der Anleger eine Weile lang die Märkte intensiv beobachten und die geplanten Schritte durchspielen. Wem die Mühen der Informationsbeschaffung und das Aneignen von Börsenfachwissen mehr denn je ein Buch mit sieben Siegeln sind, der sei an dieser Stelle auf die Möglichkeit »bequemerer« Geldanlage verwiesen: Der Kauf von Fondsanteilen kommt mit bedeutend weniger Fachwissen aus!

4.1.4 Vorausgehende Marktbeobachtungen

Nimmt der Investor die Anlage seines Geldes selbst vor, dann kommt er nicht umhin, sich ausreichend mit den relevanten Informationen zu versorgen. Will er sich nicht auf Glück und Zufall verlassen und kann er die Arbeit nicht einem Verwalter auferlegen, dann muß er eine Basisfähigkeit haben oder entwickeln:

- Alles wahrnehmen, was es über Wirtschaft und Börse im allgemeinen und über seine Gesellschaft(en) im besonderen zu wissen gibt, es auswerten, gewichten und anwenden.

Dazu dienen ihm:

- Veröffentlichungen über Kurse sowie Börsendaten in den Medien Zeitung, Zeitschrift, Radio und Fernsehen (siehe Anhang A, B, C und E)
- Wirtschafts- und Unternehmensnachrichten in denselben Medien (siehe Anhang A, B, C und E)
- Auswertungen von Informationen auf seinen Interessensgebieten mit Hilfe der in diesem Buch aufgezeigten Methoden (z. B. Wertpapieranalyse)

Der potentielle Anleger sollte sich zunächst vertraut machen mit den Veröffentlichungen und der Bedeutung der verwendeten Begriffe und Zeichen. Sodann bietet sich eine »Trockenübung« an:

Er sollte Papiere seiner Wahl in sein gedankliches Depot nehmen und dabei sowohl die Kursentwicklung, die Dividendenausschüttung als auch Unternehmensnachrichten und Gesamtentwicklung aufmerksam verfolgen. Er wird bald merken, wie sein Fachwissen wächst und seine Sicherheit zunimmt.

4.1.5 Rating

In den USA entwickelte man Instrumente zur Beurteilung der *Bonität* eines Emittenten. *»Einschätzung der Kreditfähigkeit«* wäre eine sinngemäße Übersetzung des Begriffs. Bekannteste Anwendungsform sind die Ratings von *Standard & Poor's*. Die Beurteilung wird dabei mit definierten Buchstaben- und Zahlenkombinationen vorgenommen. Um eine gute Wahl zu treffen, können diese Bewertungsmethoden wertvolle Dienste leisten. Dazu noch einige Einzelheiten:

Der Emittent eines kurzfristigen Geldmarktpapiers (Commercial Paper) oder einer längerfristigen Anleihe (Bond), der diese Schuldtitel am öffentlichen Kapitalmarkt plazieren will, bewirbt sich bei einer Rating Agency um eine Bewertung seiner Schuldtitel.
Diese erfolgt also auf Betreiben der Emittenten. Das rührt daher, daß insbesondere institutionelle Anleger nur solche Anlagen in die engere Wahl nehmen, die bestimmte Rating-Anforderungen erfüllen. Öffentlich plazierte Schuldtitel ohne Rating-Klassifizierung haben nur geringe Chancen, gezeichnet zu werden.
Zweck des Ratings sind jedoch nicht etwa Kaufempfehlungen, sondern lediglich Aussagen über die Wahrscheinlichkeit der termin- und betragsgerechten Zahlung der Zins- und Tilgungsforderungen. In der Praxis führt die Rating-Klassifizierung jedoch dazu, daß man aus ihr Rückschlüsse zieht auf Qualität und Wirtschaftskraft der Gesellschaft.
Man spricht von »A-Gesellschaften«, im Detail von Single-A-Gesellschaften sowie von Double- und Triple-A-, -B-, -C- und -D-Gesellschaften. Die Rating Agencies, also die die Rating-Beurteilung treffenden Agenturen, beziehen ihre Informationen vom Emittenten selbst und aus dessen Umfeld. Die kennzeichnenden Daten werden systematisch eingeholt und ausgewertet. Kriterien und deren Gewichtungen werden für jede Gesellschaft,

differenziert nach ihrer Betriebstätigkeit, der Unternehmensbranche, nach den örtlichen Gegebenheiten und Gesetzen sowie nach der spezifischen Konkurrenzsituation, erhoben und bewertet. Besonders wird auf die finanzielle Ausstattung der Gesellschaft und die Qualität der Aktiva gesehen, außerdem nach dem Ruf und der Qualität des Managements geurteilt.

Bei der Beurteilung von Emissionen nichtamerikanischer Gesellschaften gehen auch länderspezifische Daten in die Beurteilung ein.

Die bekanntesten Rating Agencies sind »Moody's« sowie »Standard & Poor's«. Daneben haben sich Spezialagenturen für bestimmte Branchen etabliert, z. B. die IBCA (International Bank Credit Analysis), spezialisiert auf die Analyse und Beurteilung von Banken.

»Rating-Klassen«, so heißen die Abstufungen, werden bei Geldmarktpapieren (Commercial Papers) und längerfristigen Anleihen (Bonds) unterschiedlich bezeichnet. Nachfolgend sind die von *Standard & Poor's* verwendeten Rating-Bezeichnungen aufgeführt.

Rating-Legende nach *Standard & Poor's*:

Commercial Paper Ratings:

A-l: Rückzahlungsfähigkeit sehr stark
A-2:   Rückzahlungsfähigkeit stark
A-3:   Rückzahlungsfähigkeit zufriedenstellend
B: Rückzahlungsfähigkeit durchschnittlich
C: Termingerechte Rückzahlung erscheint zweifelhaft
D: Verzug bei der Rückzahlung zu erwarten oder bereits eingetreten

Bond Ratings:

AAA: Beste Fähigkeit des Emittenten, Zinsen und Tilgung zu zahlen; Papiere praktisch mündelsicher
AA: Gute Fähigkeit, die Anleihe zu bedienen
A: Papiere verfügen über hohe Bonitätsattribute, können jedoch durch äußere politische oder konjunkturelle Einflüsse beeinträchtigt werden.
BBB: Angemessene Fähigkeit zur Zahlung von Zinsen und Tilgung. Ungünstige wirtschaftliche Verhältnisse oder Be-

	dingungen könnten aber zu einer Beeinträchtigung der Rating-Güte führen.
BB	Beginnend mit einer möglichen Beeinträchtigung zur Zahlung von Zins und Tilgung (Beginn des spekulativen Bereichs)
bis	bis
CC	Zahlung von Zins und Tilgung zumindest teilweise im tatsächlichen Verzug
C:	Gesellschaft leistet keine Zinszahlungen mehr
D:	Gesellschaft ist in allgemeinem Zahlungsverzug
NR:	(no rating) Für diese Anleihe liegt keine Bonitätsbewertung vor bzw. der Emittent forderte keine Rating-Agentur auf, die Anleihe zu beurteilen
+/–:	Innerhalb der obengenannten Klassifizierungen werden Zwischenstufen markiert.

Die Bezeichnungen von *Moody's* sind ähnlich, dort bedeutet das beste Commercial-Paper-Rating »P-l«, das beste Bond-Rating »Aaa«.

Naturgemäß werden die Ratings in erster Linie in den USA genutzt. Doch auch der europäische Anleger kann davon profitieren, nämlich dann, wenn er in den USA investiert oder in ein europäisches Unternehmen, das ein Rating erhalten hat.

4.2 Risiken im Wertpapiergeschäft

4.2.1 Was ist Risiko?

Vor einer Investition wird man sich einige Gedanken über den erwarteten Ertrag und die begleitenden Modalitäten machen, aber auch über das Risiko der Anlage. Während die Vorstellungen über den erwarteten Ertrag meist recht konkret sind, wird das innewohnende Risiko leicht außer acht gelassen oder übersehen. Dies ist aus der Mentalität des Anlegers heraus gut zu verstehen: Die meisten Spekulanten sind Optimisten, ein Verhaltensmuster, das sich bei einer Verlustposition als fatal erweisen kann.

Bevor man eine Position eingeht, sollte man sich deutliche Vorstellungen über das mögliche Risiko machen. Das kann man hier als die Summe der Konsequenzen aus der Fehleinschätzung künftiger Ereignisse definieren.

Das Risiko einer Wertpapieranlage hat bei genauerer Betrachtung zwei Seiten,

● das systematische und
● das unsystematische Risiko.

4.2.2 Einschätzen und Bewerten der Risiken

Auf das *systematische Risiko*, auch als Risiko des Marktes oder generelles Risiko bezeichnet, kann der Anleger keinerlei Einfluß nehmen. Es wird nämlich durch das Eintreffen von Ereignissen verursacht, die den ganzen Markt- und selbstverständlich auch alle darin gehandelten Titel betreffen. Ein Marktrisiko ist zum Beispiel die Veränderung von Zinssätzen, das Eintreffen von Staatskrisen oder Kriegen oder die Änderung und das Inkrafttreten von Gesetzen und Bestimmungen. Das Marktrisiko ergreift in gewisser Weise alle Titel des Marktes, daher kann es nicht eliminiert werden. Auch ein hochdiversifiziertes Portfolio ist dem Marktrisiko ausgesetzt. Lediglich bei Optionen auf Aktienindizes ist das Risiko auf das Marktrisiko des jeweiligen Aktienindex und dessen Markt begrenzt.

Welches Risiko dem speziellen Markt innewohnt, bestimmt der Einzelfall. Dabei sind zu prüfen:

● die Einflußfaktoren,
● die Wahrscheinlichkeit einer Veränderung,
● das mögliche Ausmaß von Veränderungen,
● das wahrscheinliche Ausmaß der Veränderungen.

Weiter sollte man die möglichen Kombinationen und deren Wirkung auf das Investment überprüfen. Das Marktrisiko kann auch anhand des Charts und dessen Interpretation analysiert und mittels Timing-Indikatoren erfaßt werden. Die Analyse des Marktes und seines Risikos sollte gründlich erfolgen, da diese eine grundsätzliche Richtung der Investitionen in Einzeltiteln aufzeigt und hierdurch die Entscheidung erleichtert wird.

Das *unsystematische Risiko* wird auch als titelspezifisches, firmenspezifisches oder Individualrisiko bezeichnet. Es wird durch das nicht erwartete, aber mögliche Eintreffen von Ereignissen hervorgerufen, die speziell auf den einzelnen Titel einwirken. Beispiele für das titelspezifische Risiko sind:

● der Ertragsverlauf einer Firma,
● eine sich verändernde Produktpalette,
● ein Wechsel des Managements
● und dergleichen mehr.

Bei der Analyse des titelspezifischen Risikos sind die wesentlichen Faktoren, die in ihrer Folge auf den Kursverlauf des Titels einen Einfluß haben könnten, zu untersuchen:

Welche Einflußfaktoren gibt es?

● Wie hoch ist die Wahrscheinlichkeit einer Veränderung der Einflußfaktoren?
● Welches Ausmaß könnte die Veränderung annehmen?

Das gesamte Risiko der Investition in einem Einzeltitel ist die Summe aus dem Marktrisiko und dem titelspezifischen Risiko. Um zu einem zufriedenstellenden Überblick zu gelangen, müssen die möglichen Kombinationen und deren Wirkung auf den Kursverlauf des Titels betrachtet werden. Der Anteil des individuellen Risikos an einem Portfolio kann durch die Aufnahme mehrerer Einzeltitel reduziert werden.
Beispiel: Daß alle zehn Titel in einem Depot unerwartet Konkursverlust erleiden, ist weniger wahrscheinlich als daß *eine* Gesellschaft scheitert. Dieses Beispiel läßt sich auf andere Größen wie Gewinnentwicklung oder Dividenden übertragen.

4.2.3 Risiko-Ertrags-Funktion

Tendenziell steigt mit der Ertragserwartung eines Titels auch dessen Risiko. Anders ausgedrückt: Die Sicherheit eines Titels muß man mit einer geringeren Erfolgserwartung bezahlen. Sicherheit und Erfolgserwartung stehen also in umgekehrtem Verhältnis zueinander. Für den Anleger gilt nun, diejenige Titelmischung herauszufinden, die seiner Risikobereitschaft und seinem Ertragserwartungsprofil am ehesten entspricht.

4.2.4 Nutzen aus der Risikobetrachtung

Bei maximaler Diversifikation ist das individuelle Risiko auf ein Mindestmaß reduziert. Eine maximale Diversifikation bestünde zum Beispiel in dem Kauf der gleichen Anzahl Aktien jeder an einem bestimmten Markt gehandelten Aktie. Damit hätte man sich aber »zu Tode diversifiziert«.

Abgesehen von der durchschnittlichen Wertentwicklung wird bei einer inflationären Depottitel-Anzahl ein erheblicher Verwaltungsaufwand entstehen, der das Kosten-Nutzen-Verhältnis negativ beeinflußt.

Die *optimale Zahl an Depottiteln* hängt von speziellen Faktoren ab, unter anderem von:

- Gesamt-Depotwert
- Risiko-Ertrags-Profil der Einzeltitel
- Korrelation der Einzeltitel zueinander
- Bestehen von Nebenbedingungen
- verfügbare Zeit für die nötige Verwaltungs- und Überwachungsarbeit

Risiko des Portefeuilles in Abhängigkeit vom Diversifikationsgrad

Risiko des Portefeuilles

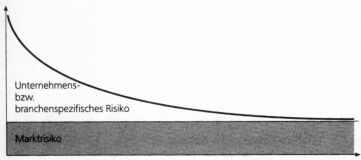

Abb. 4.3

Quelle: DTB Basisbroschüre »DAX-Option«

90

Einige theoretische Modelle zeigen, daß es offenbar ein nichtlineares Verhältnis zwischen Titelanzahl und dem gesamtem Individualrisiko gibt (siehe Abb. 4.3).

Eine Halbierung des Individualrisikos tritt bei etwa fünf Titeln ein. Ab 20 Titeln wird die zusätzliche Risikoreduzierung sehr gering. Bei etwa 30 Titeln verbleibt noch ein Gesamtrisiko von weniger als 4,5 Prozent.

4.2.5 Währungsrisiko

a. Überblick

Da der deutsche Kapitalmarkt zum einen relativ klein ist und zum anderen viele Möglichkeiten der Wertpapieranlage gar nicht bietet, werden Wertpapieranlagen auch in anderen Ländern und deren Währungen vorgenommen. Durch die Investition in ausländischen Märkten besteht die Möglichkeit, das Wissen bzw. die Erwartung über den Verlauf des fremden Marktes gewinnbringend zu nutzen. Die Anlage an ausländischen Märkten ist oft mit größeren Ertragserwartungen verbunden als bei inländischer Investition. Durch die sich möglicherweise verändernde Währungsrelation entsteht eine zusätzliche Gewinnchance, andererseits aber auch ein grundsätzliches Währungsrisiko.

Ein einfaches Beispiel: Man kauft eine amerikanische Anleihe mit 10 % Verzinsung. Auf dem deutschen Markt wären es nur 7 % Verzinsung gewesen, also gewinnt man 3 %. Um die US-Anleihe zu kaufen, wechselte man die DM zu einem Kurs von 1,70 in Dollar. Zum Zeitpunkt des Verkaufes der US-Anleihe notiert der Dollar aber nur noch bei 1,50 DM. Trotz der erhöhten US-Verzinsung wäre man mit einem inländischen Engagement besser gefahren, denn der Zinsgewinn wird vom Währungsverlust aufgezehrt. Vor einem Auslandsengagement sollte man sich immer das Währungsrisiko bewußtmachen.

b. Risikoanalyse

Die zentrale Frage ist, wohin sich der Devisenkurs entwickeln wird. Grundsätzlich hängt er von Angebot und Nachfrage nach der Währung ab. Der Wert einer Währung im Verhältnis zu anderen wird in der Regel aufgrund fundamentaler Daten (Sozialprodukt, Inflationsrate usw.) prognostiziert. Daneben gibt es aber zahlreiche

Kapitalmarktmodelle, die die Relationen der verschiedenen Devisenkurse zueinander berücksichtigen, um einen zukünftigen Devisenkurs zu bestimmen. Bei einer gründlichen fundamentalen Analyse müßten die wesentlichen Faktoren, die auf den Devisenkurs einen Einfluß haben, ermittelt werden, dann die Möglichkeit und das Ausmaß ihrer Veränderung und die Wahrscheinlichkeit der Veränderung sowie das wahrscheinliche Maß der Veränderung.

Da eine Volkswirtschaft, die man als Teil der Weltwirtschaft sehen muß, ein außerordentlich komplexes Gebilde darstellt, ist eine solche Analyse sehr schwierig, die Wahrscheinlichkeit des Eintreffens des Erwartungswertes gering. Für den Privatanleger ist diese Art, den Devisenkurs zu prognostizieren, praktisch nicht realisierbar.

Was ihm bleibt: Er kann die Empfehlungen der volkswirtschaftlichen Abteilungen von Großbanken sowie die Beiträge einschlägiger Fachblätter durcharbeiten und sowohl miteinander als auch mit der eigenen Einschätzung vergleichen, um so zu einer Grundlage eigenen Handelns zu kommen.

Einige Analysten verwenden die charttechnische Analyse, um sich eine Vorstellung über den zukünftigen Devisenkurs zu machen, zum Teil mit ansehnlichem Erfolg. Die Ermittlung des Risikos kann mittels der Risiko-Ertragsrechnung unter Berücksichtigung unterschiedlicher Entwicklungen durchgeführt werden. Dabei wird die Wahrscheinlichkeit für eine mögliche Entwicklung, also steigende, konstante oder fallende Devisenkurse, eingegeben. Außerdem gibt man den konkreten Wert des Devisenkurses an, den man bei einem steigenden, konstanten oder fallenden Devisenkurs erwartet.

Als Ergebnis Ihrer Analysen und Recherchen sollten Sie wenigstens eine grobe Erwartung über den wahrscheinlichen Verlauf des Devisenkurses bekommen.

4.3   Die richtigen Entscheidungen

4.3.1 Auswahl der Papiere

Die Qual der Wahl hat zwei Phasen:

● Auf welche Art von Papieren soll das anzulegende Geld verteilt werden?
● Was für Titel sollen es sein?

Aus den Grundempfehlungen und den Anmerkungen zur Diversifikation einerseits sowie der Zielfindung und der Marktbeobachtung andererseits kann der Anleger nun seine Favoriten gekürt haben. Damit ist jetzt die Zeit für einen *Anlageplan* gekommen! Hierin stellt man alle in die engere Wahl gekommenen Titel zusammen. Die nachfolgende Tabelle verdeutlicht, wie man sich auf einfache Weise einen sehr guten Überblick schaffen kann:

Titel	Stück	Kurs/Datum	Limit	Kaufwert
A	10	375,00/18.8.	380	3.800,–
B	25	399,50/18.8.	400	10.000,–
C	10	605,00/18.8.	600	6.000,–
				19.800,–

4.3.2 Timing

Der Grundgedanke des Timing ist, daß es nicht einfach gute oder schlechte Titel gibt. Oft ist das nur eine Frage des »*Zeitpunktes*«, zu dem der Titel gekauft oder verkauft wird. Für den Praktiker erweist es sich als nützlich, sich aus der riesigen Auswahl an Wertpapieren diejenigen herauszusuchen, die neben guten fundamentalen auch vortreffliche technische Voraussetzungen mitbringen. Das wird deutlich durch Einsatz der Analyseinstrumente, mit deren Hilfe sich derjenige Zeitpunkt herauskristallisieren läßt, zu dem eine bestimmte Aktie das größte Kurspotential besitzt.

Das Timing bedient sich der Indikatoren, und zwar sowohl rein technischer (Kurse, Volumen) als auch bei langfristiger Betrachtung fundamentaler (monetäre, volkswirtschaftliche, konjunkturelle, unternehmensspezifische). Zudem spielen auch börsennahe Daten eine gewisse Rolle. Den Indikatoren werden verschiedene Interpretationsregeln zugeschrieben, aufgrund deren der Analyst Kauf- und Verkaufssignale erkennen kann.

4.3.3 Der Wert professioneller Nachrichten

Was ist von einem Anlageberater oder einem Börsenbrief zu halten, der ein Jahr lang predigt: »Abwarten, wir bleiben mit 80 % in Festgeld und Renten«? Das erscheint auf den ersten Blick als alter Hut, aber die Nachricht ist möglicherweise nach wie vor aktuell! Es wäre falsch, den Berater der Untätigkeit zu zeihen oder den betreffenden Börsenbericht abzubestellen, weil »denen nichts mehr einfällt«.

Die Medien sind nämlich besonders anfällig dafür, »Neuigkeiten« zu bringen. Es ist ihre Aufgabe, zu berichten. Aber: Empfehlungen zu geben, mit denen *Sie* etwas anfangen können, und Informationen zu vermitteln, die man gründlich auf ihre Substanz geprüft hat, das ist nicht das Metier der Medien.

Aufgabe der Börse ist das Versorgen der Volkswirtschaft mit Liquidität, wobei die Preise der gehandelten Wertpapiere so festgesetzt werden, daß ein maximaler Umsatz herauskommt. Börse und Banken werden für die Transaktionen bezahlt, nicht für die Preisfindung. Hiernach sind auch die Börsennachrichten zu werten.

Schließlich sei noch Vorsicht angeraten bei den Empfehlungen, die sich einer langen Liste aussichtsreicher Titel bedienen. Die dort genannten Aktien sind nicht selten mit Stop-Kursen aufgeführt. Sobald der Kurs darunterfällt, verschwindet die Aktie aus der Liste, zurück bleiben die Gewinner. So entsteht der Eindruck, daß diese Quelle einen Riecher für Gewinner hat. Solche Tricks erkennt man, wenn man die Liste eine Weile beobachtet.

In bezug auf die Nachrichtenlage zu einem bestimmten Titel lautet die Weisheit eines mit allen Wassern gewaschenen Börsianers:

Kaufe, wenn die Nachrichten überwiegend negativ sind, die Kurse aber trotzdem nicht weiter fallen!

Verkaufe, wenn die Kurse trotz der überwiegend positiven Nachrichten nicht weiter steigen!

4.4 Abwicklung

4.4.1 Kauforder

Eine Kauforder muß folgende Angaben enthalten:

- Titel (exakt, denn bei einer Gesellschaft gibt es unter Umständen mehrere Aktienarten wie »Stämme« oder »Vorzüge«)
- Menge
- Limit
- Dauer des limitierten Auftrags (kann für den Tag gelten oder aber bis »Ultimo«, also bis zum Letzten des Monats)

Das Limit kann folgende Formen haben:

- »billigst«, gilt immer, wenn kein Limit gesetzt wurde
- fester Kurswert
- »Stop-buy«-Kurswert
- zusätzlich: »Interesse wahrend«, d. h. bei größeren, marktbeeinflussenden Paketen im Sinne des Kunden taktierend

Das *»Stop-order-Limit«* ist eine von den amerikanischen Börsen übernommene Praxis, in Deutschland nur möglich bei den im DAX enthaltenen Aktien in 50-Stück-Paketen. Hierbei wird das Kauflimit über dem aktuellen Kurs angesetzt. Erreicht der Kurs das Limit, dann verwandelt sich die »Stop-buy-Order« in einen Billigst-Kaufauftrag. Die Effekten werden zum nächstmöglichen Zeitpunkt gekauft, und zwar ohne Garantie für den exakten Limitkurs. Die Stop-buy-Order ist nützlich, wenn man nur dann kaufen möchte, wenn der Kurs einer aufsteigenden Tendenz folgt und eine durch das Limit markierte Widerstandslinie durchbricht. Beispiel siehe Abb. 4.4.

Eine unlimitierte Kauforder wird gegeben, wenn sie unbedingt am nächstmöglichen Börsentag ausgeführt werden soll. Sie kann aber zu bösen Überraschungen führen, besonders bei Papieren mit engem Markt sowie bei Optionen und Optionsscheinen. Man sollte auch bedenken, daß bei breit veröffentlichten Empfehlungen der Kurs stark beeinflußt werden kann. Da können auch mal marktgängige Effekten teuer zu stehen kommen, wenn man nur »billigst« geordert hat.

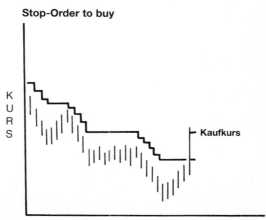

Abb. 4.4

Sollen Aufträge noch am selben Tag ausgeführt werden, so müssen diese bis 16.30 Uhr bei der Bank eingegangen sein.

Der erteilte Auftrag wird zum variablen Kurs abgerechnet, wenn er über festgesetzte Mindestmengen oder Vielfache davon lautet. Ansonsten gilt der Einheitskurs, auch für nicht durch die Mindestmenge teilbare Restmengen.

4.4.2 Verwahrung

Die eigenhändige Verwahrung der Effekten durch den Kunden ist nicht mehr üblich. Das würde das Kreditinstitut auch zusätzlichen Aufwand kosten (den es sich vom Kunden wieder holt), weil die Wertpapiere nicht mehr in der Bank, sondern in den Tresoren der gemeinschaftlichen Wertpapiersammelbank verwahrt werden. Da sind sie vor Diebstahl sicherer als anderswo, zumal sie nicht mehr transportiert werden müssen. Außerdem werden alle notwendigen Termine wie Hauptversammlung, Dividendenzahlung usw. automatisch überwacht und verfolgt.

Die Wertpapiersammelbanken verbuchen auf den Konten der Börsenbanken die Salden aus den jeweiligen Sachkonten, die Börsenbank bucht ihrerseits in das Depot und das Kapitalkonto des Kunden. Das Ganze nennt sich »*Girosammelverwahrung*«.

4.4.3 Verkaufsorder

Der Verkauf erfordert die gleichen Angaben wie die unter 4.4.1 geschilderte Kauforder. Das dringend empfohlene Limit kann hier wie folgt aussehen:

- »bestens«, gilt immer, wenn kein Limit gesetzt wurde
- fester Kurswert
- »Stop-loss«-Kurswert
- Dauer des Auftrags (für den Tag geltend oder aber bis »Ultimo« (bis zum Letzten des Monats)

Die Stop-loss-Order ist das Gegenstück zum Stop-buy (siehe Abb. 4.5). Hier wird das Limit so gesetzt, daß die Effekten nach Durchstoßen einer gedachten und durch das Stop-loss-Limit markierten Widerstandslinie »bestens« verkauft werden. Zur Sicherung von Gewinnen und Schutz vor Verlusten kann man das Stop-loss-Limit einem steigenden Kurs ständig nachführen.

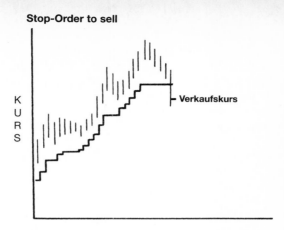

Stop-Order to sell

K U R S

Verkaufskurs

Abb. 4.5

Die anderen zur Kauforder gemachten Hinweise gelten für die Verkaufsorder sinngemäß.

4.4.4 Abrechnung

Die Kreditinstitute verlangen für ihre Dienste bei Aktienkauf und -verkauf Gebühren in Höhe von ca. 0,5 % bis 1 % des Kurswertes der gehandelten Papiere. Dazu kommt die Vergütung des Maklers (»Courtage«), die im Bereich von 0,075 ‰ des Nennwertes bei festverzinslichen Papieren bis 0,8 ‰ des Kurswertes bei Aktien liegen kann.

Weitere Gebührenquellen, die Banken gerne sprudeln lassen:

- Mindestgebührensätze, wenn es um Kleinaufträge geht
- Limitgebühr bei nicht durchführbaren Aufträgen
- Sonstige Spesen (dem Erfindungsreichtum sind keine Grenzen gesetzt!)

5. Terminkontrakte – Geschäfte mit der Zukunft

5.1 Termingeschäfte und ihre Formen

Der Terminhandel entstand auf den Rohstoffmärkten. Dort einigten sich Produzenten mit ihren Abnehmern über Preise und Mengen, die zu einem bestimmten Zeitpunkt gelten und das Geschäft auch für den Fall sinkender Preise im vorhinein festlegen sollten. Ebenso verfuhren Abnehmer, die steigende Marktpreise befürchteten.

Im Laufe der Zeit dehnten sich diese Geschäftspraktiken auf andere Handelsobjekte aus. So gibt es heute Terminkontrakte nicht nur mit Aktien und anderen Wertpapieren, sondern auch mit Kennzahlen wie dem Börsenindex. Ob damit eine größere Nähe zur Lotterie entstanden ist, wird den Börsianer so lange nicht interessieren, wie die Gewinnmöglichkeiten an der Börse die der Glücksspiele doch erheblich übertreffen.

Ein Termingeschäft setzt also voraus, daß bei den Kontraktpartnern gegensätzliche Erwartungen an die Marktentwicklung bestehen: Der Verkäufer rechnet mit fallenden Preisen und möchte sich zum Lieferzeitpunkt den höheren Abgabepreis sichern, der Käufer dagegen spekuliert auf steigende Preise und will einen verhältnismäßig niedrigen Einstandspreis nutzen.

Die Kontraktpartner treten jedoch nicht nur mit gegensätzlichen Zielsetzungen an, sondern auch mit unterschiedlicher Motivation und Risikobereitschaft. Der eine scheut die Gefahr der Preisänderung, nimmt dafür einen »schlechteren« Preis und eine niedrigere Prämie in Kauf und verzichtet auf die Chance eines höheren Gewinns. Der andere stürzt sich ins Risiko, um eine höhere Prämie, einen höheren Preis oder einen Gewinn zu kassieren.

Die Möglichkeiten für Gewinn und Verlust liegen also in der Preisentwicklung zwischen Abschluß und Fälligkeit des Geschäfts. Wer richtig vorausschaut, gewinnt. Für den »falschen« Propheten gibt es im Termingeschäft nicht die Chance, eine für ihn günstigere Marktsituation abzuwarten. Zum vereinbarten Termin muß er das Geschäft machen, und wenn er dabei noch soviel verliert.

5.2 Abgrenzung der Terminmärkte und Überblick

Die beiden ursprünglichen Grundarten der Termingeschäfte sind »Option« und »Future«. Ihre Merkmale sind in späteren Abschnitten näher erläutert, hier sei der Unterschied nur grob skizziert: Ein *Future-Kontrakt* bindet beide Partner auf Sache, Preis und Zeitpunkt, während die *Option* zwar den Verkäufer auch unwiderruflich bindet, dem Käufer aber freie Hand läßt, ob er vom Recht seiner Optionsausübung Gebrauch macht oder nicht. Außerdem ist die Option eine kürzer befristete (weniger als ein Jahr laufende) Vertragsform, während Future-Kontrakte bis zu zehn Jahre laufen können. Weiterer Unterschied: Futures werden nur auf Papiere ausgegeben, deren Qualität außer Frage steht.

Daß es sich bei Optionen und Futures um grundlegend andere Geschäftsobjekte handelt, wird schon daran deutlich, daß es Optionen auf Futures gibt, z. B. die Option auf den langfristigen Bund-Future oder die Option auf den DAX-Future. Hier werden die Kurswerte der Future-Papiere, die ja handelbar sind, zum Gegenstand der Spekulation gemacht bzw. abgesichert, eben mit Hilfe von Optionen.

Termingeschäfte im schematischen Überblick zeigt Abb. 5.1.

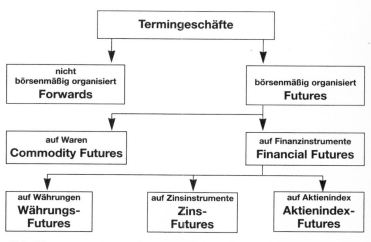

Abb. 5.1   Quelle: DTB Basisbroschüre »DAX-Future«

An der Börse werden nur Vereinbarungen (Kontrakte) zentral gehandelt, die standardisiert sind. Daneben gibt es außerbörsliche Termingeschäfte (OTC-Geschäfte, Forwards). Diese Art von Kontrakt kommt nicht innerhalb der Institution und Organisation einer zugelassenen Börse zustande, ist nur beschränkt handelbar und wird in diesem Buch nicht behandelt.

Es wäre naheliegend, den *Optionsschein* für das Dokument einer Option zu halten. Das ist leider falsch. Sie sind in ihrer Funktion lediglich ähnlich. Näheres wird unter Punkt 5.5 behandelt.

Die Lektüre der Fachpresse macht deutlich, daß ständig neue Formen und Arten von Termingeschäften kreiert werden. So wurden bei Überarbeitung dieses Buches soeben Kaufoptionsscheine auf einen Schweizer Bankaktienkorb begeben, eine etwa zwei Jahre laufende Optionsscheinvariante, die aber wesentliche Züge einer Option hat. Unter der wachsenden Vielfalt leidet die Überschaubarkeit des Terminmarktes. Erhöhte Wachsamkeit für Besonderheiten und Tücken ist gefragt.

5.3 Optionen

5.3.1 Die im Optionsgeschäft verwendeten Begriffe und ihre Bedeutung

Gegenstand des Optionsgeschäftes ist das Optionsrecht, und das wird als Optionskontrakt gehandelt. Der Käufer eines Optionskontraktes (Optionsinhaber oder Optionsberechtigter) erwirbt gegen Zahlung einer Prämie das Recht,

- die bestimmte Menge eines bestimmten
- Gutes = *»Basiswert«*
- innerhalb eines bestimmten Zeitraumes = *»Laufzeit«* (bei europäischen Optionen nach einem bestimmten Zeitraum)
- zum im voraus bestimmten Preis = *»Basispreis«*
- zu kaufen = *»Kaufoption«* oder *»Call«*
- bzw. zu verkaufen = *»Verkaufsoption«* oder *»Put«*.

Der Verkäufer eines Optionskontraktes (= *»Stillhalter«*) übernimmt die Verpflichtung, innerhalb (bei Optionen amerikanischen Typs) der Laufzeit des Vertrages den Vereinbarungen nachzukommen, wenn der Käufer sein Recht in Anspruch nimmt. Der Verkäufer einer Kaufoption ist »Stillhalter in Wertpapieren«, während derjenige, der eine Verkaufsoption verkauft, »Stillhalter in Geld« genannt wird.

Für die eingegangene Verpflichtung erhält der Stillhalter vom Käufer eine Gegenleistung, den *»Optionspreis«*, auch *»Prämie«* genannt.

Unter *»Volatilität«* versteht man einen Gradmesser für die Preisschwankungen des Basiswertes, also die Kursschwankungen der Aktie. Je stärker die Schwankungen, desto eher wird sich die Option für den Käufer lohnen und desto höher muß der Preis für die Option sein. Man unterscheidet eine historische und eine implizite Volatilität. Die eine basiert auf Vergangenheitsdaten, die andere wird mittels mathematischer Formeln aus dem aktuellen Marktgeschehen ermittelt.

5.3.2 Gegenstände, auf die es Optionen gibt

Beim Basiswert, also dem eigentlichen Gegenstand einer Option, kann es sich handeln um:

- Aktien bestimmter Unternehmen, aber auch Aktienindizes, die einen repräsentativen Querschnitt des Aktienmarktes darstellen
- Währungen
- Zinsen in Form von kurz- oder langfristigen Zinstiteln
- Edelmetalle, z. B. Gold- und Silberoptionen
- Future-Kontrakte, z. B. auf den langfristigen Bund-Future

5.3.3 Rechte und Pflichten im Optionsgeschäft

In der Gegenüberstellung werden die unterschiedlichen Rechte und Pflichten der Kontraktpartner des Optionsgeschäfts deutlich (siehe Abb. 5.2).

An der Börse gehandelte Optionen sind weit überwiegend amerikanischen Typs und ermöglichen die Optionsausübung während der Laufzeit an jedem beliebigen Handelstag. Europäische Optionen schränken das Ausübungsrecht auf das Laufzeitende ein. Die Optionen der Eurex (European Exchange) sind amerikanischen Typs.

Hinweis: Termingeschäfte mit der Bindung beider Parteien sind *»Fixgeschäfte«* (siehe hierzu Ziffer 5.4).

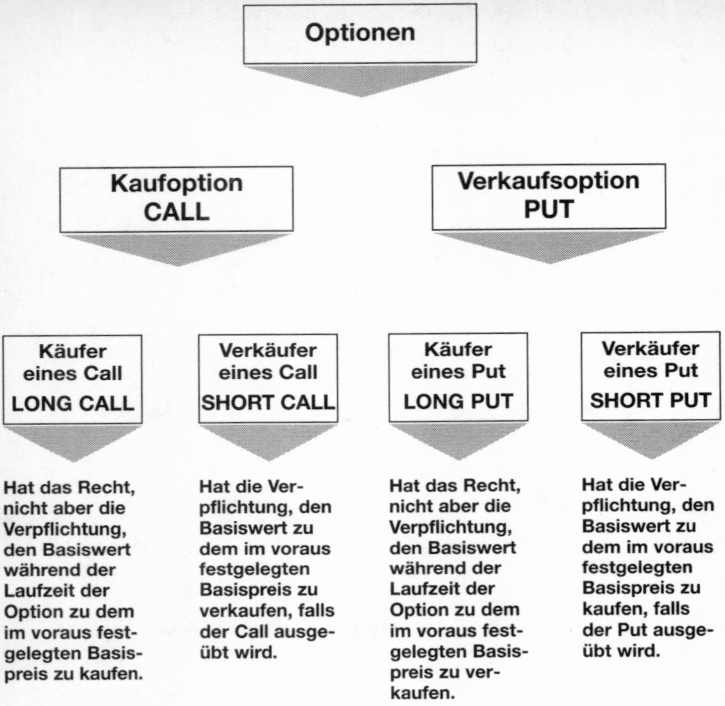

Optionen

Kaufoption CALL		Verkaufsoption PUT	
Käufer eines Call LONG CALL	**Verkäufer eines Call** SHORT CALL	**Käufer eines Put** LONG PUT	**Verkäufer eines Put** SHORT PUT
Hat das Recht, nicht aber die Verpflichtung, den Basiswert während der Laufzeit der Option zu dem im voraus festgelegten Basispreis zu kaufen.	Hat die Verpflichtung, den Basiswert zu dem im voraus festgelegten Basispreis zu verkaufen, falls der Call ausgeübt wird.	Hat das Recht, nicht aber die Verpflichtung, den Basiswert während der Laufzeit der Option zu dem im voraus festgelegten Basispreis zu verkaufen.	Hat die Verpflichtung, den Basiswert zu dem im voraus festgelegten Basispreis zu kaufen, falls der Put ausgeübt wird.

Abb. 5.2   Quelle: DTB Basisbroschüre »Aktienoptionen«

5.3.4 Grundpositionen und Grundstrategien

Mit einer Option bezieht der Anleger *»Position«*:

● eine *»Long-Position«* als Käufer *(»Inhaber«)* bzw.
● eine *»Short-Position«* als Verkäufer *(»Stillhalter«)*.

In Abb. 5.3 sind die Konstellationen schematisch dargestellt.

Der Anleger in *»Long-Call-Position«* profitiert, wenn der Basiswert über dem Basispreis notiert wird. Einen Gewinn macht er jedoch erst, wenn die Differenz größer ist als die Optionskosten (Optionspreis plus Nebenkosten). Dann sind aber durch die Hebelwirkung enorme Gewinne möglich. Der Call-Inhaber nimmt

Gewinn- und Verlustprofile der vier Grundpositionen

Transaktionskosten (Gebühren und Provisionen) bleiben unberücksichtigt.

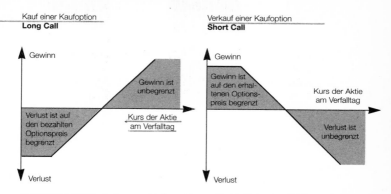

Kauf einer Kaufoption
Long Call

Verkauf einer Kaufoption
Short Call

- Der Käufer einer Kaufoption erwartet einen steigenden Aktienkurs.

- Ein Gewinn wird erzielt, sobald der Aktienkurs die Summe aus Basispreis und bezahltem Optionspreis übersteigt.

- Der Verkäufer einer Kaufoption erwartet einen stabilen oder sinkenden Aktienkurs.

- Ein Gewinn wird erzielt, wenn der Aktienkurs nicht die Summe aus Basispreis und erhaltenem Optionspreis übersteigt.

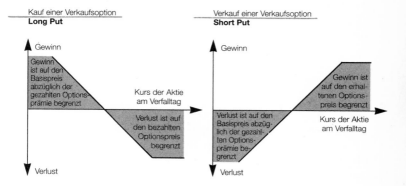

Kauf einer Verkaufsoption
Long Put

Verkauf einer Verkaufsoption
Short Put

- Der Käufer einer Verkaufsoption erwartet einen sinkenden Aktienkurs.

- Ein Gewinn wird erzielt, sobald der Aktienkurs den Basispreis abzüglich des bezahlten Optionspreises unterschreitet.

- Der Verkäufer einer Verkaufsoption erwartet einen stabilen oder steigenden Aktienkurs.

- Ein Gewinn wird erzielt, wenn der Aktienkurs nicht den Basispreis abzüglich des erhaltenen Optionspreises unterschreitet.

Abb. 5.3

Quelle: DTB Basisbroschüre »Aktienoptionen«

also teil am Aufschwung des Basiswertes, verlieren kann er höchstens den gezahlten Optionspreis. Läßt er die Option wertlos verfallen, ist allerdings das gesamte in die Option investierte Kapital verloren. Er kann nicht auf »bessere Zeiten« warten, wie es derjenige tun kann, der den Basiswert selbst gekauft hat.

In »*Long-Put-Position*« profitiert der Anleger vom Fallen des Basiswertkurses. Der kann zwar nicht unter Null fallen, trotzdem sind aber auch hier dank Hebelwirkung große Gewinne möglich. Davon hat der Anleger natürlich seine Optionskosten zu bestreiten.

Eine »*Short-Call-Position*« wird der Stillhalter anwenden, wenn er mit leicht fallenden oder stagnierenden Kursen rechnet. Sie lohnt sich aber für ihn nur, wenn nicht zu erwarten ist, daß der Basiswert hoch über den Basispreis steigt und damit die Optionsausübung herausfordert. Ansonsten bleibt ihm der eingenommene Optionspreis als Ertrag. Wenn sich aber eine Ausübung der Option für den Kontrahenten lohnt (weil der Basiswert weit über Basispreis notiert wird), dann kann er seine Position nur zu einem höheren Preis glattstellen. Bei Optionsausübung drohen erhebliche Verluste für den, der sich die Aktie erst noch beschaffen muß. In dem Fall erfordern Short Calls sorgfältige Beobachtung, so daß noch rechtzeitig mit Glattstellungsmaßnahmen reagiert werden kann.

Wer die »*Short-Put-Position*« bezieht, rechnet mit Profit aus stagnierendem oder nur leicht steigendem Kurs. Bewegt sich der Basiswert nicht oder wenig, dann kassiert der Stillhalter seinen maximal möglichen Gewinn, den Optionspreis. Bei sinkendem Kurs riskiert er Verluste bis zum Vielfachen des Optionspreises, wenn er nicht rechtzeitig mit Gegengeschäften für Glattstellung sorgt.

Bei allen vier Grundstrategien gilt: Der Käufer einer Option kann höchstens den Optionspreis verlieren, aber ein Vielfaches davon gewinnen. Demgegenüber kann der Stillhalter höchstens den Optionspreis verdienen, aber ein Vielfaches davon verlieren. Der Übersichtlichkeit halber wird in der Abbildung 5.3 der Kurs der Aktie am Fälligkeitstag der Option betrachtet. Im aktuellen Fall spielt natürlich der Zeitwert eine wichtige Rolle. Im Grunde genommen muß man sich im Optionsgeschäft stets fallbezogen und zeitnah Klarheit verschaffen. Nirgendwo mehr als hier bestimmt die Tagessituation das Geschehen.

5.3.5 Der Optionspreis, und wie er zustande kommt

Bei der Preisfindung für eine neue Option (Primärmarkt) bedient man sich der Berechnungsformel von den amerikanischen Professoren Black und Scholes, orientiert sich aber an ähnlichen Titeln des Marktes sowie den Marktchancen. Die Einflußfaktoren sind aus Abb. 5.4 ersichtlich.

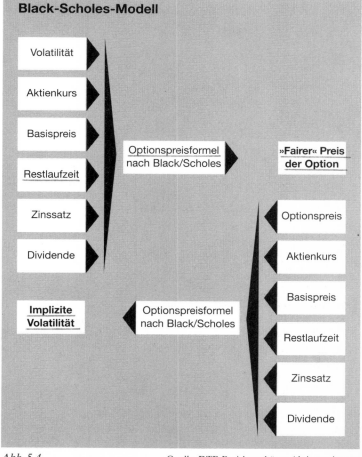

Abb. 5.4

Quelle: DTB Basisbroschüre »Aktienoptionen«

Im Sekundärmarkt bestimmen dann natürlich Angebot und Nachfrage den Optionspreis. Um besser einschätzen zu können, ob es sich um ein gutes oder weniger gutes Angebot handelt, ist es nützlich, den Preisbestandteilen noch etwas mehr Aufmerksamkeit zu widmen.

Im Prinzip besteht der Optionspreis des Sekundärmarktes aus zwei Teilen:

$$\text{»Optionspreis«} = \text{»innerer Wert«} + \text{»Zeitwert«}$$

Der »Zeitwert« einer Option ist also die Differenz aus Optionspreis und dem inneren Wert, also der Betrag, den der Optionskäufer bereit ist zu zahlen, um während der verbleibenden Restlaufzeit Vorteile aus der Entwicklung des Aktienkurses zu ziehen.

Der »innere Wert« sagt aus, wie vorteilhaft es wäre, das Optionsrecht sofort auszuüben. Es ist der Gewinn, den der Anleger haben würde, wenn er das Optionsrecht ausüben und gleichzeitig das Basisgut beziehen würde.

Wann sollte das Optionsrecht ausgeübt werden? Bei einem Call rentiert es sich nur dann, wenn der aktuelle Aktienkurs über dem Basispreis des Call liegt. In diesem Fall ist der innere Wert des Call so hoch wie der positive Unterschied zwischen aktuellem Aktienkurs und Basispreis.

Beim Put-Käufer ist es natürlich umgekehrt: Für ihn lohnt sich eine Ausübung nur, wenn der aktuelle Aktienkurs unterhalb vom Basispreis des Puts liegt. Auch hier ist der innere Wert gleich dem positiven Unterschied zwischen Basispreis und aktuellem Aktienkurs.

Es gibt drei Grundsituationen für den inneren Wert:

- »In the money«: Basispreis beim Call (Put) unter (über) dem Kassakurs des Basiswertes; Option hat einen inneren Wert
- »At the money«: Basispreis und Kassakurs sind gleich; der innere Wert der Option ist Null
- »Out of the money«: Basispreis beim Call (Put) über (unter) dem Kassakurs des Basiswertes; Option hat keinen inneren Wert

Noch eine Betrachtung aus der »Money«-Sicht: Je mehr eine Option »in the money« ist, desto höher ist ihr Wert. Je weiter sie »out of the money« gerät, desto mehr läuft der Optionsinhaber Gefahr, sein eingesetztes Kapital einzubüßen.

Die Höhe des Optionspreises wird auf dem Sekundärmarkt von folgenden Faktoren beeinflußt:

- Der **Kurs des Basiswertes** beeinflußt den Tageskurs der Option über die eigene Veränderung hinaus. Man spricht von einem *»Hebeleffekt«*. Im Beispiel:
  Basiswert steigt – überproportionaler Anstieg (Rückgang) beim Call (Put)
  Basiswert fällt – überproportionaler Rückgang (Anstieg) beim Call (Put)
- Je niedriger der **Basispreis** beim Call, desto höher stellt sich der Optionspreis ein. Beim Put gilt das Gegenteil: Basispreis niedrig, Optionspreis niedrig.
- Die **Laufzeit** zehrt am Optionspreis: Mit fortschreitender Laufzeit nimmt er ab, am Verfalltag ist der Zeitwert = 0 (siehe Abb. 5.5). Gegen Ende der Option ist eine Kursänderung immer weniger wahrscheinlich. Das drückt den Optionspreis.
- Unterliegt der **Basiswert starken Schwankungen,** so steigert das den Wert der Option.
- **Steigende Zinsen** wirken erhöhend auf Call-Optionen, drücken aber Puts.
- **Dividendenausschüttungen** beeinflussen den Aktienkurs (Basiswert) und damit den Optionspreis.

Zeitwert in Abhängigkeit von der Restlaufzeit

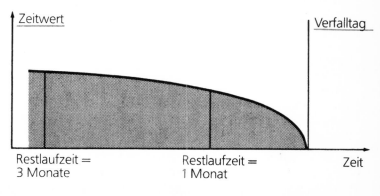

Abb. 5.5

Quelle: DTB Basisbroschüre »Aktienoptionen«

Hier sind einige kritische Bemerkungen zu diesen theoretisch entwickelten Modellen angebracht:

Die meisten *theoretischen Optionspreismodelle* stützen sich auf die Kapitalmarkttheorie und unterstellen weitgehend konstante und damit starre, unrealistische Prämissen:

- Leerverkäufe sind unbeschränkt möglich,
- es entstehen bei Transaktionen keine Gebühren, und es werden keine Steuern erhoben,
- der Marktzins für eine risikolose Anlage (Habenzins) und der Marktzins für eine Kapitalaufnahme (Sollzins) sind identisch und konstant,
- Dividenden oder sonstige Erträge auf die Wertpapiere werden nicht ausgeschüttet, und
- die Aktienkurse folgen einer Zufallsbewegung, die Volatilität wird als logarithmisch normal verteilte Standardabweichung vom Durchschnitt betrachtet.

Unter diesen Annahmen entwickelten auch Black und Scholes das erwähnte Optionspreismodell, welches als das bekannteste gilt und exemplarisch für alle theoretischen Optionspreismodelle steht. Die Erfinder gingen davon aus, daß man durch den Kauf einer Aktie und den Verkauf einer geeigneten Zahl von Kaufoptionen auf diese Aktien (ein Long Hedge, der über die Restlaufzeit laufend neu positioniert wird) einen risikolosen Gewinn erzielt. Dieser Gewinn sollte mindestens der Verzinsung entsprechen, die der Spekulant erzielt hätte, wenn er das Kapital für den Hedge alternativ zum laufenden Marktzins risikolos angelegt hätte. Diesen Sachverhalt setzten die beiden in eine Differentialfunktion der physikalischen Wärmeaustauschgleichung ein. Sie ermittelten auf diese Weise den Sollpreis für eine bestimmte neue Kaufoption.

5.3.6 Die Motive für den Einsatz von Optionen

Bei Optionen auf Aktien kann wesentlich differenzierter auf die Bedürfnisse und die Markteinschätzung des Anlegers eingegangen werden als beim Kauf der Aktien. Motive sind:

- *Absicherung* gegen unliebsame *Kursänderungen:* Der Aktienbesitzer läuft immer Gefahr, daß der Kurs sich nicht wie erwartet entwickelt. Kauf- oder Verkaufsoptionen bieten ihm Schutz vor Verlusten. Bei Aktien z. B. kann er sich vor rückläufigen Kursen durch den Kauf von Verkaufsoptionen absichern. Sinken die Kurse dann, so kann er seine Option ausüben und seine Aktien zum vereinbarten Basispreis verkaufen.

● *Ausnutzen des Verstärkungseffektes bei Kursbewegungen:* In der Erwartung steigender Kurse kann ein Anleger Kaufoptionen auf Aktien statt der Aktien selbst erwerben. Wenn seine Erwartung eintritt, dann nimmt der Preis der Kaufoption stärker zu als der Preis der Aktie. Sinngemäß gilt das natürlich auch für die Verkaufsposition. In diesen Fällen ist die Wertsteigerung der Option weitaus größer als die der Aktie selbst, hier haben wir wieder die »Hebelwirkung«.

● *Ausnutzen von Kursbewegungen bei minimalem Kapitaleinsatz:* Der Kauf einer Kaufoption auf 100 Aktien kostet nur einen Bruchteil von dem, was der Erwerb von 100 dieser Aktien kosten würde. Man braucht die Aktien erst bei Ausübung der Option zu bezahlen und kann sie möglicherweise gleich zum dann höheren Kurs wieder veräußern oder gleich die Option verkaufen.

● *Begrenzung des Kursrisikos:* Der Kauf oder Verkauf von Aktien birgt Verlustrisiken in sich. Wenn der Anleger lediglich Kaufoptionen erworben hat, bleibt der Verlust auf die Optionsprämie beschränkt.

● *Ausschließlicher Verdienst der Optionsprämie:* Wenn ein Portefeuille-Besitzer stagnierende Kurse erwartet und auf seine Papiere Kaufoptionen verkauft, dann verdient er durch die (sehr wahrscheinliche) Nichtausübung seitens des Optionskäufers die Prämie (zusätzliches Einkommen für das Portefeuille).

Das Optionsgeschäft bietet im übrigen nahezu unerschöpfliche Chancen des Gewinnens durch Variieren und Kombinieren der gebotenen Möglichkeiten. Deshalb kann diese Aufzählung der Motive nicht vollständig sein.

5.3.7 Handhabung und Abwicklung von Optionsgeschäften

Das Optionsgeschäft wird hier am Beispiel der Eurex Deutschland erläutert (Abb. 5.6). Da dort nach internationalem Standard verfahren wird, kann man die Regeln – zumindest sinngemäß – auch für andere Börsen anwenden.

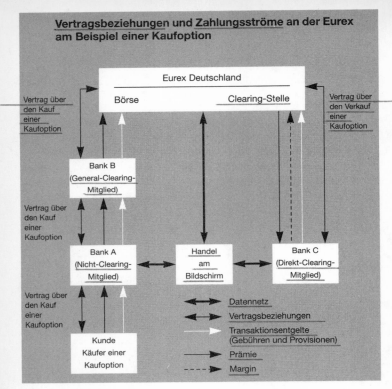

Abb. 5.6

Erläuterung:

- *»Clearing-Mitglied«:* Inhaber einer Lizenz der Eurex zur geld- und stückmäßigen Abwicklung von Eurex-Geschäften, und zwar eigener und die seiner Kunden
- *»General-Clearing-Mitglied«:* Inhaber einer zusätzlichen Lizenz zur Abwicklung von Eurex-Geschäften von jedwedem Börsenteilnehmer ohne eigene Eurex-Clearing-Lizenz

Die *»Auftragserteilung«* funktioniert wie das normale Börsengeschäft: Der Anleger erteilt seinem Bankberater einen Auftrag. Nach schriftlicher/mündlicher Risikobelehrung (siehe Anhang F.2) geht die Order auf schnellstem Wege zur Ausführung in das vollelektronische Handelssystem der Eurex.

110

Auch die Art der Aufträge ähnelt dem Wertpapiergeschäft, es gibt unlimitierte (»billigst«, »bestens«), aber auch »limitierte«, »tag-gültige« sowie »zeitlimitierte« Orders. Weitere optionsspezifische Anweisungen sind:

- »Immediate or cancel«: gesamten Auftrag sofort ausführen oder löschen
- »Fill or kill«: soweit wie möglich sofort ausführen, Rest löschen
- Kombinationen: zwei Einzelaufträge gekoppelt

Wichtiger Hinweis bei jedem Auftrag: Handelt es sich um eine

- Eröffnung der Position (»Opening Transaction«) oder um
- eine Glattstellung der Position (»Closing Transaction«)?

Die Long- oder Short-Position einer Serie kann nur durch den Verkauf bzw. Kauf derselben Anzahl Kontrakte der entgegenge-richteten Position glattgestellt werden.

Mit der Geschwindigkeit elektronischer Systeme gelangen alle eingegebenen **Aufträge** in das **Orderbuch** der Eurex. Unter Wah-rung der Chancengleichheit wird automatisch der Geschäftsab-schluß herbeigeführt, nicht sofort ausführbare Aufträge bleiben gemäß der jeweiligen Anweisung gespeichert.

Short-Positionen müssen mit Geld oder den zugrundeliegenden Basiswerten besichert werden (»Margin«), um das Preisände-rungsrisiko abzudecken. Bei ungünstiger Kursentwicklung ist »nachzuschießen«. Sowohl über die »Initial Margin« (Anfangs-einschuß) als auch den »Margin Call« (Nachschuß bei Wertverän-derungen) wacht die Clearing-Stelle.

Wenn der Anleger sein Optionsrecht ausüben will, so geht sein Auftrag dazu über seine Bank zur Eurex. Per System wird im Zu-fallsverfahren ein Stillhalter ermittelt und dieser dann schnellst-möglich über die Zuteilung (»Assignment«) informiert und zur Erfüllung seiner Verpflichtung herangezogen.

5.3.8 Einführung in fortgeschrittene Optionsstrategien

Im folgenden werden einige Doppelstrategien erläutert.

a. Straddle

Ein Straddle ist die Kombination von Verkaufs- und Kaufoption auf dieselbe Aktie zum selben Basispreis und demselben Fälligkeitstermin. Der Käufer eines Straddle kauft eine oder mehrere Kombinationen von Kauf- und Verkaufsoption gleicher Anzahl. Diese Technik wird er anwenden, wenn er eine Kursbewegung in der Aktie erwartet, deren Richtung aber nicht einschätzen kann. Der Käufer bleibt dann verlustfrei, wenn der Aktienkurs so weit über oder unter den Basispreis geht, daß die gezahlten Prämien und Nebenkosten gedeckt sind.

Eine Kurssteigerung der Aktie wird den Wert der Verkaufsoption mindern oder ganz ausschalten. Die Kaufoption hingegen wird um so wertvoller, je höher der Aktienkurs über den Basispreis steigt. Ein Kursrückgang in der Aktie wird natürlich den Wert der Verkaufsoption um so mehr steigen lassen, desto tiefer der Aktienkurs unter den Basispreis fällt. Hier verliert die Kaufoption an Wert oder verfällt ganz.

Die obere Gewinnschwelle wird beim Straddle überschritten, wenn der Aktienkurs so weit gestiegen ist, daß die Prämien und Nebenkosten beider Optionen gedeckt sind.

Die untere Gewinnschwelle ist erreicht, sobald der Aktienkurs so weit gefallen ist, daß der Gewinn aus den Verkaufsoptionen die Prämien und Nebenkosten übersteigt. Der Kapitalbedarf für einen Straddle-Kauf ist relativ gering. Es ist die Summe aus den Prämien und den Nebenkosten für eine Kauf- und eine Verkaufsoption.

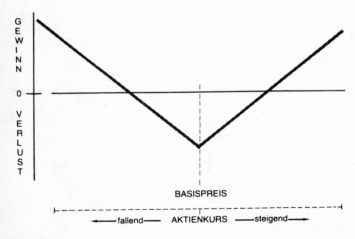

Abb. 5.7

Die Höhe des Gewinns wird bestimmt vom Unterschied zwischen Kurs und Basispreis. Größter Verlust tritt ein, wenn am Ende der Laufzeit Basispreis und Kurs gleich sind. Dann ist der Einsatz (Optionspreis und Nebenkosten) verloren. Das Schema eines Straddle ist in Abb. 5.7 dargestellt.

Der Verkauf von Straddles bietet sich auch an, wenn man eine Seitwärtsbewegung des Marktes erwartet.

b. Strip

Der Strip ist eine Variation des Straddle. Der Käufer erwartet hier ebenfalls eine Kursbewegung, ist sich ihrer Richtung aber nicht sicher. Er vermutet eher einen Abwärtstrend. Aus diesen Gründen kauft er nicht die gleiche Anzahl von Kauf- und Verkaufsoptionen, sondern mehr Verkaufsoptionen, z. B. im Verhältnis zwei zu eins.

Die obere Gewinnschwelle ist beim Strip im Vergleich zum Straddle größer, aber der Aktienkurs muß sich stärker bewegen, um die Prämien und Nebenkosten zu decken. Die untere Gewinnschwelle ist vergleichsweise niedriger, und eine Abwärtsbewegung des Aktienkurses bringt den doppelten und schnelleren Gewinn.

c. Strap

Auch der Strap ist eine Variation des Straddle und das Gegenstück zum Strip. Hier ist sich der Käufer ungewiß über die Art der Kursbewegung, er erwartet am ehesten noch einen Kursanstieg. Aus diesem Grund kauft er mehr »gleiche« Kauf- als Verkaufsoptionen (z. B. eine Verkaufs- und zwei Kaufoptionen). Die obere Gewinnschwelle wird beim Strap im Vergleich zum Straddle niedriger, und ein Kursanstieg erzeugt den doppelten Gewinn schneller. Die untere Gewinnschwelle wird höher, und es wird eine größere Abwärtsbewegung benötigt, damit der Gewinn aus der einen Verkaufsoption die Prämien und Nebenkosten für die drei Optionen deckt.

d. Spread

Der Spread besteht entweder aus Calls oder Puts, jeweils mit demselben Verfalldatum, aber unterschiedlichen Basispreisen. Beim *Bull-Spread* kauft man einen Call mit tieferem und verkauft einen mit höherem Basispreis. Bei Kursanstieg ist der Gewinn zwar nur beschränkt, jedoch übersteigt der Verlust beim Kursverfall nicht die Kosten der Position. Ein Bull-Spread kann auch durch den Kauf eines Puts mit niedrigerem Preis und den Verkauf eines Puts mit höherem Basispreis dargestellt werden. Um einen Bear-Spread zu kreieren, kauft man den Call oder Put mit dem höheren Basispreis und verkauft den Call bzw. Put mit dem niedrigeren Basispreis. Bei Bear-Spreads gewinnt der Anleger die Differenz der beiden Optionsprämien, sobald der Basiswert unter den niedrigeren Basispreis gefallen ist. Bei Kursanstiegen des Basiswertes verliert er dagegen; sein Verlust ist aber beschränkt (siehe Abb. 5.8 und 5.9).

e. Long Hedge

In der fortgeschrittenen Optionsstrategie verwendet man auch den Hedge in seiner Long-Form, indem man Calls gegen eine Long-Position in Aktien stellt. Der Aktionär wird einen Long Hedge durchführen, wenn er der Meinung ist, daß sich die Aktienkurse kaum bewegen werden. In diesem Fall erhöht er seine

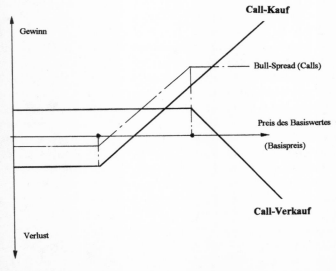

Abb. 5.8

114

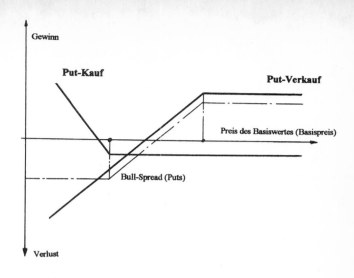

Abb. 5.9

Performance um die Prämie, die er vom Optionskäufer bekommt, und damit kann er eventuell einmal eintretende Kursrückgänge bei der Aktie kompensieren.

Das für einen Long Hedge erforderliche Kapital besteht aus dem Betrag für den Aktienkauf, für die »nackten« Kaufoptionen sowie für die Nebenkosten. Das zur Ausstellung der nackten Kaufoptionen erforderliche Kapital bildet die zu stellende Mindestsicherheit, bezogen auf den Marktwert der zugrundeliegenden Aktie, plus oder minus Gewinn/Verlust (Differenz zwischen Basispreis und Aktienkurs). Die Prämien, die der Aussteller erhält, werden davon abgezogen und die Nebenkosten dazugezählt. Zum Ende der Optionslaufzeit liegt z. B. der Aktienkurs unter dem Basispreis der Option. Keine der ausgestellten Kaufoptionen würde dann ausgeführt. Es gibt einen Gewinn in der Long-Position, falls der Kurs am Ende der Optionslaufzeit höher liegt als im Zeitpunkt des Ausstellens. Es liegt aber ein Verlust vor in der Long-Position, wenn der Aktienkurs seit dem Ausstellen der Option fiel. Steht der Aktienkurs oberhalb des Basispreises, so werden die Kaufoptionen ausgeführt werden. Dies würde für den Aussteller bedeuten, die Aktien aus der Long-Position liefern und die Aktien für die Calls kaufen zu müssen.

f. Short Hedge

Hierbei geht es um das Ausstellen von Puts gegen eine Short-Position in den Aktien. Ein Short Hedge ist eine Strategie, die aus der Kombination von einem Short-Verkauf und dem Ausstellen von Verkaufsoptionen auf dasselbe Wertpapier besteht. Dabei kann es sich um gedeckte und/oder nackte Verkaufsoptionen handeln. Um besonders für die nackten Puts die Wahrscheinlichkeit zu erhöhen, daß diese nicht ausgeübt werden, wird man diese stark überbewerten, so daß sie weit »aus dem Geld« sind. Aus der Short-Position ergibt sich die Verpflichtung, für alle Zahlungen der Gesellschaft an deren Aktionäre (z. B. Dividenden) aufzukommen; dies ist bei der Erfolgsrechnung zu berücksichtigen. Ein Short Hedge wird besonders dann konstruiert, wenn der Börsianer einen Kursrückgang erwartet.

Die untere Gewinnschwelle ist bei einem Rückgang des Aktienkurses erreicht, bei dem der Verlust aus den ungedeckten Puts gleich den Gewinnen aus der Short-Position und den Prämien abzüglich der Nebenkosten und der Dividenden ist. Die obere Gewinnschwelle wird bei einem Kursanstieg dann erreicht, wenn die Verluste aus der Short-Position so hoch sind wie die erhaltenen Prämien abzüglich der Nebenkosten.

Das erforderliche Kapital, um einen Short Hedge durchzuführen, besteht aus zwei Komponenten: Short-Position und Put. Die Short-Position erfordert einen vom Marktwert der Aktien abhängigen Kapitaleinsatz, und zwar in Höhe der vom Broker geforderten Eigenkapitalbeteiligung. Die Puts kosten den Marktwert, der den ungedeckten Aktien zugrunde liegt sowie die Sicherheitsleistung darauf. Die Gewinn-Verlust-Situation: Liegt der Aktienkurs unter dem Basispreis, so stehen dem Gewinn aus der Short-Position und den erhaltenen Prämien die Nebenkosten und Dividenden sowie der Verlust aus der Verkaufsoption gegenüber. Handelte es sich um ungedeckte Puts, so sind nun – im Falle der Ausübung durch den Käufer der Option – die Kosten für das Eindecken der nackten Puts noch zu berücksichtigen. Stieg der Aktienkurs über den Basispreis, so stehen dem Verlust aus der Short-Position, den Dividenden und Nebenkosten die erhaltenen Prämien gegenüber.

5.4 Financial Futures (Fixgeschäfte mit Finanzinstrumenten)

5.4.1 Die im Future-Geschäft verwendeten Begriffe und ihre Bedeutung

Financial Future ist ein Sammelbegriff für börsengehandelte, standardisierte Finanzterminkontrakte. Ihnen liegt eine verbindliche Vertragsvereinbarung zugrunde,

● die bestimmte Menge eines Gutes = »*Basiswert*«
● zu einem bestimmten Zeitpunkt = »*Liefertag*«
● zu einem im voraus bestimmten Preis = »*Future-Preis*«
● zu liefern = Future-»*Verkäufer*«
● bzw. abzunehmen = Future-»*Käufer*«

Ein solcher Kontrakt legt den Preis für das Finanzinstrument heute fest für eine Lieferung in der Zukunft. Ein wesentlicher Unterschied zu anderen Termingeschäften wie Warenterminhandel liegt in der Möglichkeit, die am Terminmarkt eingenommene Position (Kauf = Long-Position bzw. Verkauf = Short-Position) durch entsprechende Gegengeschäfte jederzeit wieder glattstellen zu können. Denn: Der Kontrakt wird in der Zukunft zu erfüllen sein *(»Andienung«),* ist aber bis dahin an der Börse handelbar.

5.4.2 Futures-Gegenstände

Hier betrachtet werden Futures auf Finanzinstrumente wie

● Aktienindex (z. B. DAX),
● die wichtigsten Währungen,
● Zinspapiere und Zinssätze sowie
● Anleihen und Anleiheindizes.

Liegt einem Future-Kontrakt ein konkretes Handelsobjekt zugrunde, dann erfolgt die Andienung durch effektive Lieferung. Bei manchen Futures (z. B. Bund-Futures) ist jedoch nicht ein bestimmtes Kassaprodukt die Grundlage, vielmehr ist die Erfüllung des Kontraktes aus einer Mehrzahl von entsprechenden, gleichartigen Papieren möglich.

Nur etwa 5 % der gehandelten Financial Futures indes werden erfüllt, die weitaus meisten werden vor dem Erfüllungstag per Gegenposition glattgestellt.

In diesem Buch nicht behandelt werden die anderen wichtigen Terminmärkte:

● Warenterminhandel Commodity Futures
● Edelmetallhandel Precious Metal Futures

5.4.3 Rechte und Pflichten bei Future-Kontrakten

a. Der *Käufer* hat die Verpflichtung, am Liefertag/Erfüllungstermin den beschriebenen Basiswert zum vereinbarten Preis zu kaufen, z. B. ein Zinsinstrument in Form einer Geldmarktanlage, einer Anleihe oder eines Anleiheindexes.

b. Der *Verkäufer* ist zu Lieferung/Verkauf am Liefertag/Erfüllungstermin verpflichtet.

5.4.4 Strategien mit Futures

Beim Future beschränkt sich der strategische Spielraum auf die Kombinationsmöglichkeiten der zwei Grundstrategien (Long- bzw. Short-Position) sowie auf die Variation der Laufzeiten.

Die *»Future-Long-Position«* wird errichtet durch den Kauf einer oder mehrerer Kontrakte zum Future-Preis. Der Anleger hinterlegt dabei eine Sicherheit *(»Initial Margin«)*. Sie wird von der Clearing-Stelle zur Abdeckung des Preisrisikos festgesetzt und überwacht. Nachschüsse sind fällig bei negativen Entwicklungen.

Der Anleger kann theoretisch unbegrenzt gewinnen, das hängt aber davon ab, wie weit der Future-Preis über die Gewinn- bzw. Verlustschwelle steigt. Ihm droht unbegrenzter Verlust, wenn der Future-Preis unter die Gewinn- bzw. Verlustschwelle sinkt.

Zur Errichtung einer *Future-Short-Position* verkauft der Anleger Kontrakte bei Hinterlegung einer Initial Margin. Theoretisch unbegrenzte Ertragsmöglichkeiten winken, hängen aber vom Stand des Future-Preises im Verhältnis zur Gewinn- bzw. Verlustschwelle ab. Je tiefer er unter der Schwelle liegt, desto höher ist der Gewinn. Umgekehrt ist der Verlust um so größer, desto höher die Schwelle überschritten wird. Die Abb. 5.10 zeigt die Situationen schematisch.

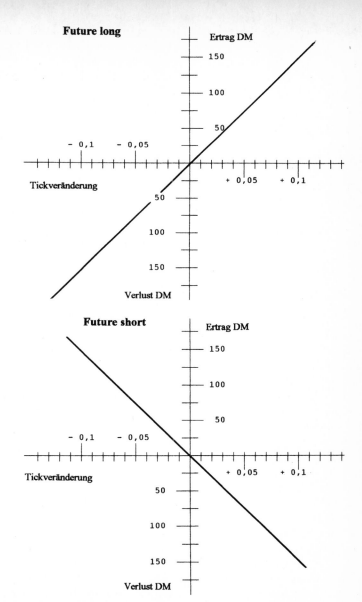

Abb. 5.10

Zusammengefaßt gilt somit:

Gewinne und Verluste ergeben sich bei Futures immer aus dem Unterschied zwischen dem Preis bei Kontraktabschluß und dem Preis am Tag der Fälligkeit oder Glattstellung.

5.4.5 Der Future-Preis am Beispiel eines Bund-Futures

Der Preis eines Futures steht im engen Zusammenhang mit der Preisbildung am entsprechenden Kassamarkt, es entsteht aber in aller Regel eine Differenz zwischen beiden, »Basis« genannt. Liegt der Future-Preis über dem Kassakurs, so ist die Basis positiv, im anderen Fall negativ. Die Basis unterliegt grundsätzlich zwei Einflußfaktoren, demgemäß spricht man von »Carry Basis« und »Value Basis«.

Größten Einfluß auf die Basis nehmen die Nettofinanzierungskosten, die durch das Einnehmen einer der Future-Position entsprechenden Kassaposition entstehen. Diese »Costs of Carry« können positiv oder negativ sein. Das hängt davon ab, ob die Finanzierungskosten (kurzfristig) höher oder niedriger sind als risikolose Zinserträge bis zum Ende der Futures-Laufzeit.

Daneben beeinflussen weitere, weniger exakt meßbare Faktoren die Preisbildung. Das sind die Erwartungen der Investoren, vorhandene Liquidität, Informationen und nicht zuletzt Angebot und Nachfrage. Diese unter dem Begriff »Value Basis« zusammengefaßten Einflüsse können zu erheblichen Preisverzerrungen und damit Risiken führen.

Wenn Kassa- und Terminmarkt nicht ausgeglichen sind, also der Future entweder über- oder unterbewertet ist, dann werden die Händler versuchen, dies für risikolose Arbitragegeschäfte durch entgegengesetzte Positionen am Future- und Kassamarkt zu nutzen. Das sorgt für einen Preisausgleich zurück zum »Fair Value«.

5.4.6 Die Motive für den Einsatz von Futures

Hier werden einige der gebräuchlichsten Motive für die Anwendung von Futures erläutert:

- *Verminderung des Zinsänderungsrisikos einer bestehenden Kassaposition:* Ein Bestand an festverzinslichen Wertpapieren unterliegt immer dem Zinsänderungsrisiko. So können in einem Zeitraum von zwei Monaten, in denen ein Unternehmen z. B. Anleihen abbauen will, die Marktzinsen gestiegen und der Kurs gefallen sein. Durch den Verkauf von Futures (Short Hedge) kann der Terminkurs für den geplanten Verkauf gesichert werden. Das geschieht dadurch, daß die Verluste aus dem Wertpapiergeschäft durch Glattstellungsgewinne aus der Future-Position ausgeglichen werden. Der Gegenwert von Futures ermöglicht es, Forderungen wie auch Verbindlichkeiten festzuschreiben und nicht der Unsicherheit von Zinsentwicklungen zu überlassen.

- *Verminderung des Zinsänderungsrisikos einer künftigen Kassaposition:* Erwartet man z. B. in einem halben Jahr einen größeren Zahlungseingang, der in Bundesanleihen angelegt werden soll, so ist er dem Risiko sinkender Zinsen und damit steigender Kurse ausgesetzt. Durch den Kauf von Bund-Futures kann man sich aber den Terminzinssatz für eine bestimmte künftige Mittelverwendung festschreiben (Long Hedge). Aus anderer Perspektive betrachtet: Durch den Verkauf von Bund-Futures kann man sich das Terminzinsniveau für eine geplante Mittelbeschaffung am Kapitalmarkt sichern. Vorteile für den Anleger: feste Kalkulationsgrundlage, Risikominderung und damit erhöhte Kreditwürdigkeit, ggf. Liquiditätsgewinn.

- *Ausnutzen des Hebels bei Kursbewegungen:* Beim Kauf von Bund-Futures z. B. lassen sich Zins- bzw. Kurserwartungen umsetzen, ohne das zugrundeliegende Wertpapier tatsächlich kaufen bzw. verkaufen zu müssen. Die Wertveränderungen des Futures betragen ein Vielfaches gegenüber einer Direktinvestition (Grund: Margin). Wenn sich der Markt gegen die eigene Position entwickelt, ist das Verlustrisiko hoch, im positiven Fall aber auch die Gewinnchance.

- *Ausnutzen von relativen Preisbewegungen innerhalb eines Kontraktes:* Wenn man erwartet, daß sich die Preisdifferenz zwischen dem näheren Erfüllungstermin (*»nearby«*) und einem entfernteren (*»deferred«*) innerhalb eines Kontraktobjektes spürbar ändert, kann man eine entsprechende Future-Position aufbauen. Verkleinert sich dann die Differenz, so verkauft man den Nearby-Kontrakt und kauft einen Deferred. Bei

umgekehrtem Trend handelt man entsprechend entgegengesetzt.

● *Ausnutzen von relativen Preisbewegungen zwischen verschiedenen Märkten:* Erwartet man z. B. im September, daß bis zum folgenden März die Renditedifferenz zwischen einer zehnjährigen
Bankschuldverschreibung und einer Bundesanleihe kleiner
wird, so kann man zu seinem Vorteil Bankschuldverschreibun-
gen kaufen und dagegen langfristige Bund-Future-Kontrakte
verkaufen.

● *Ausnutzen von Änderungen der Zinsstruktur:* In Erwartung
eines veränderten Zinssatzverhältnisses läßt sich mit Futures
eine nützliche Strategie aufbauen. Werden z. B. die langfristigen Zinssätze gegenüber den kurzfristigen aller Voraussicht
nach steigen, so verkauft man langfristige Futures (also acht bis
zehn Jahre lang laufende) und kauft dagegen mittelfristige, also
solche mit dreieinhalb bis fünf Jahren Laufzeit.

● *Ausnutzen von Preisungleichgewichten zwischen Future- und
Kassamarkt:* Plötzlich auftretende Gerüchte über eine Diskont-
satzsenkung veranlassen Spekulanten oft zu massiven Termin-
kontraktkäufen. Dann steigen auf den Future-Märkten die Preise, während der Kassahandel eher gelassen reagiert. Das kann
man für eine sog. *»Cash-and-Carry-Arbitrage«* nutzen: Man verkauft überteuerte Bund-Futures und deckt sich auf dem Kassamarkt mit entsprechenden Bundesanleihen ein. Das verspricht
Gewinn, da die Basis durch den Überteuerungseffekt größer
sein wird als die Nettofinanzierungskosten der Neuanlage. Bei
einer Unterbewertung würde man die umgekehrte Methode anwenden *(»Reverse Cash-and-Carry-Arbitrage«).*

5.4.7 Handhabung und Abwicklung von Future-Geschäften

Kauf und Verkauf der Futures geschieht über die zum Handel zugelassenen Börsenmitglieder, für den privaten Anleger ist der Berater seines Kreditinstitutes der richtige Ansprechpartner. An der
deutschen Terminbörse sind die in Abb. 5.11 dargestellten Auf-
tragsarten vorgesehen.
Geschäftsabschlüsse kommen bei der Eurex im Prinzip auf dieselbe
Weise zustande wie bei Optionen (Ziffer 5.3.7), nämlich über Clea-

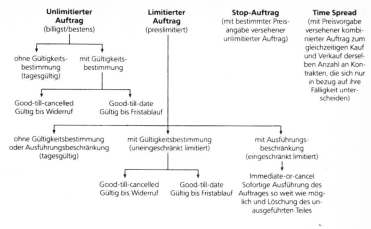

Abb. 5.11   Quelle: DTB Basisbroschüre »DAX-Future«

ring-Mitglieder. Die Clearing-Stelle ermittelt börsentäglich den ein-zuschießenden Sicherheitsbetrag, die *»Risk Based Margin«*. Dabei erfolgt ein täglicher Gewinn- bzw. Verlustausgleich über ein Verrech-nungskonto. Positionen, die sich ausgleichen, werden berücksichtigt, überschüssige Margin-Beträge verfügbar gemacht, Risikoerhöhun-gen des Tagesgeschehens aber auch belastet (Nachschuß).

Anleger mit offenen Short-Positionen müssen spätestens am letz-ten Handelstag vor Fälligkeit der Clearing-Stelle mitteilen, welche Papiere sie liefern wollen. Per Datenverarbeitung werden die Papiere dann den offenen Long-Positionen zugeordnet und die Rechnungsbeträge ermittelt. Unmittelbar darauf erfolgt dann die Regulierung zwischen den Clearing-Mitgliedern.

5.5 Optionsscheine

Ursprünglich war der Optionsschein ein Anhängsel der Options-anleihe: Er berechtigte zur Wandlung der Anleihe in Aktien (sie-he Ziffer 2.3.5), wurde aber auch getrennt davon gehandelt. Dann erschien vor wenigen Jahren eine neue Kreation auf dem spekulativen Teil des Wertpapiermarktes: der gedeckte Optionsschein (»Covered Warrant«). Hierbei verkaufen Banken Wertpapiere aus ihrem Bestand während einer bestimmten Laufzeit zum vorher festgelegten Kurs gegen Vorlage eines Optionsscheins und erhalten somit eine Prämie für die Zusicherung des betreffenden Preises. Gedeckt werden die Optionsscheine deshalb genannt, weil der Stillhalter die zugrundeliegenden Papiere in seinem Besitz hat. Diese Form des Optionsscheins liegt nun in seinen Funktionen sehr nahe bei der Option, deshalb werden hier die Unterschiede dieser beiden Wertpapierarten verdeutlicht:

Der *Optionsschein*

● ist nicht standardisiert, die Form wird vom Emittenten bestimmt,
● hat Laufzeiten bis zu vier Jahren,
● ist variabler in bezug auf den Basispreis und
● wird an der Börse oder OTC gehandelt.

Die *Option* dagegen

● ist in bezug auf Basispreis und Laufzeit stets standardisiert,
● läuft maximal sechs, in Ausnahmen neun Monate und
● wird in Deutschland nur an der Eurex gehandelt.

Im Laufe der Zeit wurde dann der Optionsschein auch zu anderen Zwecken ausgegeben. So gibt es heute:

● Zinsoptionsscheine
● Währungsoptionsscheine
● »Aktienkorb«-Optionsscheine
● Optionsgenußscheine

Der Kreativität seitens der Kreditinstitute scheinen keine Grenzen gesetzt zu sein. Diesen Optionsscheinformen ist gemeinsam, daß sie von Funktion und Abwicklung sehr den Optionen ähneln, sich aber durch das Fehlen einer Standardisierung unterscheiden.

5.6 Währungsabsicherung

Wenn man das Währungsrisiko reduzieren oder eliminieren will, so kann das z. B. darin bestehen, die erwarteten Erträge gegen einen eventuell fallenden Dollarkurs abzusichern. Bei den Absicherungsgeschäften ist es sehr vorteilhaft, wenn man von einer handfesten Vorstellung über den erwarteten Dollarrückgang ausgeht und weiß, um welchen Zeitraum es sich handelt.

Als Absicherung gegen einen fallenden Dollarkurs sind vier Techniken gebräuchlich:

- Devisenkredit
- Devisentermingeschäft
- Devisenterminkontrakt
- Devisenoptionen auf einen DM-Terminkontrakt

Wenn Sie vor der konkreten Entscheidung für eine Absicherung stehen und von der Dringlichkeit der Absicherung noch nicht ganz überzeugt sind, besteht auch die Möglichkeit, nur einen Teil Ihres Dollarinvestments abzusichern. Sollte sich der Verdacht auf einen fallenden Dollarkurs verstärken, wird ein weiterer Teil oder das gesamte Dollarinvestment abgesichert. Bereits durch eine Teilabsicherung ist Ihr Währungsrisiko eingeschränkt.

a. Der Devisenkredit

Der *Dollarkredit,* die einfachste Art der Absicherung gegen einen Dollarkursrückgang, wird von den meisten deutschen Banken durchgeführt. Hierbei nimmt man in Höhe der abzusichernden Dollarsumme bei seiner Bank einen Dollar-Kredit auf. Den Kreditbetrag bekommt man in Dollar ausbezahlt, die Zinszahlungen sind in DM zu leisten. Die Kreditdollar verkauft man zum aktuellen Tageskurs, den DM-Gegenwert des Kreditdollarverkaufs legt man in Deutschland an, zum Beispiel als Festgeld. Die Absicherungskosten bestehen aus der Zinsdifferenz, umgerechnet in Mark, aus den Kosten für den Dollarkredit minus Zinsen für das Festgeld.

Der Zinssatz sowohl für den Dollarkredit als auch für die DM-Anlage bestimmt die Absicherungskosten entscheidend. Ein Konditionenvergleich ist zu empfehlen, dabei kann man durchaus den Kredit bei der einen Bank nehmen, die Anlage aber bei einer anderen vornehmen.

b. Das Devisentermingeschäft

Das Devisentermingeschäft gilt als die klassische Absicherungsart gegen einen fallenden Dollarkurs. Es wird von den meisten deutschen Banken durchgeführt. Die von den Banken auf den aktuellen Tageskurs gemachten Kursabschläge sind nicht einheitlich, so daß sich ein Vergleich lohnen kann. Zum technischen Ablauf des Devisentermingeschäfts benötigen Sie drei Konten:

- Ein Kontokorrent- oder Girokonto
- ein DM-Terminkonto
- ein $-Terminkonto

Sie verkaufen Dollar am Termin x zum aktuellen Dollarkurs minus Abschlag, den Ihre Bank vereinnahmt. Die Dollars werden dem $-Terminkonto belastet, der DM-Gegenwert wird dem DM-Terminkonto gutgeschrieben. Spätestens zum Zeitpunkt x müssen Sie die Dollars zum aktuellen Dollarkurs des Tages x zurückkaufen. Das DM-Terminkonto wird mit dem Gegenwert der Dollars belastet, im $-Terminkonto wird die Dollarsumme gutgeschrieben. Damit ist das $-Terminkonto ausgeglichen. Auf dem DM-Terminkonto steht:

- im Falle eines gesunkenen Dollarkurses ein Soll-Saldo, also ein Gewinn;
- im Falle eines gestiegenen Dollarkurses ein Haben-Saldo, also ein Verlust.

Dem DM-Terminkonto-Gewinn steht ein Wertverlust in der Dollaranlage (z. B. Aktien, Bonds etc.) gegenüber, während dem DM-Terminkonto-Verlust ein Wertgewinn in der Dollaranlage (z. B. Aktien, Bonds etc.) entspricht.

Zur Durchführung eines DM-Terminkontraktes benötigen Sie ein Futures-Konto bei einem Broker. Man kauft einen DM-Kontrakt per Termin zu einem bestimmten DM-Kurs. Beim DM-Terminkontrakt muß man, von den Währungen her gesehen, umdenken. Man rechnet also nicht mehr DM pro Dollar, sondern Cents für eine Mark. Durch den DM-Kontraktkauf sichert man sich auf den bestimmten Termin für die Kontrakteinheit einen bestimmten DM-Dollar-Kurs, der bereits bei Abschluß des Geschäftes festgelegt wird. Die kleinste Kontrakteinheit ist 125.000 DM. Gehandelt wird auf fünf Termine im voraus: März, Juni, September, Dezember und März nächsten Jahres.

Der DM-Terminkontrakt ist ein normales Termingeschäft. Mehr darüber gibt es im Kapitel »Termingeschäfte« zu lesen.

c. Die Devisenoption

Der *Kauf einer Kaufoption* (Call) auf einen DM-Terminkontrakt wird über ein Optionskonto bei einem Broker durchgeführt. Auch hier gilt es wieder, die gewohnte Währungsrelation andersherum zu betrachten, also Cents für eine Mark. Beim Kauf der Kaufoption auf einen DM-Terminmonat handelt es sich um ein gewöhnliches Optionsgeschäft. Der Käufer der Kaufoption bezahlt dem Aussteller die Optionsprämie, dafür bekommt der Optionskäufer das Recht, die vereinbarte Menge an DM zu dem vereinbarten Kurs innerhalb der Optionslaufzeit zu fordern. Das Geschäft wird glattgestellt, indem der Besitzer die Option wieder verkauft. Dies sollte vor Ablauf der Laufzeit geschehen.

Ist der Dollar wie erwartet gefallen und damit die DM gestiegen, so ist die betrachtete Option im Wert gestiegen, man kann sie also mit Gewinn verkaufen. Der Gewinn sollte größer sein als die Optionsprämie und die dadurch entstandenen Kosten. Der Gewinn wird gegen den Wertverlust der Dollaranlage verrechnet.

Die kleinste Kontrakteinheit lautet in Philadelphia über 62.500,– DM, in Chicago über 125.000,– DM. Handelstermine sind März, Juni, September und, nach Ablauf der Märzkontrakte, der Dezember, so daß also maximal neunmonatige Laufzeiten entstehen.

Bei dem DM-Call entstehen nur die Kosten für die Optionsprämie, es können höchstens kleine Einschuß- oder Nachschußforderungen auftreten. Das Risiko ist auf die Höhe der Optionsprämie begrenzt. Insofern stellt sich der DM-Call gegenüber dem DM-Terminkontraktkauf meist als die vorteilhaftere und einfacher durchzuführende Absicherung dar. Einzelheiten über Optionen sind dem Kapitel »Termingeschäfte« zu entnehmen.

5.7 Zusammenfassung

Hoher Gewinn und Sicherheit schließen sich aus, diese Bauernweisheit gilt für den ganzen »Börsenacker«, aber erst recht bei Termingeschäften. Nur wer sich mit diesen Instrumenten intensiv befaßt hat und damit umgehen kann, wird vor großen Enttäuschungen bewahrt bleiben. Dem Profi jedoch sind mit Option und Future ausgezeichnete Werkzeuge an die Hand gegeben, die seine Anlagen entweder absichern oder per Spekulation vermehren können. Die rasante Entwicklung der Termingeschäftsumsätze spricht für sich, ebenso die ständig sich erweiternde Produktpalette.

6. Investmentfonds – Patentlösung für den Anleger?

6.1 Was ist ein Fonds, und wozu ist er da?

6.1.1 Definition, Idee und Geschichte

Ein Fonds ist ein Korb mit Wertpapieren *(»Wertpapierfonds«)* oder Immobilien *(»Immobilienfonds«)*. Dieser Korb, das sog. *»Fondsvermögen«*, wird von einer *»Fondsgesellschaft«* (Investmentgesellschaft) verwaltet. Eine Vielzahl von Anlegern bringt Geld in das Fondsvermögen ein und erhält dafür das *»Investmentzertifikat«*, das ihren Anteil am Fondsvermögen dokumentiert. Die Fondsgesellschaft investiert das Kapital an der Börse oder in Immobilien. Anlagen in Investmentfonds sind also eine indirekte Form der Investition.

Investmentfonds ermöglichen dem privaten Investor den einfachen und kostengünstigen Zugang zu den weltweiten Kapitalmärkten. Er erschließt sich deren attraktives Ertragspotential, und das ohne großen Kapitaleinsatz und trotzdem mit risikomindernder, breiter Streuung in verschiedene Papiere aus verschiedenen Ländern. Gleichzeitig kann er die Fachkenntnis und Erfahrung eines professionellen Fondsmanagements für seine persönliche Anlagestrategie nutzen.

Die Fondsidee kann auf eine lange Tradition zurückblicken: Bereits in der ersten Hälfte des 19. Jahrhunderts entstanden in Belgien investmentfondsähnliche Gesellschaften. Die ersten echten Investmentfonds gab es dann in der zweiten Hälfte des 19. Jahrhunderts im anglo-amerikanischen Raum. Die wohl älteste und heute zu den weltgrößten zählende Fondsgesellschaft ist die 1868 gegründete britische Foreign & Colonial Management Ltd.

6.1.2 Das Fondsangebot in Deutschland

Nachdem das Investmentsparen in der Bundesrepublik lange Zeit ein Schattendasein fristete, gelang in den späten 80ern endgültig der Durchbruch: Wurden zu Beginn dieses Jahrzehnts nur knapp

120 deutsche »*Publikumfonds*« (diese stehen im Gegensatz zu den »*Spezialfonds*« allen Anlegern offen) angeboten, kann der Anleger heute bereits unter rund 1300 Produkten wählen: über 100 Investmentgesellschaften, zumeist Töchter von Banken oder Versicherungen, verwalten etwas über 500 Renten- und deutlich über 400 Aktienfonds sowie mehr als ein Dutzend offene Immobilienfonds. Das verwaltete Vermögen stieg im gleichen Zeitraum von knapp 33 Mrd. DM auf fast 400 Mrd. DM. Die in Luxemburg ansässigen Tochtergesellschaften deutscher Banken verwalten zusätzlich etwa 160 Mrd. DM. Die mehr als zehn Millionen Investmentanleger in Deutschland sind ein eindrucksvoller Beleg für die zunehmende Akzeptanz dieser Anlageform.

6.2 Wie Fonds funktionieren

6.2.1 Aufgaben der Fondsgesellschaft

Die Auswahl der Papiere, das Bestimmen des Investitionszeitpunktes sowie die laufende Betreuung (Überwachung der Kursentwicklung, Entscheidungen bei Kapitalerhöhungen sowie An- und Verkäufe) übernimmt die Fondsgesellschaft. Der Anleger ist am Gesamtpaket der Wertpapiere beteiligt und nimmt an dessen Erfolg teil in Form von vereinnahmten Zinsen, Dividenden und Kurssteigerungen – aber auch an eintretenden Kursverlusten. Einmal im Jahr berichtet die Gesellschaft ausführlich in einem Rechenschaftsbericht über das abgelaufene Geschäftsjahr.

6.2.2 Überwachung

Zum Schutze der Anleger unterliegen deutsche Fondsgesellschaften einer strengen Aufsicht. Zuständig hierfür ist das Bundesaufsichtsamt für das Kreditwesen in Berlin; die rechtliche Grundlage ist das Gesetz über Kapitalanlagegesellschaften. Für ausländische Investmentgesellschaften, die ihre Produkte in Deutschland vertreiben, gilt das Auslands-Investmentgesetz.
Allerdings bezieht sich die Aufsicht nur auf die Einhaltung der gesetzlichen Vorschriften (z. B. vorgeschriebene Risikostreuung) und der im Verkaufsprospekt genannten Anlageziele. So kann ein

Fonds, der dem Zweck der Anlage in festverzinsliche Papiere verschrieben ist, nicht plötzlich seinen Anlageschwerpunkt auf Aktien umstellen. Über den Anlageerfolg des einzelnen Fonds entscheiden jedoch allein Können und Geschick der Fondsmanager, die über die Auswahl der zu kaufenden und zu verkaufenden Papiere befinden. Das ist nicht Gegenstand der amtlichen Aufsicht.

6.2.3 Was kostet ein Fondsanteil?

Bei neuaufgelegten Fonds wird ein Emissionspreis festgesetzt, die Preise für bereits am Markt stehende Fonds kann der Anleger über seine Bank oder über die Tagespresse erfahren (Abb. 3.12). Für den Kauf ist der sog. *»Ausgabepreis«* entscheidend, beim Verkauf der Anteile dagegen wird der *»Rücknahmepreis«* angesetzt, der aufgrund des Abzuges einer relativ kleinen *Gebühr* für den Service der Bank (*»Ausgabeaufschlag«*) unter dem Ausgabekurs liegt. Der Kurs eines Fonds ergibt sich aus der Summe des Fondsvermögens geteilt durch die Anzahl der ausgegebenen Fondsanteile. Auch die Fondsgesellschaften lassen sich den umfangreichen Service in Form von Verwaltungsgebühren vergüten. Nähere Angaben hierzu findet der Anleger in den jeweiligen Verkaufsprospekten.

6.2.4 Ein- und Ausstieg

In einen offenen Fonds kann man jederzeit einsteigen, auch nach seiner Auflegung. Nur in seltenen Fällen wird ein Fonds geschlossen, d. h., die Gesellschaft nimmt keine weiteren Gelder zur Investition in Papiere an. Der Ausstieg aus den Fonds ist auch jederzeit möglich: Hierzu gibt der Anteilinhaber seiner Bank den Auftrag, seine Anteile zu verkaufen. Der Gegenwert errechnet sich aus der Zahl seiner Anteile multipliziert mit dem an diesem Tag gültigen Rücknahmepreis.

6.2.5 Ausschüttung

In der Regel schütten Fonds einmal jährlich (die Termine unterscheiden sich von Gesellschaft zu Gesellschaft) Erträge aus (Zinsen bzw. Dividenden). Eine Ausnahme bilden die *»thesaurieren-*

den« Fonds, die ihre auflaufenden Erträge nicht ausschütten, sondern dem Fondsvermögen zuschlagen und wieder in Papieren anlegen. Viele Fondsgesellschaften lassen dem Anleger die Wahl, ob er die Ausschüttung im Fonds reinvestieren will oder nicht. Hierbei gibt es oft interessante Wiederanlagerabatte.

6.3 Welcher Fonds für welchen Anleger?

6.3.1 Fondstypen im Überblick

Über »*Aktienfonds*« nimmt der Anleger am Wirtschaftswachstum teil, das sich langfristig durch *Kurssteigerungen* an der Aktienbörse und damit auch bei den Fondsanteilen ausdrückt. Zusätzlich kassiert er *Dividenden* in Form der jährlichen Fondsausschüttung.

Bei »*Rentenfonds*« kaufen die Fondsgesellschaften für die ihnen anvertrauten Gelder festverzinsliche Wertpapiere. Auch hier werden die dem Fonds zufließenden *Zinsen* einmal jährlich an die Fondsinhaber ausgeschüttet. Zusätzlich eröffnen sich für die im Fonds zusammengefaßten Anleihen Chancen auf *Kursgewinne* bei *fallenden Zinsen*. Diese Kursgewinne führen bei den Fondsanteilen zu steigenden Preisen. Allerdings können die Kurse in Zeiten *steigender Zinsen* auch wieder *fallen*.

Seit August 1994 können die Anleger ihr Geld auch »*Geldmarktfonds*« anvertrauen. Diese investieren hauptsächlich in Anleihen und Termingeldern und bieten dem Kunden Sicherheit und Renditen auf dem Niveau von Festgeld, allerdings ohne dessen Terminbindung. Grundsätzlich zu unterscheiden sind im *Inland* und im *Ausland* investierende Fonds. Bei den im Ausland investierenden Fonds wird der Anteilspreis zusätzlich durch Währungsschwankungen beeinflußt. Währungsrisiken können jedoch vom Fondsmanagement mittels Sicherungsinstrumenten (siehe Termingeschäfte) abgefedert oder gänzlich ausgeschlossen werden.

a. Aktienfonds

Die Mehrzahl der inländischen Aktienfonds engagiert sich in den an der Börse notierten deutschen Unternehmen. Ihr Erfolg wird an den großen Indizes wie DAX, FAZ usw. gemessen. Darüber hinaus werden Themenfonds aufgelegt, so z. B. mit Bank- und Versicherungsaktien (»Branchenfonds«) oder mit kleinen und mittelgroßen Unternehmen (»Nebenwertefonds«).

Bei den ausländischen Aktienfonds wird unterschieden zwischen »Regional-« und »Länderfonds« (z. B. Europa, Nordamerika, Asien, Schweiz, Italien oder Japan) sowie »Branchen-« und »Themenfonds«, wie z. B.:

- kleine und mittelgroße Unternehmen in ausgewählten Ländern
- Technologiewerte
- Rohstoffwerte
- Umwelttechnologie
- Energiewerte
- Schwellenländer (Emerging Markets) usw.

Der Anleger kann somit in Absprache mit seinem Berater gezielt die Chancen einzelner Marktsegmente wahrnehmen.

b. Rentenfonds

Die wichtigsten Merkmale der Rentenfonds sind die »Anlagewährung« und die »Laufzeitenstruktur«. Dabei ist zu unterscheiden, ob der Fonds in Anleihen mit kurzen Restlaufzeiten (das sind Papiere, die innerhalb der nächsten zwei bis drei Jahre zurückgezahlt werden) oder mit mittleren und langen Laufzeiten (in der Regel bis zu zehn, ausnahmsweise bis zu 30 Jahren) investiert. Die Unterscheidung ist wichtig, da bei Zinsniveau-Änderungen die Kurse der Kurzläufer nur gering, die der Langläufer jedoch stark reagieren.

Den kräftigsten »Hebel« bei Zinsänderungen besitzen die Zerobond-Fonds, die in »Null-Kupon-Anleihen« investieren. Eine Sonderstellung unter den kurz laufenden Fonds nehmen die »Geldmarktfonds« ein, die dem Anleger den Zugang zu kurzfristigen, nur wenige Monate laufenden Anlagen in DM oder auch Hochzinswährungen ermöglichen.

Ein junges Produkt in der Familie der Rentenfonds sind die »Laufzeitenfonds«, die zu einem bestimmten Stichtag das gesamte Fondsvermögen zurückzahlen. Auf diese Weise hat der Anleger mit Blick auf das Fälligkeitsdatum ein minimales Zins- und somit Kursänderungsrisiko.

Als Faustregeln gelten deshalb:

- In Zeiten hoher Zinsen einen Langläufer- oder Zerobond-Fonds wählen. Hier winken nämlich Kursgewinne bei fallenden Zinsen.
- Bei niedrigen Zinsen wählt man aber besser einen *»Geldmarkt«-*, *»Kurzläufer«-*, oder *»Laufzeitenfonds«*, weil bei steigenden Zinsen die Kurse der Langläufer stärker als die der Kurzläufer nachgeben.

c. Varianten der Aktien- und Rentenfonds

Neben den Regional- und Länderfonds sowie branchen- und themenspezifischen Zusammenstellungen gehören folgende Fondstypen zu den Spezialitäten:

- Genußscheinfonds (dem Rentenfonds ähnlich)
- Fonds für Wandelanleihen und Optionsscheine (Chancen und Risiken hoch!)
- Fonds für Optionen und Futures (aggressive Variante, extrem chancen- und risikoreich!)

Als typische Einstiegsform für Investmentsparer sind die *»Mischfonds«* anzusehen, die sowohl in Zinspapiere als auch in Aktien investieren.

6.3.2 Grundsätzliche Anlegerregeln

- Je risikobereiter der Anleger, je länger die Gelder angelegt werden sollen und je höher sein persönlicher Steuersatz liegt, desto höher sollte der Anteil an Aktienfonds sein.
- Je größer der Anlagebetrag wird, desto sinnvoller wird die Nutzung spezieller Anlagechancen in Regional-, Länder- oder Themenfonds.
- Möchte der Anleger laufende Erträge vereinnahmen und/oder möglichst wenig Kursrisiko eingehen, so empfiehlt sich die Konzentration auf Rentenfonds. Durch die Wahl eines Kurzläufer- oder Laufzeitenfonds läßt sich das Kursrisiko noch weiter verringern.
- Grundsätzlich empfehlenswert ist eine weltweite Streuung.

6.3.3 Nutzen und Anwendungsmöglichkeiten von Fonds

a. Professionelles Anlagenmanagement

Der wichtigste Vorteil für den Anleger liegt im professionellen Anlagemanagement durch die Fondsgesellschaft. Im Rahmen umfangreicher Analysen werden von dort die aussichtsreichsten Papiere der jeweiligen Märkte sorgfältig ausgewählt; dem Anleger wird somit die *Entscheidung* über die Titelauswahl *abgenommen.*

b. Diversifizierung

Ein weiterer wichtiger Pluspunkt ist die durch eine Fondsanlage erreichte *Diversifizierung,* d. h. die hinreichend breite Streuung des Kapitals auf verschiedene Aktien bzw. Anleihen. Mit der Konzentration auf nur wenige Papiere bestünden erhebliche *Risiken* für den Anlagebetrag, falls es bei einem Papier zu einem Kursverlust oder sogar einem Totalausfall kommt. Eine hinreichende Diversifizierung bei Aktien ist nämlich erst ab zehn verschiedenen Werten aufwärts erreichbar. Es wird daher in Zukunft immer wichtiger, die Risiken der Auswahl von Einzeltiteln – zumindest teilweise – über den Zukauf von Fonds abzufedern.

Über den Einsatz von Fonds ist darüber hinaus auch eine bequeme *Diversifizierung* in *ausländische* Märkte erreichbar. Anlagen im Ausland belohnen den Anleger auf mittlere Sicht durch eine Erhöhung des Anlageerfolges bei gleichzeitiger Verminderung des Risikos durch Kursrückschläge. Im Rückblick auf die vergangenen zwölf Jahre hat sich nämlich für einen deutschen Aktieninvestor eine Aufteilung seiner Gelder mit einer Quote von 25 % in deutsche und 75 % in weltweite Aktien bewährt. Bei dieser Quote ergab sich ein Ertragszuwachs, der über dem deutscher Aktien lag, wobei das Risiko, d. h. die Gefahr, zwischenzeitlich Kursverluste zu erleiden, ebenfalls geringer ausfiel als bei der Konzentration auf inländische Werte.

c. Kostenvorteile

Der Anleger profitiert von den *Kostenvorteilen,* die Fonds bei den Kauf- und Verkaufsgebühren für die Papiere geltend machen können. Außerdem spart er den Aufwand für Marktbeobachtung und Analyse der Einzelwerte.

d. Fonds-Picking

Mit »*Fonds-Picking*« können weltweit die chancenreichsten Märkte genutzt werden: Identifiziert der Anleger in Zusammenarbeit mit seinem Berater oder aus eigener Sachkenntnis heraus besondere Vorteile in einzelnen Märkten, so bieten sich dort Schwerpunktinvestments an. Hat man z. B. Chancen für steigende Bondskurse in Europa ausgemacht, so bietet sich der Kauf eines europäischen Rentenfonds an. Werden dagegen besondere Chancen für Aktien aus den aufstrebenden Ländern der Dritten Welt erkannt, so bietet sich der Kauf eines in diesen Ländern investierenden Fonds an.

e. Fonds-Switching und Umbrella-Fonds

Über das »*Fonds-Switching*«, das ist das Umschalten zwischen verschiedenen Fonds, kann in verschiedenen Märkten wirksam agiert werden. Häufig offerieren Gesellschaften dafür Gebührenvorteile. Typischer Vertreter dieser zukunftsträchtigen Methode ist der »*Umbrella-Fonds*«. Diese noch recht junge Kreation stellt dem Anleger unter einem »Schirm« eine ganze Familie verschiedener Fonds bereit, aus denen er sich ein individuelles Portefeuille kostengünstig zusammenstellen und auch Umgruppierungen (Switching) vornehmen kann.

Ganz nach dem Chancen-Risiko-Profil des Anlegers kann die Ausrichtung eher konservativ-defensiv (Standardfonds) erfolgen oder dynamisch-wachstumsorientiert mit dem Schwergewicht auf aussichtsreiche Themen und Märkte.

6.3.4 Einflußgröße Geldbeutel

Ursprünglich waren Fonds für *Kleinanleger* gedacht, also für Leute, deren Geldvermögen noch nicht in eine Größenordnung hineingewachsen ist, in der eine individuelle Diversifizierung nach Anlageklassen, Ländern, Branchen und Einzeltiteln möglich ist. So wird ein Berufsanfänger zum Beispiel seine ersten ersparten 10.000,– DM sinnvollerweise in einem deutschen Rentenfonds investieren. Den nächsten Betrag könnte er in einem Rentenfonds mit Fremdwährungsanleihen anlegen. Als weitere Ergänzung käme ein deutscher Aktienfonds und später ein europäischer oder ein Branchenfonds für Unternehmen aus der Umwelttechnik in

Frage. Auf diese Weise erschließt man sich nach und nach die Chancen eines weltweiten Investments.

Bis zu einem Betrag von etwa 500.000,– DM stellen Fonds die effektivste Form der Geldanlage dar für jeden Anleger, der (noch) nicht genug Fachwissen und/oder ausreichende Risikobereitschaft zur Direktinvestition besitzt. Aber selbst für den, der das unmittelbare Engagement in Börsenpapieren bevorzugt, bieten Fonds eine interessante und nützliche Ergänzung.

Fazit: Die Zeiten, in denen Fonds als die Wertpapiere des kleinen Mannes bezeichnet wurden, sind endgültig vorbei.

6.4   Besondere Tips für Fondsanleger

a. Auszahlungsplan

Viele Gesellschaften bieten dem an ständigem Mittelzufluß interessierten Anleger einen besonderen Service in Form des *Auszahlungsplanes*. Reicht einem Anleger der Zinszufluß nicht aus, so können im Rahmen des Auszahlungsplanes zusätzlich Teile des Anlagekapitals ausgezahlt werden. Das jeweils verbleibende Kapital wird dann weiterverzinst. Ein sinnvolles Beispiel hierfür wäre die Finanzierung eines Studiums. Ein Betrag von z. B. 50.000,– DM würde so ausgezahlt, daß die eingezahlte Summe bei voraussichtlichem Ende des Studiums aufgezehrt ist.

b. Aktien oder Renten?

Bei der prozentualen Aufteilung zwischen Aktien- und Rentenfonds gelten folgende Faustregeln:

- Je länger die Anlagedauer, desto höher sollte der Anteil der Aktienfonds sein. Der Rendite bei Renten von ca. 7 % stehen 10 % bei den Aktien gegenüber.
- Je höher die Steuerprogression, desto größer sollte der Aktienanteil sein. Die Zinserträge aus Rentenfonds sind voll zu versteuern. Bei Aktien setzt sich der Ertrag im langjährigen Schnitt aus etwa zwei Dritteln Kursgewinnen und einem Drittel ausgeschütteten Dividenden zusammen. Zu versteuern sind aber nur die vereinnahmten Dividenden, während Kursgewinne bei Einhaltung der Spekulationsfrist steuerfrei bleiben. Bei

einem angenommenen durchschnittlichen Ertrag von 7 % für Renten und 10 % für Aktien sowie einem Steuersatz von 50 % ergibt sich näherungsweise folgende Rechnung: Nettogewinn aus Renten 3,5 % p. a., bei Aktien 8,3 % (6,66 % steuerfreier Kursgwinn plus 1,66 % Nettodividende nach Steuerabzug von 50 %).

● Wer an einem langfristigen Vermögenszuwachs interessiert ist, wählt ergänzend Aktienfonds.

c. Cost-Averaging

Manche Fonds ermöglichen den Einstieg für einen regelmäßigen (z. B. monatlichen), gleichbleibenden Betrag. Infolge der schwankenden Preise werden dafür von der Fondsverwaltung mal mehr und mal weniger Anteile gekauft. Auf diese Weise wird ein günstiger durchschnittlicher Einstandspreis erzielt, der unter dem rechnerischen Durchschnitt liegt (»Cost-Averaging«).

d. Worauf man beim Fondskauf sonst noch achten sollte

Prüfen und vergleichen Sie die Produkte der einzelnen Fondsgesellschaften! Informationsquellen sind die Verkaufsprospekte sowie Beschreibungen und Performance-Vergleiche in der Fachpresse. Neben der erreichten Rendite, d. h. der Wertentwicklung, sollte dabei auch der Risikograd des Produktes beachtet werden. Risiko bedeutet die Gefahr, daß der investierte Betrag im Rahmen der ganz natürlichen Aufundabbewegungen der Börsen mehr oder minder unter den ursprünglich eingesetzten Betrag fallen kann. Hier gilt folgende Faustregeln:

● Am wenigsten Risiko beinhalten Geldmarktfonds, kurz laufende Rentenfonds und Laufzeitenfonds, gefolgt von lang laufenden Rentenfonds.

● Bei den Aktien gilt: Am wenigsten Kursrisiko steckt in einem weltweit investierenden Fonds, etwas höher ist das Risiko bei den Länder- bzw. Branchenfonds.

Vergleichen der Ausgabeaufschläge der einzelnen Anbieter lohnt sich. Hierbei muß man identische Produkte miteinander vergleichen. Die Faustregeln dazu lauten:

● Je kürzer die Laufzeit der Rentenfonds, desto niedriger sollte der Ausgabeaufschlag sein.

● Bei den Aktienfonds gelten die günstigsten Preise für inländi-sche Fonds. Branchen- und Themenfonds sind etwas teurer.

Ein Überblick über die kurzfristige und langfristige Entwicklung der einzelnen Fonds findet sich in zahlreichen Wirtschaftsfach-zeitschriften (siehe Anlage A).

Als Grundlage für eine Einstiegsentscheidung sind solche Auf-stellungen natürlich nur bedingt tauglich, da sie lediglich die Ver-gangenheit darstellen können. Man kann aber davon ausgehen, daß die Spitzenreiter der einzelnen Fondsgruppen aufgrund der bewiesenen Sachkenntnis der Verwalter auch künftig erfolgreich abschneiden werden.

e. Mittelfristiger Trend bei den Fonds

Zunehmend an Bedeutung gewinnen werden die Themenfonds, die man immer häufiger als sog. *»Asset-Allocation-Bausteine«* zur Depotstrukturierung einsetzt. Im Rahmen einer aktiven Asset Allocation, d. h. Konzentration auf die jeweils chancenreichsten Märkte und Themen, wird dem *»Fonds-Switching«* eine zentrale Bedeutung zukommen.

6.5   Fazit für den Fondsinteressenten

Fonds bieten jedem Anleger reizvolle Lösungen für sein Geld-anlageproblem: Einmal dem *Kleinanleger,* der kostengünstig Chancen an den Börsen nutzen will, ohne sich um die Auswahl der Titel und die tägliche Überwachung der Kursentwicklung küm-mern zu müssen. Er läßt statt dessen Experten für sich arbeiten und sichert sich damit eine professionelle und recht preiswerte Verwaltung. Zum anderen nutzt der vermögendere Investor dar-über hinaus noch die Vorzüge einer individuellen, auf seine Be-dürfnisse zugeschnittenen Depotzusammenstellung in Form einer aktiven Asset Allocation.

7. Wertpapieranalyse

7.1 Zweck der Analyse

Mit einer Analyse will man die zukünftigen Entwicklungen der Wertpapieranlage besser, d. h. sicherer, einschätzen können. Daten und Erfahrungen der Vergangenheit sowie Prognosen werden mit ihrer Hilfe zu Entscheidungsgrundlagen für die Gegenwart verarbeitet.

Vordringliche Aufgabe der Wertpapieranalyse ist es, Papiere aufzuspüren, die dem Ziel des betreffenden Anlegers am ehesten entsprechen. Da der Kurs einer Anlage an der Börse von Angebot und Nachfrage bestimmt wird, gilt diesen Marktkräften die größte Aufmerksamkeit beim Analysieren. Man will erkennen, welche Kräfte Angebot und Nachfrage maßgebend beeinflussen. Die Analysten erstellen ihre Prognosen für die wahrscheinliche Entwicklung der Aktienkurse im wesentlichen auf Basis der gefundenen Einflußfaktoren, aber auch durch Beobachtung und systematische Aufbereitung der Kursentwicklung selbst.

Der Wert von Analysen ist nicht unumstritten, aber eines ist sicher: Wer sich mit diesen Kenntnissen an der Börse engagiert, hat eher eine Gewinnchance als derjenige, der die Dinge mehr dem Zufall überläßt.

7.2 Die Methoden der Wertpapieranalyse im Überblick

Wertpapiere kann man grundsätzlich auf zwei verschiedene Arten analysieren:

- *Fundamentale Analyse:* Hier werden unternehmensbezogene sowie volkswirtschaftliche Daten und Erkenntnisse zur Bewertung herangezogen.
- *Technische Analyse:* Hier werden lediglich die börsenbezogenen Daten der betreffenden Gesellschaft (Kurse, Volumen, Kursbilder, Indikatoren, Indizes) zur Analyse und Prognose verwendet.

Es gibt keine Analysetechnik, die für jedes Papier und jeden Markt *sichere* Ergebnisse liefert. Unsicherheit geht allein schon von der Ausnutzung eines bestimmten Analyseergebnisses aus: Der Markt wird beeinflußt, denn Angebot und Nachfrage verändern sich durch die gewonnenen und umgesetzten Erkenntnisse. Deshalb sollte man grundsätzlich beide Analysearten kennen und anwenden, darüber hinaus stets die folgenden Einflußfaktoren mit in die Entscheidung einbeziehen:

● Die Lage der Weltwirtschaft und die Situation bestimmter Volkswirtschaften und Branchen
● Die politischen Ereignisse national und international
● Die betriebliche Situation der fraglichen Gesellschaft
● Die Mechanismen der Börse und die Konsequenzen der Börsenpsychologie

Die Vor- und Nachteile der einzelnen Analysemethoden in der Praxis sind, auf einen Nenner gebracht:
Eine *fundamentale Analyse* erfordert viel Mühe und Aufwand für das Beschaffen, Strukturieren und Auswerten großer Informations- und Datenmengen. Die gewonnenen Erkenntnisse daraus sind aber auch von hoher Qualität, aussagekräftig und nachvollziehbar.
Der *technischen Analyse* haften immer Mängel an, hauptsächlich wegen der relativ ungenauen Beschreibung und der unwissenschaftlichen Voraussetzungen, auf denen sie aufbaut. Dadurch, daß sie auf bereits vergangenen Ereignissen beruht, läuft die technische Analyse außerdem stets hinter den Tatsachen her. Ihr unbestreitbarer Vorteil indes ist die einfache Beschaffung und Verarbeitung der betreffenden Daten und Informationen.
Wenn man mit Börsianern über die Entwicklungen an der Börse spricht oder über einen Wertpapiertitel Ansichten austauscht, so erkennt man rasch, ob man es beim Gesprächspartner mit einem »Techniker« oder einem »Fundamentalisten« zu tun hat. Leider argumentieren viele Fachleute nur von einem dieser beiden Standpunkte aus. Die Anhänger beider Analysemethoden befehden sich mitunter leidenschaftlich und werden nicht müde, Beispiele aufzuzählen, in denen die gegnerische Analysemethode eindeutig falsche Aussagen geliefert hat. So werden die Techniker als Kaffeesatzleser belächelt, die den Ereignissen ständig hinter-

herlaufen; Fundamentalisten werden als Vielleser verlacht, die hinter den Büchern sitzen und glauben, der Börse vorschreiben zu können, wohin sie sich zu bewegen hat.

Jedoch: Mit beiden Methoden kann man Gewinne machen und Verluste erleiden; die besten Erfolge erzielt man sicherlich mit einer geschickten Kombination aus beiden. Zunächst sollen aber technische und fundamentale Analyse einmal ausführlich vorgestellt werden.

7.3 Aktienindizes

a. Ursprung, Basis und Interpretation

Die Methode der Gesamtmarktanalyse anhand von Indizes geht auf Dow zurück. Er konstruierte zwei Indizes, den Dow Jones Industrial (30 Industriewerte) und den Dow Jones Transportation (30 Transportwerte). Anhand der Wertentwicklung des Index will Dow die Entwicklung des Gesamtmarktes erkennen können. Das setzt voraus, daß die 30 beziehungsweise alle 60 Aktientitel wirklich den gesamten Aktienmarkt mit mehreren tausend Werten repräsentieren.

Die Dow-Theorie besagt, daß mit einer Änderung beider Indizes ein Wechsel im langfristigen Börsentrend einhergeht. Ein Trendwechsel des einen Index bei konstanter Entwicklung des anderen deutet aber nach seiner Meinung bereits auf eine technische Schwäche des noch laufenden Börsentrends hin und macht einen bevorstehenden Trendwechsel wahrscheinlich. Eine solche Situation nennt man die »Nichtbestätigung« eines Index. Sie hat den Charakter eines Warnsignals. Es kann davon ausgegangen werden, daß die weitere Entwicklung nur von kurzer Dauer sein wird, bis der Trendwechsel endgültig signalisiert und bestätigt wird. Die Phase läßt sich hervorragend dazu nutzen, um Positionen zu günstigen Kursen zu schließen.

Verlaufen beide Indizes in dieselbe Richtung, so spricht man von einer Bestätigung des Börsentrends. Dies weist auf eine technische Stärke hin und läßt ein Bestehenbleiben des Trends sehr wahrscheinlich erscheinen.

Durch den Einsatz der modernen Datenverarbeitung ist es ohne weiteres möglich, besondere Indizes branchenspezifisch zu berechnen. Das erlaubt dem Analysten im Sinne der Dow-Theorie eine noch differenziertere Betrachtung des Marktgeschehens. So kann man z. B. leicht erkennen, ob und wie unterschiedlich sich Branchen zueinander und zum Gesamtmarkt entwickeln. Damit lassen sich leichter Titel auswählen und Investitionsentscheidungen fällen. Branchenindizes dienen auch der Konjunkturanalyse, da sich mit ihnen leichter die Konjunkturempfindlichkeit der Gesamtmarktteile erkennen läßt.

b. Der Deutsche Aktienindex (DAX®)

Für die Berechnung eines Gesamtindex wird eine Auswahl von Titeln ausgewählt, die den Gesamtmarkt repräsentieren sollen. Als Beispiel wird hier der Deutsche Aktienindex (DAX) erläutert: 30 ausgewählte deutsche Aktien repräsentieren im *DAX* den deutschen Aktienmarkt. Dabei handelt es sich um die wichtigsten und umsatzstärksten Titel, zusammen fast 60 % des Grundkapitals der börsennotierten Gesellschaften des Inlandes:

Adidas-Salomon	Dresdner Bank	RWE
Allianz	Henkel	SAP
BASF	Hoechst	Schering
Bayer	Karstadt	Siemens
Bayerische Hypo- u.	Linde	Telekom
Vereinsbank	Lufthansa	Thyssen
BMW	MAN	VEBA
Commerzbank	Mannesmann	VIAG
Daimler Benz	Metro	Volkswagen
Degussa	Münchner Rück	
Deutsche Bank	Preussag	

Der DAX wird den Anlegern weltweit in Real-Time-Verarbeitung verfügbar gemacht, so daß man sich jederzeit über den aktuellen Trend informieren und Entscheidungen daran ausrichten kann. Die Anzeigetafel des DAX in Frankfurt zeigt Abb. 7.1

Der DAX ist ein bereinigter Index, denn nicht vom Markt initiierte Kursveränderungen wie Dividendenzahlungen und Kapitalveränderungen werden durch die Formel bei der Berechnung berücksichtigt. Das macht den DAX über einen längeren Zeitraum vergleichbar und bewahrt ihn vor Schwankungen, die nicht die tatsächliche Börsenstimmung wiedergeben (s. Abb. S. 14, »DAX seit 1948«).

Abb. 7.1   Quelle: Deutsche Börse AG

c. Weitere deutsche Indizes

Seit Januar 1996 gibt es in Deutschland neben dem traditionellen
DAX30 einen zweiten beachtenswerten Index, den Mid-Cap-Index (MDAX). Im MDAX sind die Titel von 70 mittelgroßen Unternehmen enthalten. Damit gibt es zukünftig auch in Deutschland eine Meßlatte für die Entwicklung mittelgroßer Gesellschaften – ähnlich wie in den USA. Dort finden entsprechende Indizes
beinahe die gleiche Beachtung wie der Dow-Jones-Index.
Der Mid-Cap-Index ersetzt den DAX100, der im Mai 1994 eingeführt wurde und die 100 liquidesten und größten Firmen in sich
versammelte, die an der Börse gehandelt wurden. Als Barometer
erwies sich der DAX100 allerdings bald als untauglich, weil die im
DAX30 vertretenen größten Titel 80 % des Ergebnisses ausmach-
ten und somit eine Entwicklung der 70 mittelgroßen Firmen aus
der »zweiten Reihe« nicht ablesbar war. Dies soll künftig anders
sein, weil sich der MDAX ausschließlich auf die 70 Werte, die hinter den 30 Blue Chips rangieren, konzentriert. Daß der Mid-Cap-

143

Index vom Markt angenommen wird und eine echte Meßlatte für die Entwicklung mittelgroßer Unternehmen darstellen kann, zeigt die Auflage neuer Aktienfonds und Optionsscheine, die auf dem MDAX basieren. Das verstärkte Interesse in- und ausländischer Großinvestoren, die sich bislang nahezu ausschließlich auf Blue Chips konzentriert hatten, an Mid-Cap-Titeln dürfte zu überproportionalen Kurssteigerungen bei den Mittelwerten führen. Und weil die meisten der Mid-Cap-Werte momentan noch relativ günstig sind, werden die 70 Titel des MDAX sicherlich auch bald eine attraktive Alternative für die Privatanleger sein. Auch für die kleinsten Titel (Small Caps) ist ein Index geplant.

Der CDAX (Composite DAX) umfaßt alle amtlich notierten Aktien und ist nach deren Marktkapitalisierung gewichtet. Er setzt sich aus 16 Branchenindizes zusammen, die die Kursentwicklung der Aktien aus den jeweiligen Wirtschaftszweigen dokumentieren. Die Unterindizes sind: Automobil, Bau, Chemie, Beteiligung, Elektro, Brauerei, Hypothekenbanken, Kreditbanken, Verkehr, Maschinenbau, Papier, Versorgung, Eisen und Stahl, Textil, Versicherung, Konsum.

Der VDAX ist ein Indikator für die Volatilität des Aktienmarktes. Er mißt die Schwankungsbreite der Kursbewegungen und damit das Risiko für den Anleger.

Neben diesen Indizes der Deutschen Börse AG haben viele Banken oder Tageszeitungen ihren eigenen Index entwickelt (z. B. Commerzbank-Index oder FAZ-Index).

d. Internationale Indizes

International führend ist der bereits erwähnte Dow Jones Industrial Index (DJI). Er übt eine Leitfunktion für die Weltbörsen aus. Da die Entscheidungen auf dem Börsenparkett stets mehr oder minder von einem Seitenblick auf das Umfeld beeinflußt werden, spielen die Entwicklungen auf den Weltbörsenplätzen eine nicht zu unterschätzende Rolle. Als ausdrucksstärkster Index gilt der DJI. Charles Dow führte ihn kurz vor der Jahrhundertwende für die US-Eisenbahnwerte ein. Heute ist er, basierend auf 30 amerikanischen Industriewerten, *der Index* schlechthin.

Auch jede andere Börse im Ausland hat ihren eigenen Index, der die Entwicklung der Wirtschaft in diesem Land widerspiegelt. Diese Indizes, die auch zur Performance-Messung von Fonds verwendet werden, werden im Wirtschaftsteil der Tageszeitungen veröffentlicht. Ein neuer Index, der die Entwicklung in Europa nachzeichnen soll, ist der Stoxx 50 bzw. der Euro Stoxx 50, der sich auf Unternehmen aus den Teilnehmerländern der europäischen Währungsunion konzentriert. In der folgenden Abbildung sind die Unternehmen des Euro Stoxx 50 mit ihrer Gewichtung dargestellt.

Dow Jones Euro Stoxx 50

Name	Land	Branche	Börsen-wert in Mrd. ECU	Gewicht in Euro Stoxx 50 (Prozent)	Lokale Währung	Kurse in lokaler Währung 20.08.98	52 Wochen Hoch	52 Wochen Tief	Kursänderung in lokaler Währung seit Vortag (Prozent)	31.12.97 (Prozent)	Gewinne je Aktie in lokaler Währung 1997	1998 s	1999 s	Kurs/Gewinn-Verhältnis 1998	1999
ABN-Amro	NL	Bank	32.82	2.22	NLG	61.30	55.10	36.70	3.22	29.67	2.93	3.21	3.55	16.00	14.43
Aegon	NL	Versicherung	50.69	3.47	NLG	194.40	223.40	73.70	3.08	115.40	k.A.	k.A.	k.A.	k.A.	k.A.
Ahold	NL	Nicht-zykl. Konsumgüter	15.58	1.06	NLG	62.10	70.00	46.30	6.00	17.39	1.80	2.13	2.57	29.09	24.21
Air Liquide	F	Chemie	11.02	0.75	FRF	885.00	1216.00	831.00	-0.56	-6.05	43.30	44.52	49.11	19.86	18.02
Akzo Nobel	NL	Chemie	12.25	0.84	NLG	95.50	126.70	77.30	6.74	9.27	5.67	6.15	6.15	15.53	15.53
Alcatel Alsthom	F	Technologie	29.23	2.00	FRF	1184.00	1411.00	653.00	-1.33	54.77	44.57	51.47	56.30	23.01	21.03
Allianz	D	Versicherung	75.78	5.16	DM	611.00	679.50	374.26	-0.57	34.05	10.15	11.38	13.06	53.69	46.52
Allied Irish Banks, Lond.	IRL	Bank	12.51	0.85	GBP	9.84	10.77	4.81	0.63	67.49	k.A.	k.A.	k.A.	k.A.	k.A.
Assicurazioni Generali	I	Versicherung	34.50	2.36	ITL	65600.00	71000.00	36150.00	1.20	50.98	k.A.	k.A.	k.A.	k.A.	k.A.
Axa Uap	F	Versicherung	40.47	2.77	FRF	803.00	830.00	384.10	0.63	72.43	k.A.	k.A.	k.A.	k.A.	k.A.
Banco Bilbao Vizcaya	E	Bank	32.06	2.19	PTS	2645.00	3070.00	1229.89	-0.64	80.37	k.A.	k.A.	k.A.	k.A.	k.A.
Bayer	D	Chemie	27.47	1.88	DM	74.20	96.40	58.00	-6.48	11.16	4.05	4.31	4.39	17.23	16.89
Carrefour	F	Handel	21.37	1.46	FRF	3672.00	4074.00	2662.00	0.30	16.94	105.70	113.71	129.34	32.29	28.39
Credito Italiano	I	Bank	14.36	0.98	ITL	9770.00	10384.00	3470.00	0.26	79.10	232.37 s	313.67	417.28	31.12	23.41
Daimler-Benz	D	Automobile	53.06	3.63	DM	163.30	203.25	107.71	-0.49	48.90	6.04	8.20	10.37	20.35	17.88
Deutsche Bank	D	Bank	36.18	2.47	DM	133.70	163.00	104.95	-3.29	6.28	k.A.	k.A.	k.A.	k.A.	k.A.
Deutsche Lufthansa	D	Zyklische Konsumgüter	9.35	0.64	DM	48.31	55.00	29.50	2.44	43.05	2.18 s	2.63	2.94	18.36	16.43
Deutsche Telekom	D	Telekommunikation	72.73	4.97	DM	52.30	54.90	29.60	-2.61	57.06	1.43	1.93	2.32	27.15	22.59
Electrabel	B	Versorger	16.41	1.12	BEF	12290.00	12200.00	7226.00	1.03	42.94	k.A.	k.A.	k.A.	k.A.	k.A.
Elf Aquitaine	F	Energie	29.85	2.04	FRF	719.00	890.00	613.00	2.71	2.71	k.A.	k.A.	k.A.	k.A.	k.A.
Elsevier	NL	Medien	8.09	0.55	NLG	27.60	39.10	27.30	-1.82	-17.58	1.37	1.42	1.53	19.07	17.82
Endesa	E	Versorger	18.77	1.28	PTS	3290.00	4190.00	2568.00	0.15	21.63	155.85	149.99	202.28	21.94	16.28
Eni	I	Energie	44.16	3.02	ITL	10740.00	13500.00	7602.82	0.00	7.08	596.91	534.83	626.15	20.08	17.13
Fiat	I	Automobile	13.05	0.89	ITL	6910.00	8837.00	4705.00	-2.19	34.31	401.33	357.21	378.66	19.34	18.25
Fortis	B	Versicherung	11.25	0.77	BEF	10900.00	11400.00	6570.00	0.46	41.01	k.A.	k.A.	k.A.	k.A.	k.A.
France Telecom	F	Telekommunikation	69.90	4.78	FRF	462.10	475.00	197.60	-0.62	11.68	14.64	13.43	15.18	34.40	30.43
ING Groep	NL	Finanzdienstleister	58.26	3.98	NLG	140.80	153.50	76.60	-0.83	65.11	k.A.	k.A.	k.A.	k.A.	k.A.
Kon. PTT Nederland	NL	Telekommunikation	18.59	1.27	NLG	87.60	96.70	44.59	-2.34	62.55	4.12	4.28	4.49	20.46	19.49
L'Oreal	F	Nicht-zykl. Konsumgüter	36.95	2.53	FRF	3413.00	3656.00	1992.00	-0.77	53.46	60.38	72.05	81.74	50.16	44.21
LVMH Moet Hennessy	F	Nahrungsmittel	14.22	0.97	FRF	1073.00	1469.00	894.00	-1.01	7.41	55.97	59.18	62.77	18.13	17.09
Mannesmann	D	Investitionsgüter	32.09	2.19	DM	172.00	207.00	72.80	0.00	80.46	2.63	3.03	4.31	56.64	39.90
Metro	D	Einzelhandel	11.84	0.79	DM	102.70	121.95	63.50	-0.19	60.97	3.19	3.63	4.48	28.51	22.92
Nokia	FIN	Technologie	33.83	2.31	FIM	451.00	496.00	179.00	-0.33	133.07	12.05	16.37	20.73	27.50	21.76
Paribas	F	Finanzdienstleister	14.34	0.98	FRF	592.00	683.00	403.40	0.34	13.19	k.A.	k.A.	k.A.	k.A.	k.A.
Petrofina	B	Energie	8.24	0.56	BEF	14300.00	16000.00	12575.00	0.18	4.57	k.A.	k.A.	k.A.	k.A.	k.A.
Philips Electronica	NL	Technologie	25.41	1.74	NLG	163.10	203.70	111.50	-2.92	34.13	8.58 s	12.57	14.79	12.97	11.03
Portugal Telecom	P	Telekommunikation	9.53	0.65	PTE	10125.00	11477.00	6730.00	0.43	18.59	374.27	455.17	521.62	22.25	19.42
Repsol	E	Energie	13.77	0.94	PTS	7680.00	8650.90	5926.00	1.45	18.15	411.27	487.61	506.27	16.42	15.20
Rhone-Poulenc	F	Pharma	18.06	1.23	FRF	321.00	346.90	222.80	-0.43	19.07	18.82 s	15.48	17.81	20.73	18.00
Royal Dutch Petroleum	NL	Energie	91.07	6.23	NLG	94.50	124.60	92.10	-0.63	-15.09	4.18	3.76	4.06	25.15	23.20
RWE	D	Versorger	22.77	1.56	DM	95.00	111.05	71.70	2.59	-1.55	3.50 s	4.00	4.50	23.75	21.11
Saint Gobain	F	Bau	13.70	0.94	FRF	1015.00	1186.00	761.00	-2.59	18.71	56.66	64.26	68.68	15.80	14.77
Schneider	F	Investitionsgüter	9.07	0.62	FRF	384.00	523.00	300.00	0.46	20.54	19.63	21.70	24.77	16.16	15.96
Siemens	D	Technologie	36.45	2.49	DM	123.10	137.49	99.70	-0.61	13.46	4.65	4.89	6.01	25.17	20.48
Societe Generale	F	Bank	20.25	1.38	FRF	1318.00	1497.00	700.00	1.55	53.76	72.90	84.95	96.23	15.42	13.61
Telecom Italia	I	Telekommunikation	40.25	2.75	ITL	14900.00	15600.00	10215.00	-1.81	31.86	501.56	659.04	739.67	22.61	20.14
Telefonica de Espana	E	Telekommunikation	45.20	3.09	PTS	7399.00	7930.00	3790.00	-0.42	69.89	202.31	269.80	281.12	30.32	26.25
Unilever	NL	Nahrungsmittel	41.26	2.82	NLG	143.40	168.90	101.00	2.06	14.72	3.98	5.48	6.04	26.15	23.71
Veba	D	Konglomerat	23.98	1.64	DM	94.75	131.85	69.50	-1.71	-22.65	5.55	5.10	5.95	18.58	15.91
Vivendi	F	Versorger	31.13	2.13	FRF	1298.00	1425.00	648.00	-0.48	54.52	61.17	57.53	57.32	22.56	22.77
Dow Jones Euro Stoxx 50 (Preisindex)			1462.68	100.00	ECU	3390.00	3670.82	2241.21	-0.33	33.89	k.A.	k.A.	k.A.	k.A.	k.A.
Dow Jones Euro Stoxx 50 (Performanceindex)			1462.68	100.00	ECU	4187.56	4520.74	2706.83	-0.33		k.A.	k.A.	k.A.	k.A.	k.A.

Abb. 7.2

Quelle: Financial Times

7.4 Die technische Analyse im Überblick

Mit dem Begriff »technische Analyse« wird ein Instrumentarium angesprochen, das den Börsenkurs beobachtet, aufzeichnet, damit rechnet und aus der vergangenen Kursentwicklung heraus den zukünftigen Kurs prognostiziert. Die technische Analyse fragt nicht danach, weshalb ein Kurs so ist, und forscht auch nicht nach den Bestimmungsfaktoren der Kursentwicklung. Sie erklärt den Kurs nicht, sondern nimmt ihn als gegeben hin.

Aus der rund 100 Jahre alten Tradition der Kursbeobachtung entwickelten sich Erfahrungsgrundsätze. Sie beschreiben Gesetzmäßigkeiten des Kursverhaltens nach einer bestimmten vorausgegangenen Kursentwicklung. »The same old pattern« – das gleiche alte Muster, das ist die Grundphilosophie. Die technische Analyse geht einfach davon aus, daß sich vergangene Kursverläufe wiederholen. Dies führen die Techniker auf das menschliche Verhalten beim Kaufen und Verkaufen zurück, und das ist als recht konstant einzuschätzen.

Die Anfänge der systematisch betriebenen technischen Analyse können bei Charles Dow (um 1900) angesetzt werden. Seine Theorie wurde in der Folgezeit erweitert und vertieft. Das Axiom der technischen Analyse ist, daß man aus der bloßen Beobachtung des vergangenen Kursverlaufs die kommende Kursentwicklung vorhersehen kann. Dabei werden folgende Annahmen getroffen:

- Der Index oder Kurs berücksichtigt alle Faktoren, die den Kurs beeinflussen.
- Die Kursentwicklung erfolgt in Trends.

Das technische Instrumentarium läßt sich gliedern in:

- Charts (siehe Ziffer 7.5),
- aus Charts abgeleitete Formationen (siehe Ziffer 7.6),
- Indikatoren (siehe Ziffer 7.7).

7.4.1 Darstellung und Deutung von Trends

Am Chart in Abb. 7.3 kann man einen langen Aufwärtstrend und einen langen Abwärtstrend beobachten. Diese beiden Bewegungen stellen jeweils einen Major- oder auch Primär-Trend dar. Er

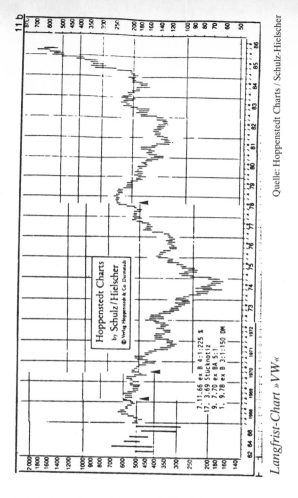

Quelle: Hoppenstedt Charts / Schulz-Hielscher

Langfrist-Chart »VW«

Abb. 7.3

beinhaltet einige kürzere Auf und abwärtsbewegungen, die Secondary- oder Sekundär-Trends. Diese bestehen wiederum aus vielen kleineren Bewegungen, den Minor- oder Tertiär-Trends.

Wann spricht man von welchem Trend?

Ein Major-Trend ist eine Kursbewegung, die sich meist über mehr als ein Jahr auf- oder abwärts bewegt. Während dieses Major-

147

Trends entsteht in der Regel eine Wertveränderung der Aktien um mehr als plus/minus 20 %, selten weniger.

Der Secondary-Trend ist dem Major untergeordnet und meist von dreiwöchiger bis dreimonatiger Dauer. Die Secondary-Trends verlaufen den Major-Trends entgegengesetzt. Es sind Kursbewegungen, deren Ausmaß häufig etwa bis zur Hälfte der letzten Primärbewegung reicht.

Die Secondary-Trends gemeinsam mit dem von ihnen eingeschlossenen Teil des Major-Trends werden als Intermediate-Trend bezeichnet. Secondary-Trends können auch die Form einer Linie annehmen, das ist eine Seitwärtsbewegung von unbestimmter zeitlicher Dauer, bei der die Kursfluktuationen innerhalb eines Grenzbereichs von max. 1 bis 5 % bleiben. Dieser Bereich kann sich zu einer Konsolidierungs-, aber auch zu einer Umkehrzone entwickeln, denn der weitere Verlauf aus der Zone heraus ist ungewiß. Die Minor-Trends sind die Kursbewegungen, die in einer Richtung verlaufen und nur wenige Tage bis zu zwei Wochen lang ihre Bewegungsrichtung beibehalten. Auffällig sind die meist sehr kompakten Formen, die sich aber leider kaum gewinnbringend umsetzen lassen.

Je nach den Konditionen des Börsianers ist der Primary- oder vielleicht auch schon der Secondary-Trend für ihn von Interesse. Der Investor ist meist am Erkennen des Primary-Trends interessiert. Er versucht, so früh wie möglich zu investieren, und hält die Position bis zum Trendwechsel, ohne auf die dazwischen liegenden Secondary-Trends zu reagieren. Ein Spekulant baut mehr auf die mittelfristigen Kursbewegungen, die Secondary-Trends. Hier besteht die Chance, durch geschickt angesetztes Trading Werte abzustoßen und billiger zurückzukaufen.

Ein »Day-Trader« ist an den Minor-Trends interessiert, Bewegungen von recht kurzer Dauer. Der gewöhnliche Spekulant oder Anleger hat jedoch keine Möglichkeit, hier teilzunehmen, da das »Day-Trading« einen schnellen Informationsfluß erfordert und nur geringe Trading-Kosten verkraftet.

Wie entsteht ein Trend?

Durch das Verbinden von Tief- bzw. Hochpunkten miteinander entstehen auf dem Chart Trends. Eine Aktie hat einen Tiefpunkt erreicht und steigt von dort an bis zu einem Höchstpunkt. Der Kurs wendet und fällt bis zu einem zweiten Tiefpunkt, an dem die Abwärtsbewegung zum Stehen kommt und der Kurs wieder dreht. Liegt nun der zweite Tiefpunkt über dem ersten, so ergibt sich, wenn man die beiden Punkte miteinander verbindet, eine aufsteigende Gerade, und man spricht dabei von einer Up-Trend-Geraden.

Auf gleiche Weise läßt sich der Down-Trend ermitteln, bei dem die jeweils tiefer liegenden Hochpunkte verbunden werden. Ein Up-Trend ergibt sich aus der Verbindung steigender Tiefpunkte, ein Down-Trend aus der Verbindung fallender Hochpunkte. Eine Trendgerade gilt so lange als intakt, bis sie eindeutig gebrochen wird, d. h., bis der Kurs nachhaltig (3 %) die Trendlinie durchbricht und vorerst nicht wieder zurückkehrt. Das Erkennen einer Trendumkehr ist für den Investor die vornehmliche Aufgabe, da er nach dem Verlauf des Trends seine Positionen in den Markt setzen kann und bei richtiger Beurteilung des Trends (Kursverlaufs) Gewinne erzielt. Positionen sollten so lange gehalten werden, bis der Trend gebrochen wird.

Ein solcher Trendwechsel kann jederzeit vorkommen, daher ist die ständige Aufmerksamkeit des Spekulanten erforderlich. Ist ein Anzeichen eines Trendwechsels gegeben, sollten die Positionen sofort glattgestellt werden. Neue Engagements in der entgegengesetzten Richtung sind erst zu empfehlen, wenn der neue Trend eindeutig bestätigt ist.

Wann bricht der Kurs aus dem etablierten Trend aus und geht in den neuen Trend über?

Diese Frage läßt sich auch so stellen: Wann gilt ein Durchbruch des Kurses als wesentlich und maßgeblich? Wenn wir in jede Verletzung der Trendgeraden einen Trendwechsel hineininterpretieren und entsprechend am Markt disponieren würden, reagierten wir wohl auf sehr viele Fehlsignale, ohne einen wirklich guten Erfolg zu erreichen. Daher bauen wir uns Filter ein, die uns vor den Fehlsignalen schützen. Somit werden sich die relevanten Entscheidungen herauskristallisieren.

Ein Filter kann bestehen aus

● Wartezeit,
● prozentualem Limit oder
● beidem.

Mit der Wartezeit (Wait) setzt man eine Frist, innerhalb deren man auf einen Durchbruch nicht handelt, sondern einfach abwartet. Hat sich der Ausbruch bis zum Ablauf der Wartezeit nicht als Fehlsignal erwiesen, so handelt man entsprechend dem Kurssignal. Bei einem prozentualen Limit handelt man nach einem Durchbruch erst dann, wenn die Trendlinie um den bestimmten Prozentsatz durchbrochen wurde.

Bei der Kombination aus Warten und Limit muß der Kursdurchbruch sowohl die zeitliche Bedingung des Wartens als auch die wertmäßige Bedingung des Limits erfüllt haben, ehe wir handeln. Der Vorteil des Filters, weniger Fehlsignale durchzulassen, muß leider dadurch erkauft werden, daß wir auf ein richtiges Signal verspätet reagieren. Welche Größen für Wait oder Limit anzunehmen sind, um eine Trendwende noch früh genug zu erkennen, muß empirisch für jedes einzelne Wertpapier ermittelt werden. Das ist eine Aufgabe, die lohnend ist und durch den Einsatz moderner Trading-Instrumente wie Computer mit Börsensoftware heute kein Problem mehr ist.

Wird zu der Trendgeraden eine Parallele gezogen, so entsteht ein »Trendkanal«. In einem Up-Trend zieht man parallel zur Trendgeraden eine Parallele durch die Hochpunkte. In einem Down-Trend wird die Parallele durch die Tiefpunkte gezogen. Trendkanäle in mittelfristigen Bewegungen geben gute Anhaltspunkte für Kauf- und Verkaufszeitpunkte. Es lassen sich auch spekulative Strategien darauf aufbauen, so an der unteren Geraden zu kaufen und an der oberen zu verkaufen, vielleicht sogar dort wieder »short« zu gehen und sich an der unteren Trendlinie einzudecken und die Short-Position zu schließen.

Hat man in einem Up-Trend neben einem klaren Tiefstpunkt mehrere darüber liegende und später entstandene Tiefpunkte zur Verfügung, so ist ja nicht eindeutig geklärt, durch welchen der höher notierenden Tiefpunkte man die Trendgerade ziehen soll. In einem solchen Fall empfiehlt es sich, von dem absoluten Tiefpunkt aus durch mehrere höher liegende Tiefpunkte Geraden zu ziehen. Dadurch entsteht ein sogenannter »Trendfächer«, der seinen Namen von den zusammenlaufenden Trendlinien hat, die sich im ersten klaren Tiefpunkt schneiden. Durch den weiteren Verlauf der Kurse wird sich zeigen, welche Trendgerade vom Kurs bestätigt wird. Ist eine bestätigt, so empfiehlt es sich, der Übersichtlichkeit halber die übrigen Geraden zu entfernen oder mit verringerter Intensität beizubehalten.

Als Anhaltspunkt läßt sich nehmen: Wenn die dritte Trendgerade von den Kursen durchbrochen wurde, haben die Kurse ihren höchsten Punkt vorerst gesehen und ein Intermediate-Trend beginnt. Für einen Abwärtstrend gilt das Obengesagte gleichermaßen mit umgekehrten Bewegungsrichtungen der Trends.

Oft bilden sich Kursspitzen auf identischem Kursniveau, auf dem sich schon früher ein oder mehrere Hoch- oder Tiefpunkte gebildet hatten. Verbindet man die Spitzen des gleichen Kursniveaus miteinander, so entsteht eine waagerechte Linie, die als »*Widerstands- oder Resistance-Linie*« gilt. Offensichtlich haben die Kurse aus ungewissen Gründen Schwierigkeiten, über diesen Bereich hinweg weiter zu steigen. Eine Widerstandslinie gibt an, wo eine Aufwärtsbewegung des Kurses wahrscheinlich aufgehalten oder sich zumindest deutlich verlangsamen wird. Verbindet man die Tiefpunkte gleichen Kursniveaus miteinander, so ergibt sich die daraus resultierende Unterstützungs- oder Supportlinie. Sie zeigt an, wo sich ein Kursrückgang wahrscheinlich verlangsamt oder anhält. Es lassen sich auch kurzfristige kleinere Support-Resistance-Niveaus lokalisieren, die allerdings recht schnell durchstoßen werden können.

In einem Up-Trend bildet der vorangegangene Hochpunkt eine Resistance. Nachdem der Hochpunkt überwunden wurde, wechselt er zu einem Support, der einen Kursrückfall aufzuhalten versucht. In einem Down-Trend bilden die Tiefpunkte die Support-Linie. Wird diese durchbrochen, bildet sie für die nächste Aufwärtsbewegung eine Resistance.

Es läßt sich allgemein sagen, daß die Kurse leichter nach unten durch die Support-Zonen brechen, als sie sich durch die Resistance-Zonen nach oben durcharbeiten. Weshalb werden gerade die Hoch- und Tiefpunkte dazu verwendet, Trendlinien und Support- bzw. Resistance-Niveaus zu bestimmen? Nochmals sei darauf hingewiesen, daß das Kräfteverhältnis von Angebot und Nachfrage den Preis bestimmt. Besteht ein Angebotsdruck, der stärker ist als die Nachfrage, wird der Kurs fallen. Überwiegt andererseits die Nachfrage, steigt der Kurs. Die Hoch- und Tiefpunkte eines Kurses stellen nun genau das Kursniveau dar, bei dem ein Wechsel in der Angebots- bzw. Nachfragesituation stattfand. Von Ausmaß und Dauer der Kursumkehr kann abgeleitet werden, wie bedeutungsvoll dieser »Meinungsumschwung« für den zuünftigen Trend ist, wobei zu überlegen ist, ob die eigene Position noch aufrechterhalten bleiben sollte.

7.4.2 Das Volumen und seine Aussagen

Unter Volumen versteht man die Anzahl der gehandelten Stücke. Es ist also nichts anderes als eine Umsatzstatistik, aber von großer Bedeutung bei der Chartinterpretation. Ein Umsatz besteht immer aus Kauf und Verkauf derselben Sache. Diese Abgrenzung ist besonders für Future-Märkte wichtig, da dort das Kauf- oder Verkaufsinteresse ohne eine entsprechende Gegenposition bleiben kann und dadurch zwar eine Nachfrage bzw. ein Angebot vorhanden ist, es aber zu keinem Umsatz kommt. Der Analytiker schließt von der Höhe des Volumens auf die Stärke der technischen Verfassung des Marktes und damit auch auf die Stärke des Kurses. Es ist ein Unterschied, ob eine Kursveränderung von einem Punkt bei einem Umsatz von 1.000,– oder 1.000.000,– Währungseinheiten stattgefunden hat. Bei einem geringen Umsatz wurde die Kursbewegung nur durch wenige Aufträge hervorgerufen, bei hohen Umsätzen sind viele Marktteilnehmer an der Kursbewegung beteiligt. Sieht man diese Feststellung vor dem Hintergrund der Akkumulations- und Distributionsphasen, so ist es noch verständlicher, weshalb man den Umsätzen einige Bedeutung beimißt, denn gerade in der Endphase eines aufsteigenden Trends treten relativ massive Umsätze zutage, die nur einer Distribution zugeordnet werden können. Hohe Umsätze bei relativ konstanten Kursen können nur dann entstehen, wenn der Masse von Kleinanlegern ein hohes Angebot seitens der Großinvestoren gegenübersteht. Nur so können sie ihre langjährigen, kapitalträchtigen Positionen gedeckt abgeben. Zu beachten ist, daß sich in einem solchen Fall sehr viele Papiere in schwach kapitalisierten und psychisch anfälligen Händen befinden. Der Verlauf der Volumenkurve ist deshalb auch ein wesentlicher Bestandteil der Interpretation von Chartformationen. So heißt es: »Das Volumen geht mit dem Trend.« Grundsätzlich spricht man von einer technischen Stärke bei steigenden Notierungen und der Bestätigung des Kurstrends, wenn die Volumenkurve in ihrer Bewegung mit der Kurskurve gleich verläuft (»Volume goes with price«). Verläuft die Volumenkurve in ihrer Bewegung gegen die

Kurskurve, so geht man allgemein von einer technischen Schwäche des Kurses und der Nichtbestätigung aus (»Volume goes against price«). Betrachtet man den Index- und den Volumenverlauf, so kann man eine weitgehende Übereinstimmung der beiden Kurven feststellen (besonders auf Jahrescharts).

Bei vielen wichtigen Umkehrpunkten des Index fand in der Volumenkurve eine entsprechende Umkehr bereits vorzeitig und hinweisend auf den kommenden Wandel statt. In diesen Fällen erwies sich die Volumenkurve als ein »Leading Indicator« für die Kursbewegung.

Weitere allgemeine Regeln zur Kurs-Volumen-Bewegung:

● Im Verlauf einer Hausse steigen die Umsätze bei steigenden Kursen und gehen bei Reaktionen des Kurses zurück (»Volume goes with price«).

● Im Verlauf einer Baisse steigen die Umsätze bei fallenden Kursen, und bei steigenden Kursen geht der Umsatz zurück (»Volume goes against price«).

● Kommen die Kurse in die Nähe eines großen »Bottom« (unterer Umkehrpunkt eines längerfristigen Down-Trends) zu einem Major-Up-Trend, so gehen die Umsätze zuerst zurück und steigen nach Erreichen der Tiefstkurse sehr stark an.

● Kommen die Kurse in die Nähe eines großen Tops (oberer Umkehrpunkt eines längerfristigen Trends), so gehen die Umsätze zuerst zurück, überschlagen sich dann aber regelrecht bei Erreichen des Kursgipfels.

Derartige Signale geben einmal Auskunft über die technische Stärke des Trends, zum anderen aber auch Hinweise auf Kauf- und Verkaufspunkte. Der gesicherte Hinweis, den das Volumen angibt, ist die Stärke des Kauf-/Verkaufsdrucks.

7.5   Charts

7.5.1 Definition und Grundarten

Charts sind grafische Darstellungen von Datenreihen und stellen das Hauptinstrument des »Technikers« dar. In der technischen Analyse, deren Hilfsmittel die Charts sind, geht es um Datenreihen von:

- Kursen,
- Volumen sowie
- Indikatoren.

Ein Chart ist in der Regel so aufgebaut, daß auf der horizontalen Achse (Abszisse) des Koordinatenkreuzes der Zeitablauf dargestellt wird, während auf der senkrechten (Ordinate) die Kurshöhe dokumentiert ist. Der jeweilige Maßstab für die Zeit- und Kursreihen bestimmt das entstehende äußere Bild. Für die Gestaltung des Charts gelten folgende grundsätzlichen Erkenntnisse:

Wenn man an der großen Linie (*»Major-Trend«*) eines Kursverlaufs interessiert ist, so benötigt man einen Chart, der einen möglichst langen Zeitraum abbildet und dabei trotzdem übersichtlich bleibt. Dazu muß man als Zeiteinheit anstelle eines Tages mindestens ein oder zwei Wochen, besser noch einen Monat oder mehrere Monate eintragen. Dabei werden die Kursverläufe mit größerer Zeiteinheit zunehmend geglättet, die kurzfristigen Tages- oder Wochenschwankungen werden nur mit ihrem Höchst- und Tiefstkurs erfaßt. In solch einem *Langfrist-Chart* treten langfristige Kursbewegungen somit deutlicher hervor.

Um die Kursbewegungen mit allen ihren Höchst- und Tiefstwerten darstellen zu können, muß der Maßstab für die Kursachse natürlich dazu passend gewählt werden. Der kann entweder einen arithmetischen oder aber einen logarithmischen Maßstab haben. Der arithmetische ergibt für gleiche Kursbewegungen gleiche Abstände, also nimmt die Differenz zwischen 20,– und 30,– DM genausoviel Platz ein wie der Sprung von 200,– auf 210,– DM. Beim logarithmischen Maßstab wird dem prozentualen Unterschied der Kurswerte zueinander gleicher Raum im Diagramm gegeben. Hier schlägt der Unterschied zwischen 20 und 30 mit 50 % deshalb viel deutlicher, nämlich zehnmal so hoch, zu Buche als der Abstand zwischen 200 und 210 (mit 5 %).

Mit dem logarithmischen Maßstab kann man z. B. die Kurscharakteristik von Aktien mit unterschiedlichem Kursniveau direkt miteinander vergleichen, was sich bei langen und bewegten Kursverläufen als großer Vorteil herausstellt.

Die technische Analyse verwendet im wesentlichen drei Arten von Charts, die sich in ihrem Grundaufbau unterscheiden und unten näher beschrieben werden:

- Linienchart
- Balkenchart
- Point & Figure Chart
- Converted Chart

a. Linienchart

Beim *Linienchart* werden nur die Schlußkurse des Titels auf der vertikalen Achse des Charts zeitgerecht eingetragen (Beispiel siehe Abb. 7.4). Es entsteht eine Linie, die den Verlauf der Schlußkurse wiedergibt. Der Linienchart wird angewendet, wenn nur ein festgestellter Einheitskurs darzustellen ist, wenn der Aufwand der Notierung von Eröffnungs-, Höchst- und Tiefstkursen gescheut wird oder wenn wegen der minimalen Tagesschwankungen des betrachteten Titels eine Differenzierung nicht lohnt.

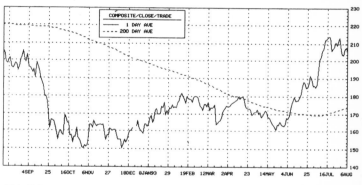

Abb. 7.4

Quelle: Bloomberg/H.C.M.

Der Vorteil des Liniencharts liegt also in seiner einfachen Erstellung und übersichtlichen Form. Sein Nachteil ist jedoch, daß er die feinen Veränderungen der Angebots- und Nachfragesituation, die sich sehr häufig in den variablen Notierungen äußern, nicht erfassen kann.

b. Balkenchart

Der *Balkenchart* ist die grafische Darstellung der Eröffnungs-, Höchst-, Tiefst- und Schlußkurse der Berichtsperiode. Für jede Zeiteinheit, zum Beispiel einen Tag, wird der höchste mit dem tiefsten Kurs der Periode verbunden, wodurch ein Strich oder Bal-

ken entsteht. An diesem Balken kann durch angesetzte Punkte
der Eröffnungskurs (links) und der Schlußkurs (rechts) markiert
werden.

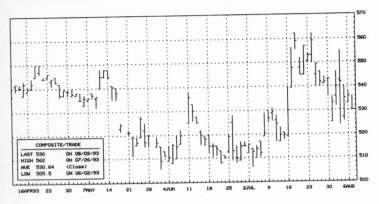

Abb. 7.5   Quelle: Bloomberg/H.C.M.

Diese detaillierte Dokumentation macht das Ausmaß der Tagesschwankungen deutlich, und es lassen sich feine Veränderungen in
der Angebots- und Nachfragesituation erkennbar machen. Ten-
diert beispielsweise der Schlußkurs zum Tagestiefstkurs, dann darf
man dies als ein Zeichen technischer Schwäche werten. Allerdings
verdient eine solche technische Schwäche keine Überbewertung,
denn sie währt möglicherweise nur kurz.

c. Point & Figure Chart

Der Point & Figure Chart (P & F Chart) ist ein Analyseinstru-
ment, mit dem das Wechselspiel von Angebot und Nachfrage
grafisch dargestellt werden kann (Beispiel siehe Abb. 7.6). Um
dieses Tauziehen sichtbar zu machen, trägt man Kursbewegungen, so lange sie in eine Richtung gehen, in einer senkrechten
Reihe über- bzw. untereinander mit einem gleichbleibenden
Symbol ein. In welcher Zeit die Kursbewegung stattfand, wird
nicht berücksichtigt. Kehrt sich die Richtung um, so wird mit
einem anderen Symbol eine neue Vertikalreihe begonnen, und dabei wird der Kurs so lange über- bzw. untereinander eingetragen,
wie er sich nicht umkehrt.

156

Point & Figure Chart

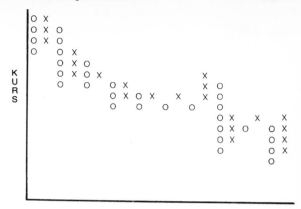

Abb. 7.6

Die Vernachlässigung des Zeitfaktors stellt den wesentlichen Unterschied des Point & Figure Chart zum üblichen Balkenchart dar. Lediglich zur Orientierung kann die Wochenzahl notiert werden.

Aufwärtsbewegungen werden üblicherweise mit einem »x« je Einheit, Abwärtsbewegungen dagegen mit einer »0« eingezeichnet. Als Umkehrminimum wird ein Punkt gewählt, das bedeutet, daß eine Richtungsänderung erst dann auf dem Chart durch eine neue Spalte festgehalten wird, wenn die gegenläufige Kursbewegung eine volle Einheit, üblicherweise einen ganzen Punkt, auf der Kursachse ausmacht.

Da eine neue Spalte begonnen wird, wenn das selbstgesetzte Umkehrminimum überschritten wurde, wird die Kursentwicklung in ihrer optischen Erscheinung geglättet wiedergegeben. Die Größe der Umkehrminima bestimmt maßgeblich die Ausgestaltung des Point & Figure Chart.

Ein-Punkt-Umkehrminima treten sehr zahlreich auf, denn fast jede kleine Kursfluktuation wird danach eine neue Spalte erfordern, selbst wenn sie spekulativ ineffizient ist. Eine negative Begleiterscheinung, die dazu führt, daß mittlere und größere Trends optisch verzerrt und schwer erkennbar gemacht werden, was häu-

157

fig Fehlsignale liefert. Deshalb fand das Drei-Punkt-Umkehrminimum größeren Anklang bei den Chart-Analysten.

Bei sehr beweglichen Positionen (z. B. Commodities) richtet man sich im Aufwärtstrend (x) nach den Tageshöchstkursen, im Abwärtstrend nach den Tagestiefstkursen. Schafft bei der Betrachtung des Up-Trends der Tageshöchstkurs es nicht, die Vortagsnotierung zu überbrücken, orientiert man sich weiter an den nachfolgenden Tagestiefstkursen.

Aussagen und Signale der Point & Figure Charts sieht der Anleger so: Er ist bestrebt, möglichst frühzeitig in einen Trend hineinzuinvestieren (im folgenden wird nur der Aufwärtstrend erläutert, für rückläufige Bewegungen gelten die Aussagen sinngemäß). Ein Aufwärtstrend entwickelt sich, wenn die Nachfrage das Angebot nachhaltig übersteigt. Auf den Point & Figure Chart angewandt bedeutet dies, sich möglichst früh in eine vermutete x-Säule einzukaufen. Eine mathematische Definition dafür, wann ein Trend wahrscheinlich ist, gibt es leider nicht, aber die Summe der Erfahrungen vieler Börsenbeobachter, die den Point & Figure Chart angewandt haben, manifestierte sich in Grundsätzen, die auf bestimmte Chart-Muster Bezug nehmen.

Beispiel (siehe Abb. 7.7): Infolge eines Kursanstiegs übersteigt die neueste »x«-Säule die vorhergegangene um mindestens ein Kästchen. Ein Kaufsignal ist gegeben.

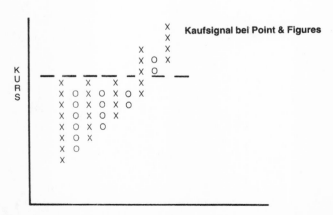

Abb. 7.7

158

Beim Point & Figure Chart können Trendlinien, -kanäle und auch Formationen eingezeichnet werden. Das Durchstoßen eines x-Kästchens der letzten Aufwärtsbewegung durch eine obere Trendlinie oder Formationsgrenze gilt als Kaufsignal (Beispiele siehe Abb. 7.8, 7.9 und 7.10).

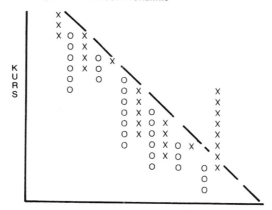

Break einer fallenden Trendlinie

Abb. 7.8

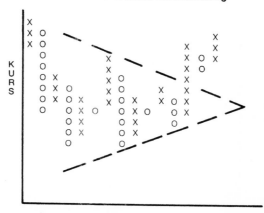

Ausbruch aus einer Dreiecks-Konsolidierung

Abb. 7.9

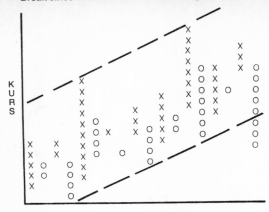

Abb. 7.10

Oft zeigt sich bei der Betrachtung langfristiger Charts, daß sich die Kurse nicht direkt, sondern in mehr oder weniger starken Fluktuationen dem Höhepunkt nähern. In solch einem Fall spricht man von einem »*Trendkanal*«, sofern die Kursspitzen etwa auf einer Parallele zur Unterstützungslinie liegen. Das Erkennen eines Trendkanals kann für den Anleger von Vorteil sein, denn das Ausnutzen von Fluktuationen birgt spekulative Gewinnchancen (Kauf an der unteren Trendlinie, Verkauf nahe der oberen Trendlinie). Außerdem kann die Unterstützungslinie (untere Trendlinie) als Stop-Order-Marke herangezogen werden, um Gewinne zu schützen.

Beispiel: Abbildung 7.11 verdeutlicht, daß der P & F Chart das Determinieren eines Trendkanals erleichtert.

Eine praktische Anwendung der P & F Charts ist die *Kurszielformel*. Kursverläufe geben in der Regel zu erkennen, daß einer kräftigen Kursbewegung eine Konsolidierung folgt, in der die Kurse neues Potential für die nächste Bewegung schöpfen. Einen Anhaltspunkt über das wahrscheinliche Ausmaß der kommenden Bewegung gibt dabei die *Kurszielformel*. Dabei zählt man die Kästchen der Zeile (horizontale Linie), auf der sich die meisten Symbole befinden (einschließlich Leerkästchen). Die Anzahl der Kästchen gibt einen guten Anhaltspunkt für das Ausmaß der Aus-

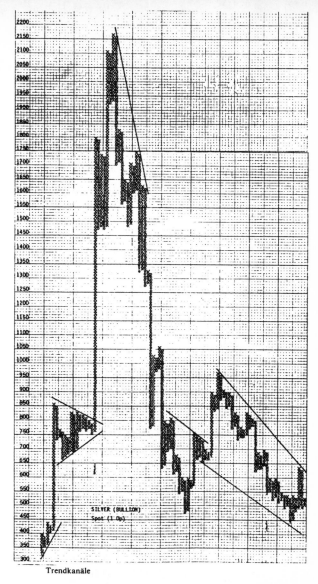

Trendkanäle

Abb. 7.11

Quelle: Schalz: Erfolgreicher Terminhandel

161

bruchbewegungen, betrachtet vom Niveau der Zähllinie (Konsolidierungslinie) aus. Ein schematisches Beispiel zeigt Abb. 7.12.

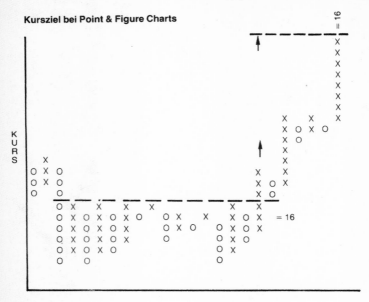

Abb. 7.12

Einer *kritischen Würdigung* der Point & Figure Charts muß man die Erkenntnis voranstellen, daß es auch hier für das Zutreffen von Voraussagen aus dieser Chart-Form natürlich keine Garantie gibt. Da aber eine gewisse Wahrscheinlichkeit durchaus dafür spricht, wird sie von vielen Börsianern als nützliches Instrument genutzt, um das Spiel der Kräfte von Angebot und Nachfrage dargestellt zu bekommen. Insbesondere die Eigenschaft, ausgedehnte Kursverläufe in verdichteter und geglätteter Weise wiedergeben zu können, hat die P & F Charts besonders beliebt gemacht.

d. Converted Chart

Hierbei handelt es sich um einen an seiner Mittelachse gespiegelten Chart. Dabei kann es sich um eine Version des Linien-, Balken- oder Point & Figure Chart handeln. Die Umkehrdarstellung wird von ihren Anhängern mit psychologischen Ursachen begründet. Man kann hiermit nämlich Prognosen, die man aus anderen Quellen erstellt hat, einer Gegenprüfung unterziehen.

Man erwartet vom Converted Chart, daß z. B. ein im Original-Chart auf »bullish« (steigend) prognostizierter Titel im Converted Chart genau die gegensätzliche Tendenz ergeben muß. Wenn sich bei der Bewertung des Original-Charts positive Interpretationen eingeschlichen haben, die eigentlich nicht gerechtfertigt waren, so kann der Converted Chart diese Fehleinschätzung offenbaren. Denn einem Original-Chart mit eindeutig positiver Tendenz muß ein ebenso eindeutig negativer Converted Chart gegenüberstehen. Dieser Effekt favorisiert den Converted Chart bei den sicherheitsbeflissenen Börsianern.

7.6   Formationen und ihre Interpretation

Ein wesentliches Teilgebiet der technischen Analyse bilden die Formationen. Das sind typische Kursbilder der Vergangenheit, die zur Prognose künftiger Kursentwicklungen herangezogen werden. Man geht davon aus, daß jede erkennbare Formation eine bestimmte Bedeutung für Kursverläufe in der Zukunft haben kann. Darauf gründet die technische Analyse ihre Erfahrungssätze und schließt aus charakteristischen Kurs- und Kurs-Volumen-Bildern im Chart auf künftige Entwicklungen.

Wie wird nun eine Darstellung als bestimmte Formation erkannt? Mathematische Definitionen scheiden dafür aus. Es hat sich jedoch gezeigt, daß eine Formation mit den drei Kriterien

- Kursspanne,
- Volumen und
- Zeit

recht gut beschrieben werden kann, sobald sie in einem bestimmten Verhältnis zueinander stehen. Um Formationen auf den Chart-Bildern hinreichend genau erkennen und abgrenzen zu können, bedarf es der sorgfältigen Beobachtung dieser drei Kriterien.

Wichtigstes Element bei der Formationsbetrachtung ist die Umkehrformation, also der Trendwechsel vom Up- in einen Down-

Trend und umgekehrt. Dabei wird zunächst einmal nach der Umkehrrichtung unterschieden:

● *Top* ist eine Umkehrformation im oberen Kursbereich, hier schließt sich ein Kursrückgang an.
● *Bottom* dagegen ist das Gegenstück im unteren Umkehrbereich, hier gibt es anschließend einen Kursanstieg.

Nun werden die wichtigsten Formationen im Detail beschrieben:

a. Kopf-Schulter-Formation (Head and Shoulder)

Der *Head and Shoulder Top* des in der Abb. 7.13 gezeigten Beispiels hat folgenden Verlauf:

● Steiler Kursanstieg und Rückfall bis zu Punkt B (linke Schulter).

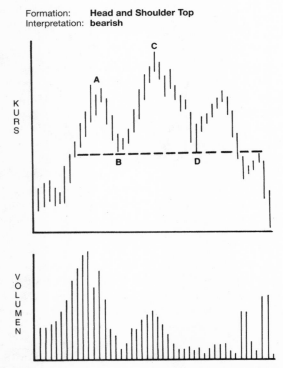

Formation: **Head and Shoulder Top**
Interpretation: **bearish**

Abb. 7.13

- Erneute Aufwärtsbewegung. Der Top dieses Anstiegs muß über Punkt A liegen. Die zweite Abwärtsbewegung sollte bis auf das Niveau von B zurückfallen. Sie muß, um die zweite Phase als »Kopf« bezeichnen zu können, deutlich unterhalb der linken Schulterspitze (Punkt A) zum Halten kommen. Es bildet sich ein zweites Tief (Punkt D). Als dritte Phase erfolgt ein erneuter Anstieg, der jedoch nicht mehr die Höhe des zweiten erreicht und wieder auf das B-D-Niveau fällt (rechte Schulter).
- Aus der Verbindung der beiden Bottom-Punkte (B-D) ergibt sich die Nackenlinie (Neck Line). Eine fallende Nackenlinie deutet auf eine größere technische Schwäche des Kurses hin.
- Die Bestätigung der Formation wird erst dann gegeben, wenn der Kurs die Nackenlinie um mehr als 3 % des Kurswertes unterschritten hat. Erst nach diesem Durchbruch kann der Head and Shoulder Top als solcher bezeichnet und angewandt werden.

An folgenden Merkmalen kann man das Entstehen dieser Formation erkennen: Wenn die Kurse im Verlauf des zweiten Rückgangs (vom Kopf abwärts) unter das Niveau des Tops (Punkt A) der linken Schulter fallen, dann ist eine Schwäche des Kurses angezeigt und eine Head-and-Shoulder-Formation sehr wahrscheinlich. Dann kann es sich lohnen, die weitere Entwicklung zu beobachten, jedoch sollte man nicht vor der Ausbruchsbestätigung handeln.

Das zu den Kurswerten gehörende *Volumen* nimmt während der Ausbildung der Head-and-Shoulder-Formation stetig ab, wobei hier sehr wesentlich ist, daß die rechte Schulter deutlich geringeres Volumen aufweist als an Kopf und linker Schulter (»Volume goes with the trend«).

Eine Head-and-Shoulder-Formation braucht *Zeit,* sie bildet sich selten in weniger als einem Monat aus. Häufig benötigt sie zwei bis drei Monate, kann sich jedoch auch über ein Jahr erstrecken. Das hängt davon ab, welche Art von Trend umgekehrt wird.

Die empfehlenswerte *Taktik* für das Verhalten bei einer Head-and-Shoulder-Formation: Sobald sich die Nackenlinie gebildet hat, zieht man eine Parallele zu ihr auf der Höhe des Tops der linken Schulter (Punkt A) durch den Kopf hindurch. Diese Gerade gibt ungefähr einen Anhaltspunkt für den Verkaufszeitpunkt. Short-Positionen sollten erst nach dem *Breakout* eingegangen werden. Mit Breakout bezeichnet man den Durchbruch des Kurses durch die Nackenlinie. Danach erfolgt häufig ein Rückzug *(Pull-Back)* des Kurses zur Nackenlinie oder in deren Nähe. Dieser Pull-Back gibt noch einmal eine gute Gelegenheit zum Verkauf.

Das Gegenstück zum Top ist die *Bottom-Head-and-Shoulder-Formation.* Sie verläuft wie die Top-Formation, jedoch in umgekehrter Richtung. Das Kursbild allerdings ist im Vergleich zur Top-Formation mehr gerundet und flacher. Die Bottom-Formation beansprucht außerdem etwas mehr Zeit, und das Volumen folgt eher dem Kurstrend. Ihr Durchbruch findet in der Regel mit sehr hohem Volumen statt. Pull-Backs sind auch hier wahrscheinlich.

Zu diesen »einfachen« Top- und Bottom-Formationen gesellen sich die *multiplen Head-and-Shoulder-Formationen.* Sie haben mehrere rechte oder linke Schultern oder mehrere Köpfe. Aus der Kombination der Bestandteile linke Schulter, Kopf und rechte Schulter ergibt sich eine große Variation der möglichen Formen, dennoch zeigt sich in der Praxis eine Tendenz zur Symmetrie. Während es im *Zeitverhalten* keinen Unterschied zu den einfachen Formationen gibt, zeigt das begleitende Volumen anfänglich Unregelmäßigkeiten, um sich dann zu regulieren und abzunehmen. Eine Schwierigkeit bei der multiplen Head-and-Shoulder-Formation bedeutet das Einzeichnen der Nackenlinie, wenn die Bottom-Punkte der Schultern auf unterschiedlichem Niveau liegen. Hier empfiehlt es sich, variabel zu bleiben und eine innere und äußere Nackenlinie einzuzeichnen.

Es gibt auch Double Tops und Double Bottoms, in Deutschland unter der Bezeichnung M-Formation (Top) oder W-Formation (Bottom) bekannt. Daneben wird auch die direkte Übersetzung »doppelte Spitze« oder »doppelter Boden« verwendet. Diese Doppelvarianten gehören zu den Umkehrformationen.

Beim Double Top wird ein Kuranstieg zu Punkt A gefolgt von einem Rückgang um mindestens 10 % bis zum Punkt B. Dann kommt – weitaus gemächlicher – ein erneuter Kursanstieg zu Punkt C, der in etwa auf demselben Kursniveau wie Punkt A liegt. Im Anschluß daran stellt sich ein Kursrückgang unbestimmten

Ausmaßes ein, wobei eine kleine Unterstützung in Höhe des Zwischentiefs zu erwarten ist.

Die *Double-Formation* benötigt länger als einen Monat, meist zwei bis drei Monate, aber auch länger. Die beiden Gipfel werden aber kaum mehr als etwa drei Monate auseinanderliegen. Die Volumenspitze liegt in der Nähe des ersten Tops und nimmt dann bis zum zweiten ab. Das Volumenbild nimmt einen gerundeten Verlauf, der dem Kursverlauf ähnelt. Dem nachfolgenden Kursrückgang stehen oft steigende Umsätze gegenüber. Dann geht das Volumen meist gegen den Trend.

Gerundete Hoch- bzw. Tief-Formationen (Rounding Top bzw. Bottom) zeigen einen kontinuierlichen Trendwechsel. Dies entsteht durch einen gleichmäßigen Übergang der Marktkräfte (Angebot/Nachfrage). Die Rounding-Top-Formation ist auch als »Inverted Bowl« (umgekehrte Suppenschüssel) bekannt. Für die Rounding-Bottom-Formation wird auch je nach Aussehen der Begriff »Bowl« (Suppenschüssel) oder »Saucer« (Untertasse) benutzt.

Der *Rounding Top* ist vorrangig in hoch notierenden Aktien und in Vorzugsaktien zu finden, dagegen selten in Aktien mittleren und tiefen Kursniveaus. Das liegt an der Eigenart der Aktien, nur geringe spekulative Ausschläge zu vollziehen oder aufgrund der hohen Kapitalisierung einen Wechsel der Kräfte nur langsam zuzulassen. Hier läßt der Kursanstieg stetig nach und geht in eine Seitwärtsbewegung über, von dort erfolgt wieder ein stetiges Abfallen der Kurse. Das geschieht im *Zeitraum* von meistens mehreren Monaten. Das *Volumenbild* läuft dem Kursbild entgegengesetzt, aber ebenfalls gerundet. Das Volumen geht gegen den Trend.

Der *Rounding Bottom* ist in niedriger notierten Aktien (Low Price Stocks) häufig zu finden, zeitlich sehr ausgedehnt und flach. Bildet sich ein Rounding Bottom nach einem langen, ausgedehnten Kursrückgang, so folgt ihm mit großer Wahrscheinlichkeit ein Wechsel im Primary-Trend und signalisiert somit den bevorstehenden Aufschwung. Dieser Aufschwung vollzieht sich selten drastisch, sondern häufig gemächlich und mit mehrfachen Unterbrechungen. Der Kurs verläuft umgekehrt wie beim Top, das Volumen geht mit dem Trend, und das Ganze dauert auch mehrere Monate.

Eine besondere Variante ist der »*Dormant Bottom*« (Schlafender Boden). Er ist meist nur in umsatzschwachen Aktien zu finden (»*Thin Stocks*«) und verläuft wie ein Rounding Bottom, jedoch erfolgt ein plötzlicher Kursanstieg, meist begleitet von einem zunehmenden Umsatz. Er kommt meist nur bei Aktien vor, deren Chart-Bild mit den Kurspunkten der schwachen Umsatztätigkeit übersät ist.

Auch die Rounding-Varianten gehören zu den Umkehrformationen.

b. Rechteckformation (Rectangle)

Rechteckformationen sind meist das Abbild einer Konsolidierungsphase. Der Kurs beschreibt eine Folge von Fluktuations-

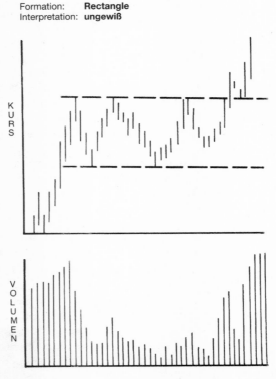

Formation: **Rectangle**
Interpretation: **ungewiß**

Abb. 7.14

168

bewegungen, bei denen sowohl die Top- als auch die Bottom-Punkte der Fluktuation auf etwa dem gleichen Niveau liegen. Die Zeit beträgt mindestens einen Monat, meist aber länger. Kürzere Rechtecke sind eher als Flaggen zu deuten. Das Volumen nimmt stetig ab. Beispiel siehe Abb. 7.14.

Anwendbare Taktik: Bei einer Fluktuationszone von etwa 8 bis 10 % des Kurswertes kann ein entsprechendes An- und Verkaufen an den Formationsgrenzen gewinnbringend sein. Ein Breakout sowie ein Pull-Back, der etwa 40 bis 50 % der Breakout-Kursspanne wieder zurückführt, kommen nicht selten vor!

c. Gleichseitige Dreiecke (Symmetrical Triangle)

Die Dreiecksformationen sind oft Teil einer größeren, wichtigeren Formation. Die Triangles bilden sich aus einer Folge von Fluktuationen, bei denen die Kursschwankungen der Minor-Trends abnehmen und sich so fallende Tops und steigende Bottoms bilden. Dreiecksformationen sind in drei von vier Fällen Konsolidierungsformationen, nur der Rest ist dem Umkehrprinzip zuzuordnen.

Diese Formationsart wird gebildet durch eine Folge von Kursan- und -abstiegen, bei denen das Ausmaß der Kursbewegung von Bewegung zu Bewegung kleiner wird. Die Erscheinung dauert meist zwischen eineinhalb und drei Monaten, höchstens ein Jahr. Während der Ausbildung der Formation nimmt das Volumen stetig ab. Beispiel siehe Abb. 7.15.

Um ein Triangle zu erhalten, werden die ersten – mindestens zwei – Top-Punkte und die ersten – mindestens zwei – Bottom-Punkte mit jeweils einer Geraden verbunden. Diese Grenzlinien oder auch modifizierten Trendlinien müssen durch die nachfolgenden Fluktuationen bestätigt werden. Je weiter die Kurse zur Spitze des Triangle laufen, desto weniger Ausbruchspotential wird dem Kurs zugesprochen. Die Spitze des Triangle – genauer: dessen Kursniveau – bildet für die spätere Kursentwicklung eine starke Unterstützungslinie. Wird eine Grenzlinie von dem Kurs durchbrochen, ohne daß ein Breakout stattfindet, zeichnet man am besten eine Ergänzungsparallele zu der durchbrochenen Grenzlinie.

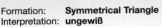

Formation: **Symmetrical Triangle**
Interpretation: **ungewiß**

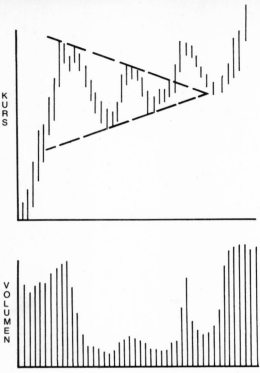

Abb. 7.15

d. Aufsteigende Dreiecke (Ascending Triangle)

Aufsteigende Dreiecke haben eine »Bullish«-Bedeutung: Man erwartet einen Anstieg der Kurse. Bei dieser Formation bleiben die Top-Punkte fast auf demselben Niveau, während die Bottom-Punkte von Kursbewegung zu Kursbewegung höher liegen und damit einer ansteigenden Linie folgen. Mit der durch die Top-Punkte gelegten Horizontallinie bilden sie ein nach außen links offenes Dreieck, das nach oben zeigt. Ausbildungszeit und begleitendes Volumen sind etwa gleich dem oben beschriebenen gleich-

Formation: **Ascending Triangle**
Interpretation: **bullish**

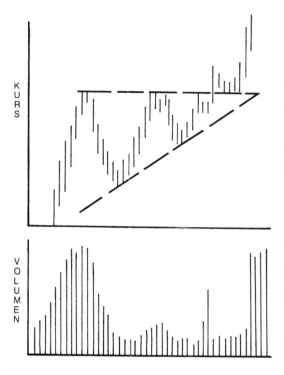

Abb. 7.16

seitigen Dreieck. Als Kursziel kann man hier die Trendlinien-
parallele durch den ersten Top-Punkt ansehen. Ein schematisches
Beispiel enthält Abb. 7.16.

e. Absteigende Dreiecke (Descending Triangle)

Beim Descending Triangle bleiben die Bottom-Punkte der Formation auf ähnlichem Kursniveau, die Top-Punkte liegen von
Fluktuation zu Fluktuation tiefer. Die Angaben zur Zeit, zum Volumen und zum Kursziel entsprechen dem Ascending Triangle.
Beispiel siehe Abb. 7.17.

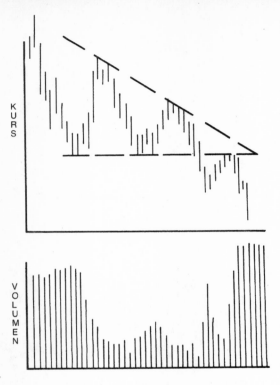

Formation: **Descending Triangle**
Interpretation: **bearish**

KURS

VOLUMEN

Abb. 7.17

f. Umgekehrte Dreiecke (Broadening Formation)

Dem umgekehrten oder offenen Dreieck wird eine »Bearish«-Bedeutung zugeschrieben; hieraus deutet der Analyst also einen Hinweis auf einen rückläufigen Kurs. »Offen« bedeutet hier, daß die Spitze des Dreiecks in die Vergangenheit zeigt und die offene Seite in die Zukunft.

Die Werte des zugehörigen Kurses fluktuieren zunehmend im Charakter eines Minor-Trends. Die Tops steigen, während die Bottoms einer fallenden Tendenz folgen.

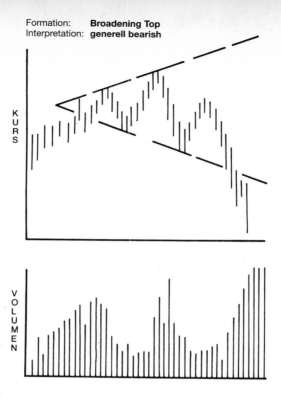

Formation: **Broadening Top**
Interpretation: **generell bearish**

Abb. 7.18

Die Erscheinung dauert mehrere Wochen, kann sich aber durchaus auch über einige Monate erstrecken. Mit den umgekehrten Dreiecken geht in der Regel ein unbestimmtes Volumenbild einher.

Verläuft das Volumen aber deutlich gegen das Kursbild, so wird dieser Dreiecksformation eine verstärkte »Bearish«-Bedeutung zugemessen. Ein Beispiel dafür ist die Abb. 7.18.

g. Keile (Wedge)

Bei dieser Formation sind die beiden bestimmenden Grenzlinien eines Dreiecks auf- bzw. abwärts gerichtet, wobei die jeweilige Trendlinie die größere Steigung aufweist. Der Keil verläuft kurz-

bis mittelfristig entgegengesetzt dem dominierenden Trend, tritt also meistens als Konsolidierungsformation auf.

Sind beide Grenzlinien aufsteigend, spricht man von einem »Rising Wedge«. Sind beide Grenzlinien fallend, bezeichnet man die Formation als »Falling Wedge«. Die Formation sollte kompakt und mit häufigen Fluktuationen entstanden sein. Die Beobachtungszeit beträgt in der Regel mehr als drei Wochen. Das Volumen nimmt deutlich ab.

Ein Keil ist häufig Teil einer größeren, wichtigeren Formation. Zum Beispiel können bei einer Head-and-Shoulder-Formation die linke Schulter und der Kopf gemeinsam ein Keil sein. Beispiel siehe Abb. 7.19.

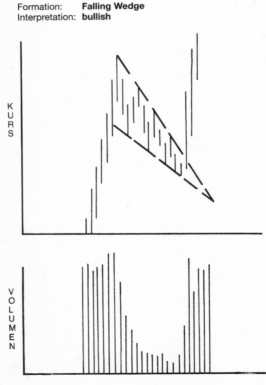

Formation: **Falling Wedge**
Interpretation: **bullish**

KURS

VOLUMEN

Abb. 7.19

h. Flagge und Wimpel (Flag and Pennant)

Diese Formationen stellen reine Konsolidierungsformationen dar und gelten als besonders zuverlässig, wenn folgende Bedingungen erfüllt sind:

- Eine steile Kursbewegung ging voran.
- Das Volumen nimmt während der Formation stetig ab, beim Breakout klar zu.
- Die Kurse sind spätestens nach vier Wochen aus der Formation ausgebrochen.

Beispiele siehe Abb. 7.20 und 7.21.

Bei der *Flag* macht der Kurs Fluktuationen gleichen Ausmaßes, wobei die einzelnen Wendepunkte stets tiefer liegen als die vorausgegangenen. Dem Pennant sind Fluktuationen mit sich verrin-

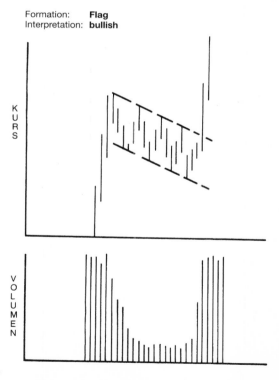

Abb. 7.20

175

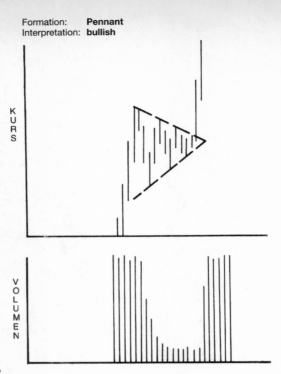

Formation: **Pennant**
Interpretation: **bullish**

KURS

VOLUMEN

Abb. 7.21

gernden Ausmaßen eigen, so daß sich nur ein kleines Dreieck bildet. In einem Aufwärtstrend zeigt der Wimpel oft nach unten, in einem Abwärtstrend nach oben.

Wenn die Zeit länger als ein bis drei Wochen dauert, dann besteht der Verdacht auf eine nachfolgende umfassendere Konsolidierungsformation mit nachgebendem Kurs. Das Volumen zeigt stets abnehmende Tendenz.

i. Muschel (Scallop)

Die Muschel besteht aus einer Reihe von Saucers (Untertassen, Rounding Bottoms), wobei jede einzelne dieser untertassenförmigen Bewegungen einen Nettokursanstieg von 10 bis 15 % des Kurswertes ausmachen sollte. Insgesamt sollte der Anstieg während der Gesamtformation ca. 20 bis 30 % betragen.

176

Hier haben wir eine Diagrammform vor uns, die als reine Bottom-Formation gilt. Der Analyst versteht sie als das eindeutige Zeichen für die Umkehr von einem Abwärts- zu einem Aufwärtstrend.

Man findet die Muschel vor bei Aktien, die mit einer großen Umlaufzahl im Markt vertreten sind. Bekanntlich vollführen diese Werte keine drastischen Kurssprünge. Die Ablaufzeit beträgt meistens ein bis zwei Monate. Beispiel siehe Abb. 7.22.

j. Tips zur Interpretation von Formationen

Wichtiger Grundsatz für eine Chart-Analyse ist die Suche nach Formationen *ohne Vorurteil*. Wer sehnlichst eine Trendwende erwartet, wird mit ausgeprägten Hoffnungen nach Umkehrformationen im Chart suchen. Da ein Chart in bezug auf Formationen eine sehr unvollständige Information darstellt, können Phantasie

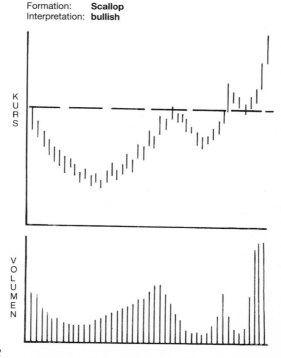

Abb. 7.22

und Wunschvorstellung zu Deutungen verführen, die einer nüchternen Betrachtung nicht standhalten. Besondere Gefahr droht dann, wenn man sich eine bereits vorgefertigte Meinung vom Chart bestätigen lassen will. Ein Chart ist geduldig, er läßt selbst die kühnsten Interpretationen über sich ergehen.

Einen guten Einblick in die wahrscheinliche Entwicklung des Kurses eines Titels gibt der Vergleich der Formationen mit den Titeln ähnlicher Gesellschaften. Innerhalb einer Branche gibt es oft Vorläufer, die die Entwicklung anderer Titel vorwegnehmen. So hat zum Beispiel ein Branchenführer eine Umkehrformation bereits abgeschlossen, wenn der andere Branchentitel erst am Beginn einer noch nicht näher bestimmbaren Formation steckt. Haben Sie bei der Interpretation des Charts auch immer den aktuellen Gesamtmarkt in dem Modell des Börsenzyklus im Auge!

7.7 Technische Indikatoren

7.7.1 Definition und Überblick

Ein weiteres Instrument der Aktienanalyse stellen die Indikatoren dar. Das sind algebraisch oder geometrisch aufbereitete Daten des Börsengeschehens. Ihnen wird die Fähigkeit zugesprochen, gewisse bevorstehende Entwicklungen an der Börse anzeigen zu können. Da es zur Philosophie der technischen Analyse gehört, nur unmittelbare Börsendaten zu verwenden (z. B. Kurse), kann zur Errechnung eines technischen Indikators auch nur auf solche zurückgegriffen werden.

Zielsetzung der meisten technischen Indikatoren ist das Abgeben von Kauf- und Verkaufssignalen. Die meistverwendeten Indikatoren sind:

- Gleitender Durchschnitt (Moving Average)
- Momentum
- Überkauft/Überverkauft (Overbought/Oversold)
- Relative Stärke (Relative Strength)
- Aktienindex

Einer detaillierteren Beschreibung seien noch einige allgemeingültige Erläuterungen vorangestellt:

Um den für den jeweiligen Anwendungsfall »passenden«, d. h. aussagekräftigsten Indikator zu finden, muß man experimentieren, und dabei sollte man mit dem Indikator seiner Wahl zunächst einmal die Periodenlänge variieren. Ein derartiges Vorgehen ist durch den Einsatz eines Computers in Verbindung mit einem geeigneten Börsenprogramm, das eine Trading-System-Tester-Option bietet, kein Problem. Um die Fehlsignalrate bei der Anwendung nur eines Indikators zu verringern, läßt man nach ersten Versuchen mehrere Indikatoren zusammen oder gegeneinander spielen. Daraus leitet man sich seine Kauf- und Verkaufssignale ab. Ein solches Signal gilt erst dann als gegeben, wenn mehrere Einzelindikatoren das gleiche melden. Ein Beispiel für ein sehr einfaches Indikatorsystem wäre:

Kauf bei: Gleitender Durchschnitt aufsteigend
              und Momentum im oberen Bereich
              und Wert für Overbought/Oversold > 90 %
Verkauf bei: Gleitender Durchschnitt fallend
              und Momentum im unteren Bereich
              und Overbought/Oversold > 10 %

Durch den Einsatz des Computers lassen sich nahezu unbeschränkt eigene Indikatorensysteme sowie Kombinationen daraus erstellen und austesten. Geeignete Software gibt es in reicher Auswahl. Häufig stellen Banken diese in Verbindung mit Homebanking-Angeboten zur Verfügung. Ein wichtiges Informationsmedium ist auch das World Wide Web. Viele Analysten und Broker veröffentlichen ihre Untersuchungsergebnisse, Anlageempfehlungen und Kurscharts im Internet. Auch die meisten Unternehmen wollen ihre Investor Relations verbessern und haben mittlerweile eine Homepage, auf der Informationen zu ihren Produkten und zu ihrer Aktie abgerufen werden können. Zu interessanten Internet-Adressen vgl. Anhang C.

7.7.2 Gleitender Durchschnitt (GD, »Moving Average«)

Bei Analyse und Prognose von Kursverläufen ist der GD ein probates Instrument, um uneinheitliche Kursbewegungen zu glätten, wodurch das Chart-Bild übersichtlicher wird und der Kurstrend klarer herauskommt. Mit Variieren von Periodenlänge und Berechnungsart kann man die Glättung beeinflussen, das macht den GD sehr flexibel und sowohl dem Anlageziel als auch dem Objekt leicht anpaßbar.

Der GD ist eine laufend fortgeführte Reihe von Mittelwerten einer Bezugsperiode. Die Fortschreibung der Mittelwerte ergibt eine dynamisierte Linie. Sie zeigt den Trend der Kurse während der Berichtsperiode (z. B. 200 Tage) an. Kombiniert man mehrere unterschiedliche GD, so gewinnt man einen Einblick in den Trend: Besteht er fort, oder kehrt er sich um? Es ergibt sich also eine Aussage über den technischen Zustand des Objekts. Ferner wird dem GD eine Widerstands- bzw. Unterstützungsfunktion zugesprochen. Im folgenden werden einige Spielarten des GD behandelt.

a. Einfache arithmetische Mittelwerte (AM)

Das arithmetische Mittel (AM) ist der seit Schulzeiten bekannte Mittelwert oder einfach Durchschnitt, also die Summe aller betrachteten Kurswerte, geteilt durch ihre Anzahl:

Formel: $$\mathbf{AM} = \frac{1.\,TK + 2.\,TK + 3.\,TK \ldots}{Anzahl\ der\ TK}$$

TK = Tageskurs

In der Tabelle der Abb. 7.23 wird ein Beispiel gegeben.

Es ist zu beobachten, daß der älteste Wert genausoviel Einfluß auf den neuesten Mittelwert nimmt wie die aktuelleren Kurse. Da die zukünftigen Kurse aber sehr wohl in einem engeren Zusammenhang zu den aktuellen stehen, soll den aktuellen Kursen ein größeres Gewicht bei der Berechnung beigemessen werden. Ziel ist ein realitätsnäheres Prognoseergebnis. Das führt zu einer Gewichtung der Daten.

b. Gewichtete Mittelwerte (GM)

Den GM wenden wir an, indem wir den neuesten Wert beispielsweise mit 5, den vorausgehenden mit 4 usw. multiplizieren und am Ende die aufaddierten Produkte durch die Summe der Gewichtungen $(1+2+3+4+5 = 15)$ teilen. Wir erhalten so einen linear gewichteten Mittelwert. Der Multiplikator nimmt mit zunehmender Entfernung vom aktuellen Kurs schrittweise ab.

Formel: $$\mathbf{GM} = \frac{(1.\,TK \times 5) + (2.\,TK \times 4) + (3.\,TK \times 3)\ usw.}{(5 + 4 + 3 + usw.)}$$

Auch für diese Formel gibt die Tabelle in Abb. 7.23 ein Beispiel.

Tag	TK effektiv	AM	TK einf. gewichtet	GM	TK quadr. gewichtet	EM
1	10	–	–	–		
2	11	–	–	–		
3	12	–	–	–		
4	13	–	–	–		
5	15	12,20	195	13,00	745	13,55
6	12	12,17	194	12,93	716	13,02
7	10	11.86	181	12,07	641	11,65
8	14	12,13	189	12,60	691	12,56
9	13	12,22	190	12,67	702	12,76
10	15	12,50	201	13,40	761	13,84
11	9	12,18	182	12,13	648	11,78
12	5	11,58	146	9,73	470	8,55

Abb. 7.23

Der GM folgt den Kursen schneller und näher als der AM, hat aber auch nur einen geringen Glättungseffekt. Bei größeren Perioden (z. B. 100-Tage-GM) kann man einzelne Gruppen beliebiger Größe bilden. Der Anteil der Kurswerte am Mittelwert nimmt mit zunehmender Entfernung vom aktuellen Kurs ab (z. B. beim 100-Tage-GM je zehn Tage).

c. Exponentiell gewichtete Mittelwerte (EM)

Wünscht man für die aktuellen Kurse ein noch stärkeres Gewicht, so ist die Verwendung von Potenzen angebracht. Bei quadratischer Gewichtung wird zum Beispiel anstelle des einfachen Abzählens von n bis 1 als Gewichtung der Multiplikator quadriert.

Formel: $EM = \dfrac{(1.\,TK \times 5^2) + (2.\,TK \times 4^2) + (3.\,TK \times 3^2) \ldots}{(5^2 + 4^2 + 3^2 + 2^2 + 1^2)}$

Das in Abb. 7.23 gezeigte Beispiel enthält auch eine Spalte für den EM.

Die Summe der Kurs-Quadrat-Produkte wird hier durch die Summe der Multiplikatoren $(25 + 16 + 9 + 4 + 1 = 55)$ geteilt. Der quadratisch gewichtete gleitende Durchschnitt ist im Vergleich zum linear gewichteten viel beweglicher, zeigt Veränderungen der Kurse früher an und folgt ihnen in einem geringeren Abstand. Der Glättungseffekt wird wieder reduziert, doch das macht den Durchschnitt beweglicher und gibt den aktuellen Kursen noch mehr Gewicht.

d. Geometrisches Mittel (GEOM)

Um steigende oder fallende Entwicklungstendenzen quantitativ zu erfassen, wird auch das geometrische Mittel angewendet. Seine Berechnung erfolgt nach einem anderen Prinzip als bei den arithmetischen Mittelwerten: Aus dem Produkt der Kurswerte wird die n-te (Zahl der Kurswerte) Wurzel gezogen.

Formel: $\textbf{GEOM} = \sqrt[n]{1.\,TK \times 2.\,TK \times 3.\,TK \times \ldots}$

n = Anzahl der Tageskurse (TK)

Durch die Wurzel haben die extremen und zufälligen Kursausschläge einen geringeren Einfluß auf den Mittelwert, so daß sich der Haupttrend wenig verzerrt durchsetzt.

e. Verwendung der gleitenden Durchschnitte als Kauf- und Verkaufssignale

Signale ergeben sich aus:

● dem Durchbruch der Kurse des kürzeren GD durch den GD,
● der Richtung des GD (steigend, fallend, waagerecht),
● der Entfernung der Kurse vom GD.

Hauptsignale sind gegeben, wenn die Kurse den etwa waagerechten GD durchbrechen (siehe Abb. 7.24 und 7.25), und zwar

● von unten kommend bedeutet *Kaufsignal,*
● von oben kommend bedeutet *Verkaufssignal.*

Dabei gilt es, *Durchstoßgröße* und *Wartezeit* zu beachten. Um die Quote der Fehlsignale zu reduzieren, werden Filter eingesetzt, die bereits unter der Chart-Technik erwähnt wurden. Sobald deren Kriterien erfüllt sind, geht man von der *Bestätigung* des *Signals* aus und disponiert entsprechend. Bei der Durchstoßgröße legt man eine Spanne für die Größe des Durchbruchs fest, ehe man rea-

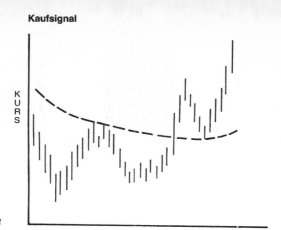

Kaufsignal

KURS

Abb. 7.24

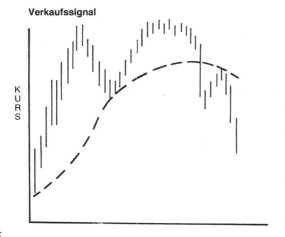

Verkaufssignal

KURS

Abb. 7.25

giert. Je weiter die Spanne gewählt wird, desto konservativer, aber zuverlässiger ist das Signal zu bewerten. Diese erhöhte Zuverlässigkeit bezahlt man mit einem etwas ungenaueren Ergebnis. Bei der Wartezeit legt der Spekulant eine Anzahl von Tagen fest, innerhalb deren die Kurse die Durchbruchrichtung nicht ändern dürfen. Das gilt auch für das Warten. Selbstverständlich ist auch die Kombination von Durchstoßgröße und Wartezeit möglich.

Bei den *Nebensignalen* beobachtet man die Richtung des GD beim Durchbruch der Kurse durch den nicht waagerechten GD: Ist der GD steigend, so gilt ein Durchstoß von oben noch nicht als Verkaufssignal. Beispiel siehe Abb. 7.26.

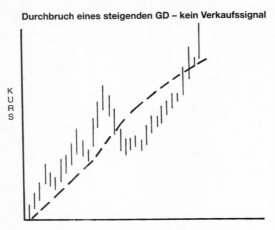

Abb. 7.26

Gleichfalls gilt bei einem klar fallenden GD ein Durchbruch der Kurse von unten kommend noch nicht als Kaufsignal. Siehe Beispiel 7.27.

Abb. 7.27

Beim Durchbrechen eines klar steigenden GD ist ein spekulativer Kauf und bei einem fallenden GD ein Verkauf möglich. Hierbei spricht man von einer negativen Divergenz und geht von der Überlegung aus, daß der GD die Kurse bald wieder in seine Richtung zieht und die Kursbewegung nur eine übersteigerte und kurzlebige Reaktion auf eine positive bzw. negative Nachricht war.

Beim GD findet man in seiner Eigenschaft als bewegliche Trendlinie sowohl »Tests« sowie »Pull-Backs« nach einem Durchbruch. Beispiele hierfür finden sich in Abb. 7.28 und 7.29.

Der GD hält üblicherweise einen gleichbleibenden Abstand zu den Kursen. Deshalb wird der GD als eine Parallele zum Kursverlauf im Chart einzuzeichnen sein. Eine Abweichung der Kurse von diesem Normalzustand bedeutet schon ein Nebensignal, das weiter beobachtet werden sollte.

Der Normalabstand kann als eine Art Trendkanal gesehen werden, dabei entspricht die normale Abstandslinie der oberen Begrenzung, der GD der unteren. Zur Bestimmung des genauen

Test der gleitenden Durchschnitte

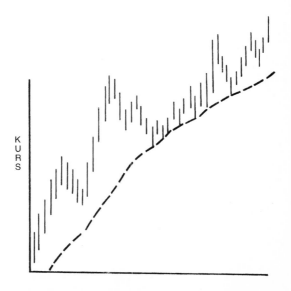

Abb. 7.28

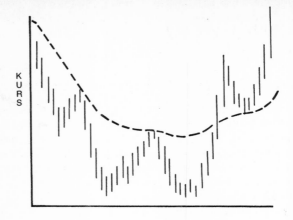

Abb. 7.29

Kauf- bzw. Verkaufsniveaus bedient man sich technischer Instrumente wie Unterstützungs- und Widerstandslinien sowie Formationsbegrenzungen.

Als Fazit kann gezogen werden: Mit dem GD erhält man einen klaren und übersichtlichen Trendindikator für den technischen Zustand des Objekts. Die Wahl der Periodenlänge und die Errechnungsart sollten dem Objekt und den Trendinteressen entsprechen. Durch die beliebige Variation von Periodenlängen, Berechnungsart und Filtergröße ist der GD recht flexibel und für verschiedenste Objekte und Trendanalysen anwendbar. Die Signale und die daraus abgeleiteten Regeln dürfen aber nicht als Regeln im mathematischen Sinne verstanden werden. Für ihre Gültigkeit gibt es keine Garantie, nur eine gewisse Wahrscheinlichkeit spricht dafür. Erfahrung und Umgang mit dem GD sowie die Anpassung des GD an den Kursverlauf sind Voraussetzungen, um die vielen Varianten und Konstellationen richtig zu interpretieren. Dazu gehört auch, daß das jeweilige Stadium des Börsenzyklus mit in die Interpretation einbezogen wird. Mißt man den Anteil der Aktien am Gesamtmarkt, deren GD über bzw. unter den Kursen steht, so ist damit eine gewisse Aussage über den technischen Zustand des Gesamtmarktes möglich.

Üblicherweise notieren mehr als 80 % der Aktien am oberen Wendepunkt einer Hausse über ihrem 200-Tage-GD, während am Tiefstpunkt einer Baisse oder Korrekturphase nur höchstens 20 % aller Titel über ihrem GD liegen, was als ein positives Signal gewertet werden kann.

7.7.3 Anstiegs-und-Abstiegs-Linien (Advance/Decline)

Unter einer Advance-Decline-Linie versteht man die Kurve, die sich aus der Differenz der Anzahl der im Kurs gestiegenen zu den gefallenen Aktien ergibt. Sie gibt keine Auskunft über den Wert der Kursveränderung, sondern zeigt lediglich die Anzahl der gestiegenen, der unveränderten und der gefallenen Aktien.

Advance-Decline-Linien eignen sich dazu, die Situation des Gesamtmarktes quantitiv zu erfassen und zu beurteilen. Sie werden auf verschiedene Arten berechnet.

Man betrachtet die Advance-Decline-Linie üblicherweise in Verbindung mit dem Aktienindex. Die Interpretation geht dahin, daß ein paralleler Verlauf von Aktienindex und Advance-Decline-Linie auf eine Bestätigung des laufenden Trends hindeutet, während die Nichtbestätigung eines Indexstandes (*»Divergenz«* zwischen beiden) eine Trendwende signalisiert. Die Nichtbestätigung eines zweiten Indexhochs bezeichnet man als positive Divergenz. Aus der Beobachtung früherer Indexverläufe kann man schließen, daß eine Divergenz während eines Börsenhochpunktes in 50 % der Fälle eine Trendwende zur Folge hatte. Der positiven Divergenz folgte in nahezu 100 % der Fälle eine bedeutende Baisse.

Diese Beobachtungen erlauben, die Advance-Decline-Linie als einen recht verläßlichen Hinweis auf einen guten Verkaufszeitpunkt zu benutzen. Kaufsignale können jedoch nicht erkannt werden, da Divergenzen in Börsentiefpunkten praktisch nicht vorkommen.

In die Berechnung der Advance-Decline-Linie kann man noch das Volumen einbeziehen. Einige Verfahren verwenden eine noch differenziertere Form, indem sie das Volumen der gestiegenen Titel (»Upside Volume«) sowie das Volumen der gefallenen Titel (»Downside Volume«) einfließen lassen. Eine solche Advance-Decline-Linie stellt dann die Stärke des Angebots bzw. der Nachfrage dar. Sie erlaubt eine genauere Beurteilung des Marktes und der aktuellen Marktkräfte.

Aus den Werten der Advance-Decline-Linie kann man auch einen Oszillator bilden, der dann den jeweiligen Zustand des Gleichgewichts oder Ungleichgewichts des Marktes anzeigt und Anzeichen für eine überkaufte oder überverkaufte Situation liefert.

Ein Vergleich der Advance-Decline-Linie mit dem Index ergibt: Steigt der Index und geht die Advance-Decline-Linie zurück, so legt das die Vermutung nahe, daß der Indexanstieg von nur wenigen Titeln getragen wird. Diese Situation der sogenannten »Spezialbörse« ist besonders häufig in der letzten Phase eines Bull Market zu finden, kurz bevor die Börse zu einem Abwärtstrend übergeht.

Gehen Index und Advance-Decline gleich, so spricht dies dafür, daß die derzeitige Bewegung von den meisten Titeln getragen wird, was einer normalen Börsenlage entspricht. Während ein »repräsentativer« Index die durchschnittliche Wertentwicklung einer bestimmten Anzahl von Aktien wiedergibt, beziehen die Advance-Decline-Linien alle Titel des Gesamtmarktes ein, denn es werden auch kleine Gesellschaften und Spezialpapiere erfaßt. Da sind dann auch Titel enthalten, die bei der Berechnung des Index nicht berücksichtigt sind. Der Advance/Decline gibt damit ein wesentlich umfassenderes Bild des Gesamtmarktes wieder. Alle Titel gehen in die Berechnung ein, werden einer Gruppe (gestiegen, konstant, gefallen) zugeordnet und verbleiben in der Berechnung.

Der Index liefert den relativen Wert, um wieviel Punkte die bestimmte Anzahl von Werten im Durchschnitt gestiegen oder gefallen ist. Dabei können starke Kursgewinne in einer Aktie die Kursverluste in den anderen Indextiteln kompensieren, so daß der Indexwert unter Umständen sogar ansteigt, obwohl die Mehrzahl der Werte fallende Tendenz hat. Das erhellt, warum der Index allein kein umfassendes Bild der allgemeinen Marktentwicklung geben kann, sondern nur die durchschnittliche Wertentwicklung einer Auswahl von Titeln des Gesamtmarktes zeigt. Die Advance-Decline-Linien runden somit das Bild ab.

7.7.4 Neuer Höchstwert/Neuer Tiefstwert (New High/New Low)

Dieser Index gibt die Anzahl der Aktien an, die einen neuen Höchst- bzw. Tiefstwert der letzten zwölf Monate erreicht haben. Meist wird der New High/New Low nicht von allen gehandelten

Aktien, sondern nur von einer Auswahl marktbreiter Papiere errechnet.

Über die Werte des New High/New Low werden auch kurzfristige,
gleitende Durchschnitte gebildet. Solange die New Highs über
den New Lows liegen, geht man von einer Fortsetzung des Auf-
wärtstrends aus und umgekehrt. Ferner gehen die Fachleute davon aus, daß ein Indexhoch von einem Hoch in den New Highs
bestätigt werden muß, ansonsten signalisiert dies technische
Schwäche und deutet auf einen Trendwechsel hin. Wird ein Indexhoch von einem Hoch in den New Highs bestätigt, so spricht das
für eine Fortsetzung des Trends.

7.7.5 Beta-Faktor

Der Beta-Faktor gibt die Beziehung der Kursentwicklung zwischen der Aktie und dem Aktienindex an. Er ist eine Kennzahl
über die Sensitivität des Aktienkurses hinsichtlich der Veränderung des Indexkurses. Man kann hiermit sowohl das relative
Verhalten der Einzelaktie zu einer Indexbewegung erfassen als
auch die Einzelaktien bezüglich ihres relativen Verhaltens zum
Gesamtmarkt (Index) miteinander vergleichen.

Aufgrund des Beta-Faktors lassen sich drei Gruppen von Aktien
bilden, und zwar Aktien mit einem Beta-Faktor:

- größer 1 bedeutet:
  Aktie bewegt sich in größeren Schwankungen als der Gesamtmarkt,
- gleich 1 bedeutet:
  Aktie bewegt sich wie Gesamtmarkt,
- kleiner 1 bedeutet:
  Aktie bewegt sich weniger stark als der Gesamtmarkt.

Beispiel: Eine Aktie hat einen Beta-Faktor von 1,30. Das bedeutet,
daß sie 1,30mal so stark steigt bzw. fällt wie der Gesamtmarkt. Steigt
der Gesamtmarkt um 10 %, so wird die Aktie es um 13 % tun.

Ein Beta-Faktor gibt auch sehr gute Hinweise für die Risiko-Er-
trags-Mischung im Portfolio. Erwartet man eine Hausse, so nimmt
man Aktien mit hohen Beta-Werten ins Depot. In ungewissen
Zeiten mischt man den Bestand so, daß das Portfolio einen Beta-
Faktor von ca. 1 hat. Befürchtet man einen Kursrückgang, will

aber im Markt bleiben, so versucht man dem Depot einen Beta-Faktor weit unter 1 und nahe an 0 zu geben. Den Beta-Faktor des Portfolios erhält man aus dem gewichteten Mittel der Beta-Faktoren der Depottitel, wobei man die Beta-Faktoren nach dem Anteil der Titel am Depot gewichtet.

Der Beta-Faktor wird wie folgt berechnet: Im ersten Schritt werden die Renditen des Titels und des Index ermittelt. Dabei kann man von Ein-, Zwei- oder Vierwochenrenditen ausgehen, im Grunde ist die Periode beliebig. Von diesen Renditen berechnet man ca. 40 bis 60 Stück und bildet daraus den Mittelwert. Das ist die Durchschnittsrendite. In einem zweiten Schritt ermittelt man die Streuung der einzelnen Renditewerte gegenüber der Durchschnittsrendite und erhält die Standardabweichung.

Diese statistische Größe besagt, welches Ausmaß ein bestimmter Prozentsatz der Kursfluktuationen annimmt. Im dritten und entscheidenden Schritt dann wird der Streuungswert des Titels durch den Streuungswert des Index geteilt. Das ist der Beta-Faktor.

Es ist wichtig, immer von aktuellen Beta-Faktoren auszugehen. Sie verändern sich nämlich im Laufe der Zeit. Zusätzliche Möglichkeiten der Aktualisierung sind:

● eine zeitlich gewichtete Durchschnittsrendite zu errechnen oder

● einen kurzfristigen und einen langfristigen Beta-Faktor zu ermitteln.

Der Beta-Faktor wird gern bei der Portfolioabsicherung mit Aktienindexkontrakten und bei Optionsstrategien angewendet.

7.7.6 Momentum

Die Momentumskurve errechnet sich aus der laufend fortgeführten Differenz des aktuellen Kurswertes mit dem vor »n« Tagen. Die Ausprägung der Kurve ist von der gewählten Periodenlänge abhängig.

Eine Momentumskurve signalisiert Trendumkehrung und gibt Aufschluß über das Tempo und die Kraft der aktuellen Kursbewegung. Eine Besonderheit hierbei ist, daß sie selbst wie ein Chart analysiert werden kann. Manche Analysten legen zum Beispiel eine Trendgerade in die Momentumskurve und sehen bei einem Durchbruch der Trendgerade ein Kauf- oder Verkaufssignal.

Die Momentumswerte oszillieren um eine Nullachse. Negative Werte werden unterhalb der Nullachse, positive oberhalb eingetragen. Wenn dies über einige Zeit durchgeführt wird, lassen sich Höchst- und Tiefstpunkte erkennen. Um dann die Momentumskurve noch aussagekräftiger zu machen, legt man eine obere und eine untere Linie an, und zwar so, daß zum Beispiel 95 % der Momentumsbewegungen innerhalb der beiden Linien verlaufen. Darauf lassen sich Handelssignale aufbauen.

Ein Kaufsignal ist nur gegeben, wenn die Momentumskurve unter die untere Linie geht. Steigt sie über die obere Linie, so kann man darin ein Verkaufssignal sehen. Kauf- und Verkaufssignale lassen sich aber auch allein aus der Nullinie ableiten: Steigt der Kurs über die Nullinie, so signalisiert das »kaufen«; fällt er darunter, heißt es »verkaufen«. Beispiel siehe Abb. 7.30.

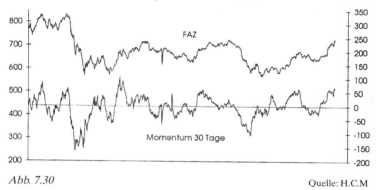

Abb. 7.30   Quelle: H.C.M

7.7.7 Überkauft/Überverkauft (Overbought/Oversold)

Der Overbought-Oversold-Indikator zeigt Börsensituationen an, in denen der Markt »überkauft« oder »überverkauft« ist. Einer Überkauft-Situation, entstanden durch massive Käufe, folgt meist eine Verkaufswelle, in der die Kurse wieder zurückfallen. Umgekehrt führt eine Überverkauft-Situation oft zu einer Kaufwelle. Diese Lage will der Overbought/Oversold aufzeigen. Er ergibt sich aus folgender, börsentäglich betriebener Rechnung:
Die Differenz der Höchstkurse einer Periode zu dem Tiefstkurs der Periode teilt man durch die Differenz aus Höchstkurs der Periode minus dem aktuellen Kurs. Das Resultat wird zur besseren

Anschauung mit 100 multipliziert, und das ergibt einen Prozent-
wert, den Overbought-Oversold-Wert.

$$\textbf{OB-OS-Index} = 100 \times \frac{\text{Periodenhöchstkurs} - \text{Periodentiefstkurs}}{\text{Periodenhöchstkurs} - \text{aktueller Kurs}}$$

Ein Overbought-Oversold-Wert von 50 % besagt, daß der Markt
ausgeglichen ist. Über 90 % gilt der Markt als überkauft, ein Kursrückgang wird erwartet, und das ist ein Verkaufssignal. Unter
10 % ist der Markt überverkauft, Kursanstiege stehen bevor, und
das ist natürlich ein Kaufsignal.
Welche Periodenlänge optimale Ergebnisse liefert, muß empirisch
ermittelt werden.

7.7.8 Relative Stärke

Der »Relative Stärke«-Indikator mißt das Kursverhalten des einzelnen Titels im Vergleich zum Kursverhalten des durch den Aktienindex repräsentierten Gesamtmarktes. Dazu berechnet man
für eine bestimmte zurückliegende Periode die prozentuale Kursveränderung zum einen für die Aktie, zum anderen für den Aktienindex. Der »Relative Stärke«-Wert ergibt sich aus der Division
der Aktienkursrate durch die Kursrate des Index.
Je größer der »Relative Stärke«-Wert ist, desto stärker ist die Aktie im Vergleich zum Aktienindex gestiegen oder gefallen. Dieser
Indikator gibt also in erster Linie Aufschluß darüber, ob sich die
Aktie stärker oder schwächer als der Aktienindex bewegt. Er ist
somit eine Volatilitätskennzahl, ähnlich dem Beta-Faktor.
Zu Beginn eines erwarteten allgemeinen Kursanstiegs kauft man
die Aktien, die eine hohe relative Stärke aufweisen, da diese Aktien voraussichtlich überproportional von einem Kursanstieg profitieren werden.

7.8 Sonstige technische Analyseverfahren

7.8.1 Vorbemerkung

Hier finden sich weitere Indikatorensysteme sowie Methoden der
Beobachtung und Bewertung von Börsendaten. Es sind spezielle
Methoden, die z. T. besonderes Wissen voraussetzen oder schwer

beschaffbarer Informationen bedürfen und deshalb weniger verbreitet oder bekannt sind.

7.8.2 Put-Call-Ratio

Dieser Indikator wird bei Optionen angewandt und mißt die Anzahl der laufenden Verkaufs- und Kaufoptionen. Überwiegen die Verkaufsoptionen, so wird das als ein Zeichen dafür gewertet, daß die Mehrheit der Marktteilnehmer auf fallende Kurse setzt. Im anderen Falle wird ein Kursanstieg unterstellt. Beispiel siehe Abb. 7.31.

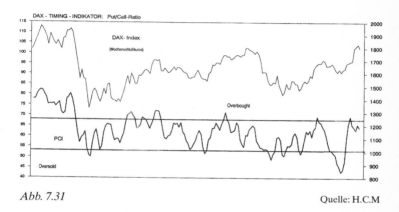

Abb. 7.31

Quelle: H.C.M

7.8.3 Negativ-Opinion

Dieser Indikator zeigt die Anzahl derjenigen Anlageberater auf, die pessimistische Marktaussichten verbreiten. Die Interpretation geht nun dahin, genau das Gegenteil dessen zu tun, was die Mehrheit der Anlageberater empfiehlt. Raten sie in Mehrheit ihren Kunden zum Verkauf ihrer Positionen wegen schlechter Zukunftsaussichten, so sollte man kaufen.

Die Theorie beruht darauf, daß die Masse immer falsch im Markt liegt und man selbst die richtigen Positionen eingeht, wenn man gegen die Masse handelt.

Bei einer negativen Börsenmeinung von ca. 15 % (in den USA ab 30 %) schreibt man der Börse einen baldigen Rückgang zu. Einen Anstieg der Kurse erwartet man bei einem Anteil der Pessimisten von 50 % und mehr. Die zu diesem Indikator notwendigen Basisdaten (Verhalten der Anlageberater) sind nur in den USA ohne weiteres verfügbar.

7.8.4 Elliot-Wellentheorie

Diese Theorie stellt ein Modell der Marktbewegung dar, das besonders den psychologischen Einfluß auf die Marktteilnehmer und die daraus erwachsenden Kursschwankungen berücksichtigt. Bei der Betrachtung des Kursverlaufs des idealen Modells ist folgendes festzustellen (Abb. 7.32): Die große Aufwärtsbewegung besteht aus

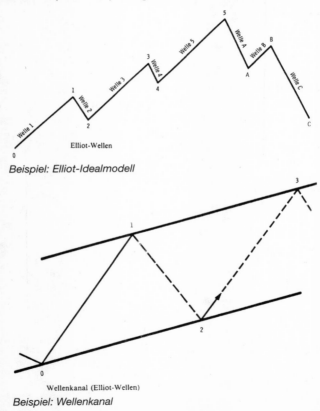

Beispiel: Elliot-Idealmodell

Beispiel: Wellenkanal

Abb. 7.32

drei Antriebswellen (den längeren Up-Trends) und zwei Reaktionswellen (den kurzen Down-Trends). Der Kurs wird von den Antriebswellen hochgetrieben. Die Reaktionswellen nehmen daraufhin die heftige Bewegung etwas zurück. Die große Abwärtsbewegung besteht aus drei großen Reaktionswellen, die den Kurs fallen lassen, und zwei kleinen, die den Kurs für kurze Zeit wieder etwas steigen lassen. Nach dem Modell ist es durchaus möglich, daß auch die einzelne Welle in ihrer Feinstruktur aus Aktions- und Reaktionswellen besteht. Der Techniker analysiert ein »Elliot-Chart« bevorzugt mit Trendkanälen. So wird Punkt 3 auf der Parallele zu der Geraden 0–2 durch Punkt 1 erwartet. Der nächste Top-Punkt (5), wird auf der Parallele der Geraden 2–4 durch Punkt 3 erwartet. Erreicht der Kurs die erwartete Parallele nicht, so sieht man darin ein Signal technischer Schwäche, was auf die Wahrscheinlichkeit einer Trendumkehr hinweist. Eine besondere Bedeutung wird der Geraden 0–4 zugesprochen (siehe Abb. 7.33).

Durchbricht der Kurs bei seinem Rückgang von Punkt 5 diese 0–4-Gerade, so wird dies als klares Verkaufssignal angesehen. Nachdem der Kurs durch die 0–4-Gerade gebrochen ist, erwartet man, daß der Kurs auf der Höhe der Parallele B zur 0–4-Geraden zur Umkehr kommt. Die Parallele B hat denselben Abstand zur 0–4-Geraden wie die Parallele A zur 0–4-Geraden. Dieses Modell wird als Aktions-, Mittel- und Reaktionslinien-Modell bezeichnet.

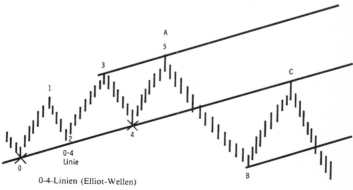

0-4-Linien (Elliot-Wellen)

Beispiel: 0-4-Linien

Abb. 7.33

195

7.9 Die fundamentale Analyse

7.9.1 Definition

Die Überlegung und Beobachtung, wie wirtschaftliche und konjunkturelle Faktoren auf die Börsenkurse einwirken und wie die Börse auf diese Einflußgrößen reagieren wird, ist das Gebiet der fundamentalen Analyse im weiteren Sinn.

Innerhalb dieses abgesteckten Bereiches läßt sich eine weitere Untergliederung vornehmen:

- Konjunkturanalyse,
- Monetäranalyse und
- Unternehmensanalyse (fundamentale Analyse im engeren Sinn).

Die fundamentalen Analysen gehen nicht von den Kursen an sich aus, sondern erarbeiten mit ihrer Datenbasis den Wert für eine Aktie. Die so ermittelte rechnerische Größe wird in Beziehung zum Börsenkurs gesetzt, um beurteilen zu können, wie sehr der am Markt gehandelte Betrag von seiner inneren Stabilität her gerechtfertigt ist.
Eine Über- oder Unterbewertung durch den Kurs muß, so die Fundamentalanalyse, unweigerlich zu einer Korrektur kommen, die sich mit einer entsprechenden Position am Markt gewinnbringend nutzen läßt. Es wird also eine Prognose auf der Basis börsenexterner Einflußfaktoren gegeben.

7.9.2 Konjunkturanalyse

a. Definition und Einführung

Die Konjunktur- oder fundamentale Gesamtmarktanalyse stützt sich auf die Hypothese, daß sich die Aktienkurse nach den Ertragserwartungen der Unternehmungen richten und die Gewinnsituation der Aktiengesellschaften von der konjunkturellen Entwicklung abhängt.
Das Interesse der Konjunkturanalyse gilt daher den Wirtschaftlichkeitsdaten sowohl im nationalen als auch im internationalen Bereich. Nachfolgend sind einige der dabei verwendeten Größen aufgeführt:

Größe	Stabilität	Wirkung	Bemerkung/ Einschränkung
Verbraucherpreisindex	1	3	wenig Aussage über gesamtwirtschaftliche Situation
Auftragsvolumen der Investitionsgüter	3	+2	wechselhafte Zeitreihe
Arbeitsmarktsituation ● Arbeitsstunden ● Anzahl von Arbeitsplätzen	1 +2	2 1	gute Trendindikatoren, obwohl Arbeitslosigkeit damit nicht eindeutig definiert
Industrieproduktion	2	3	
Leading Indicators (Geschäftsklima)	2	2	weniger klare Aussagekraft, da sie z. T. Rezessionen fehlanzeigen
Verarbeitung/Handel/ Lagerbestände	3	2	
Außenwirtschaft	+2	1	
Zentralbankmenge	2	1	
Geldmenge	5	4	
Private Einkommen	2	1	
Produktionspreisindex	+2	−2	Interpretation schwierig, da uneinheitlich
Real verfügbares Einkommen	1	5	
Einzelhandelsverkäufe	4	4	

Stabilität = Fähigkeit, auf nachfolgende Revisionen nur gering zu reagieren.
Wirkung = Fähigkeit der Zeitreihe oder des Indikators, die jeweiligen
Erwartungen über das Wirtschaftsgebiet wiederzugeben.
1 = sehr hoch, 2 = hoch, 3 = mittelmäßig, 4 = niedrig,
5 = sehr niedrig; +/− = halbe Stufen

Erheblichen Einfluß auf die Konjunktur haben außerdem die Aktivitäten von Zentralbank und Wirtschaft:

Aktivität	*Auswirkung*
Zentralbank	
● Erhöhung des Diskontsatzes: (wird bebenutzt, um Kreditnachfrage zu dämpfen)	Kursrückgänge
● Steigern der Geldmenge (M 1, 2, 3): (Geldmengenwachstum birgt Inflationsgefahr und steigert Furcht vor kursschädlicher Erhöhung der Zinsen)	Kursrückgänge
● Kauf von Wertpapieren im offenen Markt (Liquidität im Bankensystem steigt durch Kauf von Schatzwechseln der Zentralbank bei den Banken; Gegenwert, den die Banken erhalten, machen Liquiditätserhöhung aus)	Kurssteigerung
● Verkauf von Wertpapieren (sinngemäß wie oben)	Kursrückgänge
Wirtschaft	
● Verbraucherpreisindex erhöht/steigende Inflation	Kursrückgänge
● Bruttosozialprodukt fällt (nachlassende Wirtschaftsentwicklung bewirkt expansivere Geldpolitik der Zentralbank, damit verbundene rückläufige Zinsen bewirken Kursschub)	Kurssteigerung
● Industrieproduktion fällt: (wie Bruttosozialprodukt)	Kurssteigerung
● Leading Indicators steigen (starke Wirtschaft bewirkt erhöhte Kreditnachfrage)	Kursrückgänge
● Ölpreise fallen (Zinsen verlieren ihren Anstiegsdruck, so daß Anleihen Kurspotential erhalten)	Kurssteigerung

Aktivität	Auswirkung
● Private Einkommen steigen (höhere Nachfrage nach Verbrauchsgütern treiben die Preise)	Kursrückgänge
● Edelmetallpreisindex fällt (bei nachlassender Inflation sehen Anleger keinen Absicherungsbedarf durch Edelmetallkäufe)	Kurssteigerung
● Produktionspreisindex/Einzelhandelsverkäufe steigen (Güternachfrage treibt Preise)	Kursrückgänge
● Arbeitslosigkeit steigt (parallel zu schwacher Wirtschaft, Zentralbank steuert gegen)	Kurssteigerung

Hinweis: Tabelle benutzt zugunsten der Übersichtlichkeit stark vereinfachte Aussagen und läßt wichtige Einflußfaktoren wie Erwartungen und Prognosen unberücksichtigt.

Die Konjunkturanalyse wird bevorzugt zur Einschätzung der langfristigen Wirtschafts- und Börsenentwicklung eingesetzt.

b. Konjunkturzyklus

Die Konjunktur verändert sich wie die Aktienkurse in Zyklen. Ein Konjunkturzyklus verläuft, vereinfacht betrachtet, in folgenden vier Phasen ab:

● Aufschwung
● Hochkonjunktur
● Niedergang
● Rezession

Die Phase des *Aufschwungs* ist gekennzeichnet von einer allgemeinen, kräftigen und ansteigenden Nachfrage. Das zieht Produktionssteigerungen nach sich, damit werden die Unternehmenskapazitäten ausgelastet, und die Stückkosten sinken. Jetzt kommen Rationalisierungsmaßnahmen aus der letzten Rezession zum Tragen. Die höhere Auslastung verbessert die Produktionskostenstruktur (Fixkostendegression). Eine starke Nachfrage macht Preissteigerungen leichter durchsetzbar. Die Gewinne der Unternehmen können mit der hervorragenden Konstellation überproportional ansteigen.

Die *Hochkonjunktur* ist bei maximaler Auslastung der Produktionskapazitäten erreicht. Ein Ausbau der Produktion wird als notwendig erachtet, und das erfordert Erweiterungsinvestitionen oder Überstunden. Die Nachfrage steigt weniger stark an oder beginnt bereits zu stagnieren. Preissteigerungen lassen sich daher und wegen des sich verhärtenden Wettbewerbs schwieriger durchsetzen. Das bedeutet, daß die erhöhten Produktionskosten (Investitionen, Überstunden, erhöhte Tariflöhne) nicht mehr durch höhere Preise kompensiert werden können. Die Stückkosten beginnen somit zu steigen, und die Gewinnentwicklung der Gesellschaften verlangsamt sich.

In der Phase der Hochkonjunktur ergreift der Staat konjunkturpolitische Maßnahmen (Einengung steuerlicher Bemessungsgrenzen, Steuererhöhungen, Geldverknappung, Diskontsatzerhöhung, Abschöpfung des Kapitalmarktes durch Offenmarktpolitik, Erhöhung der Mindestreservesätze für die Banken, Leitzinserhöhung). Höhere Zinsen verursacht außerdem die gestiegene Kreditnachfrage der investierenden Unternehmen.

In der Phase des *Niedergangs* geht die Nachfrage deutlich zurück. Das verringert sowohl Auftragseingang als auch Produktion. Die Kosten steigen aber weiter an, so daß sich die Ertragslage der Unternehmen verschlechtert. Vereinzelt sind sogar schon Preisrücknahmen zu beobachten. Einige Firmen versuchen bei stockendem Absatz vorerst auf Halde zu produzieren. Kurzarbeit wird eingeführt, notfalls werden auch Entlassungen vorgenommen.

In dieser Phase betreibt der Staat konjunkturankurbelnde Maßnahmen und legt Stützungsprogramme auf, gewährt Steuervergünstigungen und Zulagen. Es wird eine expansive Geldpolitik betrieben, die dem Kapitalmarkt Geld zuführt; die Zinsen beginnen zu sinken.

Die Phase der *Rezession* wird charakterisiert von einer gänzlich darniederliegenden Wirtschaft. Die Zahl der Konkurse wächst, die Lage am Arbeitsmarkt verschärft sich. Mit günstigen Rahmenbedingungen werden die Unternehmen zum Investieren animiert, und der Staat tritt verstärkt als Auftraggeber an den Markt. Von ihm werden umfangreiche Beschäftigungs- und Sonderprogramme aufgelegt.

c. Erkennen und Beurteilen der Konjunktur

Da sich die fundamentale Analyse vordergründig mit der Prognose der Ertragserwartungen der Gesellschaften befaßt, gilt besonders denjenigen Konjunkturindikatoren das Interesse, die möglichst frühzeitig einen Wandel der Ertragssituation anzeigen. Die Theorie der fundamentalen Gesamtmarktanalyse hat einige »Frühindikatoren« entwickelt, von denen erhofft wird, daß sie der Entwicklung der Gesamtkonjunktur oder auch den Börsenkursen vorauseilen. Als Frühindikatoren werden zum Beispiel verwendet (Auswahl):

- Auftragseingänge
- Ifo-Geschäftsklima
- Konjunkturbarometer
- Zinssätze
- wöchentliche Arbeitszeit
- Preisentwicklung
- Baugenehmigungen
- Pkw-Zulassungen

Auf einige dieser Frühsignale soll hier näher eingegangen werden, zunächst *Auftragseingänge* und *Konjunkturbarometer* als quantitative Indikatoren, und dazu nehmen wir einen qualitativen Indikator, das *Ifo-Geschäftsklima.*

Die bisherigen Erfolge darin, konjunkturelle Wendepunkte oder kurz- bis mittelfristige Tendenzen zu bestimmen, sind bescheiden. Das liegt einmal daran, daß jeder anderen Einflüssen unterliegt, entweder es sind andere Einflußfaktoren oder andere Einflußstärken. Das hat von Zyklus zu Zyklus stark variierende Vorlaufzeiten zur Folge. Oft ist die Zeit bis zur Verfügbarkeit konjunktureller Daten so lang, daß der Informationsvorsprung schon wieder dahin ist, besonders dann, wenn man noch eine bestimmte Wartezeit berücksichtigen will, um die Fehlsignalrate zu reduzieren.

Bei der Prognose der langfristigen Entwicklung sowie bei der ersten Branchenanalyse kann die Konjunkturanalyse dem Investierenden bei seinen Entscheidungen jedoch wertvolle Hilfe leisten.

Das *Ifo-Geschäftsklima* ist ein qualitativer Indikator, der die Beurteilung der Geschäftsentwicklung von etwa 10.000 Unternehmen wiedergibt. Das Ergebnis, eine Statistik, gibt die Tendenzen (mehr, gleich, weniger) oder Meinungen (gut, befriedigend, schlecht) wieder. Die Auswertungen sind nach Branchen differenziert und geben einen recht guten Hinweis auf die konjunkturelle Zukunft. Dies läßt sich wohl dadurch erklären, daß die Meinungen und Erwartungen der Marktbeteiligten in der Zukunft Handlungen auslösen (Investitionen, Rationalisierungen etc.), die direkten Einfluß auf die Konjunktur nehmen. Oft werden konjunkturelle Wendepunkte allein durch einen Stimmungswechsel initiiert, wobei eine sich selbst nährende und fortsetzende Entwicklung eingeleitet wird. Die erhobenen Beurteilungen stützen sich sowohl auf die vergangene Entwicklung als auch auf Zukunftserwartungen. Bei der Beurteilung der Geschäftslage wird besonders auf den Auftragseingang, den Umsatz und die aktuelle Gewinnsituation eingegangen. Daher ist es gerechtfertigt, zu sagen, daß der qualitative Indikator *Ifo-Geschäftsklima* von den quantitativen Indikatoren Auftragseingang, Umsatz und Gewinn mitbeeinflußt wird.

Das *Konjunkturbarometer,* auch Gesamtindikator zur Konjunkturdiagnose genannt, setzt sich aus mehreren Einzelindikatoren zusammen. Es entstand aus der Bestrebung, einen aussagekräftigen Indikator zur Erkennung von konjunkturellen Wendepunkten zu erhalten. Betrachtet man den Verlauf von Einzelindikatoren, so kann deren Interpretation zu gegensätzlichen Aussagen führen. Das ist verständlich, da sich ein Einzelindikator nur auf wenige, artgleiche Größen stützt und somit auch nur einen Teilbereich der Konjunktur repräsentiert. Diese Nachteile versuchte man beim Gesamtindikator zu vermeiden, indem man die Einzelindikatoren mit einer bestimmten Gewichtung in den Gesamtindikator einfließen ließ. Aus den Erfahrungen vergangener Konjunkturzyklen fand man obere und untere Schwellenwerte, bei deren Über- oder Unterschreiten man von einem Gefährdungsbereich spricht und eine Frühwarnwirkung für den Konjunkturverlauf daraus abliest.

Der *Auftragseingang* gibt Aufschluß über die Produktionsauslastung in der näheren Zukunft. Wie weit das »näher« bestimmt ist, hängt von der allgemeinen Produktionsdauer im Betrieb (Durchlaufzeit der Produkte) ab und ist von Branche zu Branche stark verschieden. An den Auftragseingängen läßt sich aber auch ablesen, was die Auftraggeber von der zukünftigen Entwicklung erwarten.

7.9.3 Monetäre Analyse

a. Blick auf die Zusammenhänge

Die Analyse der monetären Entwicklung einer Volkswirtschaft stellt eine wesentliche Erweiterung der Konjunkturanalyse dar. Da die Börsenzyklen häufig dem Konjunkturverlauf vorauseilen und die Konjunkturindikatoren eine relativ große Verzögerung bei der Informationserstellung aufweisen, suchte man nach anderen Indikatoren, die sich besser zur Prognose der Börsenentwicklung eigneten. Diese glauben die Anhänger der monetären Analyse in den Geldmengen und den Zinsgrößen gefunden zu haben. Die »Monetaristen« beschäftigen sich nicht mit Ertragserwartungen oder sonstigen gesellschaftsbezogenen Daten, sondern mit dem Kapitalmarkt, und hier besonders mit den Geldmengen und dem Zins (Money Supply). Das Konjunkturzyklusmodell zeigt: Konzentrierte Beobachtung des Kapitalmarktes läßt frühzeitige Trendwechsel tatsächlich erkennen.

Da die monetären Regelungsaktivitäten in den Zeiten der Hochkonjunktur oder der Rezession eingeleitet werden, um andere volkswirtschaftliche Größen zu beeinflussen (z. B. Investitionstätigkeit, Arbeitslosigkeit), haben monetäre Indikatoren gegenüber den sonstigen Konjunkturindikatoren einen zeitlichen Vorsprung. Die Signale, die von der monetären Analyse geliefert werden, gewähren jedoch nur eine bedingte Sicherheit, den zukünftigen Wirtschafts- und Börsenverlauf zu prognostizieren, weil die Konjunktur und besonders die Börse oft verspätet oder auch entgegengesetzt auf die Impulse des Kapitalmarktes reagieren. Des weiteren gelingt es den maßgeblichen Stellen nicht immer, durch den Einsatz des konjunkturpolitischen Instrumentariums die Entwicklung in der gewünschten Art und Weise zu beeinflussen. Im folgenden werden wir uns mit einigen monetären Indikatoren auseinandersetzen und ihre Wirkung auf die Börsenkurse untersuchen.

Wie eingangs erwähnt, sehen die Monetaristen in den Geldmengen und den Zinsen die marktbeeinflussenden Faktoren. Die Grundüberlegungen lauten dazu:

● Viel und billiges Geld am Markt erzeugt Nachfrage nach Wertpapieren. Das Geld will angelegt sein, und es ist genügend Geld vorhanden, um die Kurse auf ein hohes Niveau zu tragen.

● Befindet sich wenig und teures Geld am Kapitalmarkt, entsteht ein Abgabedruck. Die Wertpapierpositionen werden aufgelöst, Kredite zurückbezahlt oder Investitionen getätigt, meist werden die freigesetzten Mittel in die nun hochverzinslichen Obligationen umgeschichtet; die Aktienkurse fallen.

Unter dem Aspekt der Zinsen kann man den Aktien- und den Anleihenmarkt als zwei konkurrierende Felder sehen. Die Aktie bietet die Chance eines überdurchschnittlichen, aber unsicheren Ertrages, die Anleihe dagegen garantiert den Ertrag, aber auf relativ niedrigem Niveau.

Hohe Zinsen hemmen die Aktienbörse, da viele Anleger das hohe Zinsniveau nützen, um sich durch den Kauf von Anleihen die dann auch hier höhere Verzinsung zu sichern. Damit aber die Aktie bei hohem Zinsniveau mit der Anleihe konkurrieren kann, muß sie eine sehr hohe Ertragserwartung aufweisen. Niedrige Zinsen treiben den Anleger dazu, in Aktien zu investieren, da die Ertragserwartungen der Aktie nun relativ leicht die geringere – aber sichere – Verzinsung der Anleihe übertrumpfen. Ein fallendes Zinsniveau macht besonders die Anleihen insofern interessant, da in dessen Folge die Anleihekurse steigen.

Die maßgebliche Institution für Maßnahmen, die die monetäre Situation der Volkswirtschaft beeinflussen, ist das Europäische System der Zentralbanken, speziell die Europäische Zentralbank (EZB) in Frankfurt. Vor der Europäischen Währungsunion lag die Verantwortung für die Geldpolitik bei der Deutschen Bundesbank. Mit Beginn der letzten Stufe der monetären Union in Europa am 1.1.1999 geht die Verantwortung aber auf die Europäische Zentralbank über. Die nationalen Notenbanken sind nur noch für die Durchführung der gemeinsamen Beschlüsse der EZB zuständig.

b. Einflußfaktoren auf die monetäre Situation

Die Geldpolitik in Europa verändert sich durch die Verschiebung der Verantwortung von den nationalen Notenbanken zur Europäischen Zentralbank. Bislang gab es in Europa verschiedene Zielsetzungen und Instrumente der nationalen Notenbanken. Ziel der Bundesbank war die Erhaltung des Geldwertes, und die Währungshüter in Frankfurt konnten dieses Ziel weitgehend unabhängig verfolgen. Andere Notenbanken waren dagegen nicht unabhängig, sondern mußten die jeweilige Regierung bei ihrer Wirtschaftspolitik unterstützen, was vielfach auf einen weniger stabilen Binnenwert der Währung hinauslief. Das Ziel der Europäischen Zentralbank wird wie das der Deutschen Bundesbank Geldwertstabilität lauten. Die Ansätze, wie dies erreicht werden soll, wurden vom Vorläufer der EZB, dem Europäischen Währungsinstitut (EWI), ausgearbeitet und werden gegenwärtig in den betreffenden Gremien des Europäischen Systems der Zentralbanken diskutiert. Nach dem aktuellen Stand wird die EZB sich hauptsächlich der folgenden geldpolitischen Instrumente bedienen:

- Offenmarktpolitik,
- Mindestreserve,
- Einlagefazilität,
- Spitzenrefinanzierungsfazilität.

Die bisherigen Instrumente Diskont- und Lombardsatz sowie die jeweiligen Kontingente, die die Bundesbank noch angewandt hatte, sind nicht mehr vorgesehen. In den letzten Jahren wurden sie bereits nur noch zur Festlegung eines Zinskorridors verwendet, die eigentliche Feinsteuerung fand auch durch die Bundesbank über Offenmarktgeschäfte statt.

Mit dem Begriff »*Offenmarktpolitik*« wird das direkte Handeln der Zentralbank am Kapitalmarkt für Schuldverschreibungen beschrieben. Durch Kaufen und Verkaufen von Schuldverschreibungen und festverzinslichen Wertpapieren wird der »*Money Supply*«, die Geldversorgung des Marktes, beeinflußt und eine Feinsteuerung des Zinsniveaus durchgeführt. Spielen wir einmal zwei Modelle für Offenmarkt-Operationen durch:

- Die EZB kauft Schuldverschreibungen
  Die Nachfrage nach diesen Titeln läßt die Kurse steigen. Neue Gelder fließen in den Markt, da die alten Besitzer den Gegenwert der Bonds erhalten. Durch die vermehrte Geldmenge im Markt fällt der Zins. Die aus dem Bondverkauf freigesetzten Mittel können an der Aktienbörse angelegt werden. Die Nachfrage nach Aktien wächst, und die Aktienkurse steigen.
- Die EZB verkauft Schuldverschreibungen
  Die Kurse der Bonds fallen wegen des größeren Angebots.

Dem Markt wird Geld entzogen, da die Käufer der Bonds den Gegenwert bezahlen müssen. Durch die Geldknappheit steigt der Zins. Die Mittel, die für den Kauf der Bonds (die ja jetzt erhöhte Zinsen bieten) benötigt werden, beschaffen sich die Käufer durch die Auflösung von Aktienpositionen. Der Kurs der Aktien fällt aufgrund des starken Angebots.

Diese Modellverläufe sind natürlich stark vereinfacht und idealisiert, zeigen aber die grundsätzlichen Zusammenhänge der am Markt herrschenden Parameter.

Die Offenmarktgeschäfte werden im Tenderverfahren durchgeführt. Bei dem Standardtender haben die Kreditinstitute 24 Stunden Zeit, ihre Gebote abzugeben, der Schnelltender wird dagegen nach einer Stunde schon abgewickelt. Grundsätzlich kann die EZB zwischen Mengentendern und Zinstendern wählen. Bei einem Mengentender setzt die EZB den Zinssatz fest, und die Banken geben Gebote über den Betrag ab, den sie bereit sind zu kaufen bzw. zu verkaufen. Bei Zinstendern geben die Kreditinstitute neben den Geboten über die Menge auch die Zinssätze an, mit denen sie Geschäfte mit der EZB abschließen wollen. Die EZB sammelt die Gebote aller Banken im Euro-Raum und teilt die von ihr festgelegte Menge an Liquidität auf die bietenden Banken auf.

Das Element der *Mindestreserve* ist ein Instrument der Grobsteuerung der Geldversorgung der Wirtschaft. Die Banken müssen bei der EZB für ihre Kundeneinlagen einen bestimmten Prozentsatz hinterlegen. Damit wird die Geldschöpfung durch die Kreditinstitute erschwert, und die EZB ist in der Lage, die Geldmenge zu steuern, die Liquidität des Marktes zu beeinflussen und die Geldmarktsätze zu stabilisieren.

Mit den Zinssätzen für *Einlagenfazilität* und *Spitzenrefinanzierungsfazilität* legt die EZB einen Zinskorridor für die Tagesgeldsätze fest. Die Banken können zu vorab spezifizierten Zinssätzen überschüssiges Geld bei der Zentralbank anlegen oder fehlende Mittel gegen Stellung von Sicherheiten aufnehmen. Bei beiden Fazilitäten ist grundsätzlich keine Obergrenze für die einzelne Bank vorgesehen.

Mit diesem Rahmen und den Sätzen im Offenmarktgeschäft bestimmt die Zentralbank das Zinsniveau im Euro-Raum. Die Zinsen entscheiden als Preis für Geld und Kapital über die Attraktivität der Aktienanlage mit. Grundsätzlich gilt, daß fallende Zinsen zu steigenden Aktienkursen führen und ein steigendes Zinsniveau die Kurse der Aktien fallen läßt, weil viele Anleger dann ihr Geld risikoloser in festverzinslichen Wertpapieren anlegen. Die Zinsen sind daher neben den richtungweisenden Entscheidungen der Europäischen Zentralbank ein wichtiger Indikator bei der monetären Analyse. Im folgenden soll daher auf einige Zinssätze etwas näher eingegegangen werden.

Tagesgeld ist solches, das sich vorwiegend Banken oder große Wirtschaftsunternehmen für sehr kurze Zeit ausleihen, oft nur für einen oder wenige Tage. Wesentlich ist, daß der Kapitalgeber das geliehene Geld innerhalb eines Tages zurückfordern kann und dabei keinerlei Kündigungs- oder Sperrfristen berücksichtigen muß. Die Zinsen für Tagesgeld werden täglich ermittelt und in den Wirtschaftszeitungen veröffentlicht.

Durch die tägliche Festlegung zeigen sich veränderte Angebots- oder Nachfragesituationen am Kapitalmarkt sofort in einer entsprechenden Veränderung des Tageszinssatzes. Der Analytiker erhält mit dem Tagesgeld einen Indikator, der zwar verhältnismäßig viele Schwankungen, aber kaum eine Verzögerung aufweist und somit wirklich aktuelle Marktdaten liefert.

Termingeld gibt der Kapitalgeber einem Kreditnehmer für eine bestimmte Zeit (eben bis zu einem bestimmten Termin). Innerhalb dieser Zeit kann der Kapitalgeber das Geld nicht oder nur mit besonderen Nachteilen für sich zurückverlangen, also den Kreditvertrag kündigen. Dies hat zur Folge, daß der Kreditnehmer während der Laufzeit mit dem Geld tun und lassen kann, was er will. Ist der Termin erreicht, sind die geliehene Summe und die Zinsen dafür automatisch fällig und dem Kreditgeber auszuzahlen.

Die Zinsen, die der Kapitalgeber für das Termingeld erhält, richten sich nach der Laufzeit, der Höhe des Betrages und dem Verhandlungsgeschick der Beteiligten. In den Wirtschaftszeitungen werden täglich Termingeldsätze für Ein-, Drei- und Sechsmonatstermingelder veröffentlicht. Die Termingeldzinsen reagieren recht schnell auf eine kommende Veränderung des Kapitalmarktes, also den Wechsel von einer expansiveren Geldpolitik zu einer restriktiveren, was für die Börsen- und Wirtschaftsentwicklung entscheidende Konsequenzen hat. Die Termingeldsätze eignen sich auch besonders deshalb als Marktindikator, weil sie nicht so vielen unbedeutenden Tagesschwankungen ausgesetzt sind wie die Tagesgeldsätze.

Eine weitere Meß- und Bewertungsgröße ist das Verhältnis der langfristigen zu den kurzfristigen Zinsen. Als Standard für »kurzfristig« kann man drei Monate ansehen, während als »langfristig« vierjährige Anlagen zu werten sind. Im Normalfall liegen Langfristzinsen über den kurzfristigen. In Zeiten allerdings, in denen die Banken eine Zinssenkung erwarten, zahlen sie für kurzfristige Gelder mehr als für langfristige Anlagen. Je mehr die kurzfristigen Zinsen über den langfristigen liegen, desto wahrscheinlicher ist eine baldige Zinssenkung. Ein hohes Zinsniveau wirkt sich auf die Aktienmärkte negativ aus.

Mit *Prime Rate* bezeichnet man den Zinssatz, den Schuldner erstklassiger Bonität an die Banken für die geliehenen Kredite bezahlen müssen. Sie ist vergleichbar den Kreditzinsen im längerfristigen Bereich. Sie gilt vornehmlich den Kreditnehmern, die sogenannte gute Kunden der Bank sind, also Kunden, bei denen der geliehene Betrag bestens gesichert ist, zum Beispiel durch ein unbelastetes Firmenvermögen. Die Prime Rate läßt sehr gut die Kapitalnachfrage für Investitionskredite der Wirtschaft erkennen.

Werden größere Kredite für Investitionen aufgenommen, so wird die Prime Rate tendenziell steigen, da die erhöhte Nachfrage nach dem Geld dessen Preis (Zins) ansteigen läßt.

Werden diese Investitionen durchgeführt, nachdem die Kredite bewilligt und vielleicht schon ausbezahlt worden sind, wird die Nachfrage nach den Investitionsgütern steigen, was sich in einer Konjunkturbelebung widerspiegelt. Volkswirtschaftliche Indikatoren wie z. B. Auftragseingang und Umsatz dokumentieren diesen Ablauf recht gut. Es ist leicht verständlich, daß der Prime-Rate-Satz einen recht großen zeitlichen Vorsprung vor den volkswirtschaftlichen Indikatoren hat. Dazu sei aber bemerkt, daß eine Veränderung der Prime Rate nicht zwingenderweise eine entsprechende Konsequenz in der tatsächlichen Wirtschaftsentwicklung bedingt. Mit Sicherheit gibt die Veränderung der Prime Rate aber eine Frühwarnung auf sich eventuell entwickelnde Veränderungen im Wirtschaftsverlauf.

Mit der *Rentenrendite* ist die Durchschnittsrendite gemeint, die man für öffentliche Anleihen mit einer Restlaufzeit von zehn Jahren erzielt. Eine positive Auswirkung auf den Aktienmarkt wird dann gesehen, wenn sich die aktuelle Rentenrendite unter ihrem 30-Wochen-Durchschnitt bewegt. In dieser Situation sieht man die Zinssenkung als etabliert an. Wird durch ein Ansteigen der aktuellen Rentenrendite der Durchschnitt von unten nach oben durchbrochen, so sieht man darin einen Wechsel im Zinstrend. Durch die steigenden Zinsen befürchtet man negative Auswirkungen auf den Aktienmarkt.

Den *Broker Loan* bezahlt der Kunde dem Broker für einen Wertpapierkredit. Er stellt den Eigenkapitalanteil an der Kreditkauf-Position in Prozent dar. Eine Veränderung dieser Prozentsätze betrifft die an der Börse Agierenden direkt. Es ist deshalb nicht sehr verwunderlich, daß die Aktienindizes und die Entwicklung der Margin Accounts bzw. Broker Loans eine negative Korrelation aufweisen oder, in anderen Worten ausgedrückt, daß einem Ansteigen des einen mit hoher Wahrscheinlichkeit ein Nachlassen des anderen folgt. Als ein Erfahrungssatz gilt für Margin Account und Broker Loan, daß:

- eine Erhöhung des Prozentsatzes mit hoher Wahrscheinlichkeit ein Absinken der Kurse zur Folge hat;
- eine Herabsetzung desselben aber keineswegs unbedingt einen Kursanstieg bedeutet.

Der Stand des *Wechselkurses* zweier Länder zueinander ist für die Entwicklung der Börsenkurse relevant. Anleger, die einen Anstieg der Fremdwährung erwarten, werden vornehmlich in diesem Land investieren, um neben den üblichen Erträgen wie Zinsen, Dividenden und Kursgewinnen auch noch eine Wertsteigerung durch die Devisenkursveränderung zu erzielen. Ein steigender Devisenkurs gibt somit ein positives Zeichen für die Börse dieses Landes.

Abschließend kann *festgestellt* werden, daß die geschilderten Börsen- und Wirtschaftsreaktionen keine Gesetze darstellen, sondern aus Modellen entwickelte und in der Praxis nicht selten beobachtete Folgeerscheinungen wiedergeben. Man darf daher auf keinen Fall in eine mechanische Interpretation der Indikatoren verfallen, sondern sollte die monetären Indikatoren vor dem Hintergrund der Szenerie von Gesamtwirtschaft, Politik, Psychologie und dem Ausland sehen. Es ist ohnehin schwierig zu sagen, welches Ausmaß an Zuverlässigkeit ein signalisierender Indikator für den weiteren Verlauf der Kurse hat. Denn es kommt durchaus vor, daß viel Geld im Markt ist, die Zinsen niedrig sind und trotzdem die Börse darniederliegt, weil zum Beispiel die Wirtschaft in einer lang anhaltenden Rezession gesehen wird. Auch können die Zinsen auf niedrigem Niveau liegen, weil bei den Banken keine größere Nachfrage nach Krediten besteht. Die Gesellschaften besorgen sich ihr Geld für ihre Investitionen in einem solchen Fall vielleicht direkt auf dem freien Kapitalmarkt, z. B. durch Emittieren von Obligationen oder Kapitalerhöhungen mit der Ausgabe junger Aktien. Ferner sollte man auch berücksichtigen, daß die monetäre Versorgung für den Aktienkauf nicht ausschließlich durch die eigene wirtschaftliche Liquidität bestimmt wird, sondern auch durch den Zustrom von Kapital aus dem Ausland.

7.9.4 Unternehmensanalyse

a. Definition

Die Unternehmensanalyse ist die Fundamentalanalyse im eigentlichen Sinn und wird auch Einzelanalyse genannt. Sie dient dazu, die Geschäftsentwicklung der einzelnen Gesellschaft zu erforschen. Die Anhänger dieser Methode sehen in der Geschäfts-, insbesondere aber in der Ertragsentwicklung der Aktiengesellschaft den maßgeblichen Bestimmungsfaktor für die Kursentwicklung der Aktien. Über die Analyse entwickelt man einen »inneren« Wert, den die Aktie besitzt.
Diesen »inneren« Wert, auch »Unternehmenswert« genannt, vergleicht man mit der Börsennotierung der Aktie und versucht Diskrepanzen zwischen beiden Werten durch gewinnbringende Engagements zu nutzen. Im Mittelpunkt einer Einzelanalyse steht deshalb das Ermitteln des Unternehmenswertes.

b. Der Unternehmenswert

Um ihn zu ermitteln, verwendet man soviel Unternehmensdaten wie möglich. Dabei wird es »interne« und »externe« Unternehmensdaten geben. Interne Unternehmensdaten sind solche Informationen, die vorwiegend der Unternehmensleitung für Planung sowie für kontroll- und geschäftspolitische Entscheidungen zur Verfügung stehen. Externe Daten stehen auch den nicht an der Geschäftsführung Beteiligten zur Verfügung, also Banken, Aktionären, Gläubigern, Kunden und Lieferanten der Gesellschaft. Je nach der Position des Außenstehenden wird er sich auch den Zugang zu betriebsinternen Informationen verschaffen können, in der Regel wird sich die externe Analyse jedoch auf folgende Informationsquellen beschränken müssen:

- die Bilanz,
- die Gewinn-und-Verlust-Rechnung,
- den Geschäftsbericht und
- darüber hinaus noch Zwischen- oder Quartalsberichte, allgemeine Brancheninformationen, die für die Gesellschaft von Bedeutung sind, sowie Meldungen und Berichte aus der Wirtschaftspresse.

In erster Linie wird also die externe Unternehmensanalyse eine des Jahresabschlusses (Bilanz, Gewinn-und-Verlust-Rechnung, Geschäftsbericht) sein. Aus den verfügbaren Daten werden Zeitreihen, Vergleichszahlen und Kennziffern entwickelt. Den für die Aktienbewertung an der Börse maßgeblichen Faktor sehen die Unternehmensanalysten am ehesten in der Ertragsentwicklung der Gesellschaft oder genauer: in der Fähigkeit des Unternehmens, in Zukunft Gewinne zu erzielen. Dem Erkennen und Einschätzen dieser Potenz gilt deshalb das Hauptinteresse.

c. Kennzahlen als Ergebnis

Es wird deutlich, daß die Unternehmungen außerbetrieblichen Einflußfaktoren ausgesetzt sind, die sie nicht oder nur sehr begrenzt beeinflussen können. Durch die vergleichende Unternehmensanalyse kann man jedoch diejenige Gesellschaft erkennen, die auf bestimmte Außeneinflüsse besser zu reagieren versteht als vergleichbare andere und sich somit für ein Engagement z. B. in Form von Aktienkäufen eher empfiehlt. Da die Fähigkeit einer Unternehmung, Gewinne zu erzielen, praktisch von allen zu der Unternehmung in Beziehung stehenden Faktoren beeinflußt wird, sollte man bei einer umfassenden Unternehmensanalyse nicht nur einen Betriebsbereich unter die Lupe nehmen.

Die Analyse und Auswertung des Jahresabschlusses, besonders der Bilanz, erfolgt anhand von Kennzahlensystemen, die die besonderen Bedingungen des Unternehmens recht klar aufzeigen und einen raschen Einblick in die Unternehmensstruktur und -lage geben.

Im Anhang F.1 ist als Beispiel eine detaillierte Aufstellung relevanter Kennzahlen und Formeln aus dem Fachbuch »Bilanzkennzahlen« von Hofmann (Gabler-Verlag) abgedruckt.

7.10 Psychologie und Personen

7.10.1 Psychologie

Weshalb ein Kurs auf einem bestimmten Niveau wechselte, dafür gibt es immer mannigfache Deutungsmotive. Beobachten Sie in einer solchen Situation die Medien, so werden Sie feststellen, daß diese sowohl fundamentale, psychologische und auch technische Gründe dafür finden. Es gilt, die wahren, d. h. objektiven Aspekte herauszufinden und nicht in Glauben und Vorurteile zu verfallen. Die technische Analyse ist als eine rein beobachtende und nicht erklärende Methode anzusehen, die keine psychologischen Erklärungen zu Trendlinien, Support-Resistance-Niveaus oder ähnlichem rechtfertigt.

Der Aktionär, der sich nicht mit der Prognose oder Analyse von Aktientrends beschäftigt, freut sich, wenn der Wert seiner Anteile steigt, und er wird enttäuscht oder gar wütend sein, sobald der Kurs fällt. Meist sieht er sich mit seinen Titeln als Teil in einem ungeordneten und unlogischen Auf und Ab, und er hofft, beim nächsten Anstieg mit dabeizusein.

Ab dem Tag, wo er sich mit Analysetechniken beschäftigt, um auf diese Weise auch mal zu einer eigenen Meinung zu gelangen, beginnt er sich einen festeren Boden für Spekulationen unter die Füße zu schaffen. Dabei kann er aber leicht dem Glauben verfallen, sich damit dem scheinbar unkoordinierten Rauf und Runter entziehen zu können. Schließlich können ihm diese Zahlen und Grafiken ein angenehmes Sicherheitsgefühl suggerieren. Er ist vielleicht geneigt, sein künftiges Verhalten zu sehr von den Resultaten seiner Analysen abhängig zu machen.

Doch mit der Analyse sind beileibe nicht alle Probleme gelöst! Alle technischen Mittel einschließlich moderner Computer mit ihrer Software vermögen nicht das Verhalten der »mitspielenden« anderen Börsianer vorauszusagen. Das aber bestimmt die Kurse. Seine Kauf- und Verkaufsentscheidungen muß letztendlich jeder für sich alleine treffen.

7.10.2 Personelle Veränderung in Vorstand oder Aufsichtsrat

Wenn Sie nach einer einfachen Alarmfunktion suchen, mit der Sie frühzeitig auf meist wesentliche Veränderungen aufmerksam gemacht werden, dann achten Sie auf personelle Veränderungen im Vorstand oder im Aufsichtsrat. Dies gilt insbesondere dann, wenn der amtierende Funktionsträger vorzeitig, also während der Vertragslaufzeit (meist fünf Jahre) oder vor dem Ruhestand ausscheidet. Veränderungen im Vorstand deuten häufig auf operative Probleme und/oder auf Schwierigkeiten in der Zusammenarbeit der Vorstandsmitglieder hin. Die Umbesetzung des Aufsichtsrates ist häufig ein Zeichen für veränderte Machtpositionen in der Großaktionärsstruktur oder in den Beziehungen des betrachteten Unternehmens zu anderen Unternehmen.

Ob die betreffende Veränderung positiv oder negativ zu bewerten ist, kann nur aus der Betrachtung des Einzelfalles beantwortet werden. Eines aber ist sicher: Niemand wechselt während des Rennens die Pferde, wenn man sich davon nicht wesentliche Verbesserungen verspricht. Ob eine Verbesserung eintritt, ist offen. Relativ sicher ist, daß in diesem Unternehmen oder Unternehmensbereich wesentliche Veränderungen bevorstehen. Das kommt meist teuer zu stehen und schafft erhebliche Unruhe und Reibungsverluste.

Während dieser Phasen ist das Unternehmen stark mit sich selbst beschäftigt und kann sich nicht optimal auf den Markt und den Wettbewerb konzentrieren. Hier ist ein negativer Einfluß auf die Geschäftsentwicklung zu befürchten.

Ist dagegen das »Tal der Tränen« durchschritten und die Mannschaft wieder fit, zeigen diese Unternehmen in der Regel eine überdurchschnittliche Entwicklung.

Informationen über personelle Veränderungen finden Sie in den jeweiligen Wirtschaftszeitungen des Landes, zum Beispiel im Handelsblatt unter »Namen« im Teil »Unternehmen und Märkte«, sowie monatlich in den Fachmagazinen der jeweiligen Branche. In den Branchenblättern finden Sie meist auch Kommentare und Hintergrundberichte der jeweiligen »Szene«.

Ein Beispiel hierfür ist die Kursreaktion auf eine Pressemitteilung. Informationen, die über das oder vom Unternehmen veröffentlicht werden, müssen daraufhin untersucht werden, welchen Einfluß sie auf die Zahlen des Unternehmens haben und wie diese sich auf die Kursentwicklung auswirken können. Situationen, in denen Unternehmen stark in die Presse kommen, sind hervorragende Verkaufssituationen (bei guten Nachrichten) bzw. Kaufsituationen (bei schlechten Nachrichten).

Allgemein gilt:

Kaufsignal	der Kurs bleibt trotz schlechter Presse stabil
Verkaufssignal	der Kurs steigt trotz guter Presse nicht weiter

7.11 Meine »Top Ten + P«-Kennzahlen für Ihre Aktienanalyse

»Warum gerade diese und keine andere Aktie?«

Die wesentlichen Kennzahlen, die ich bei der allgemeinen Aktienanalyse verwende, habe ich nachfolgend dargestellt. Geht es an die konkrete Anlageentscheidung, muß man in der Regel noch tiefer in die Analyse und vor allem in die Bewertung der Informationen einsteigen, und gerade diese Bewertung ist es, die den Analysten als Künstler vom Computer als Maschine unterscheidet.

Wir sprechen hier im übrigen über Kennzahlen für mittel- und langfristige Bewegungen und die generelle Auswahl bestimmter Aktien. Dabei spielt die technische Aktienanalyse nicht die primäre Rolle. Anders ist dies, wenn wir von der Disposition und dem Timing sprechen, wann und bei welchen Kursen man eine Position in der jeweiligen Aktie auf- bzw. abbaut, also kauft bzw. verkauft. Dann spielt die technische Analyse eine entscheidende Rolle!

① **Kapitalzins und**
② **Ertragsrendite**

Diese beiden Kennzahlen dienen als Indikator dafür, wieviel Geld in Aktien und wieviel in Festgeld/Anleihen investiert werden soll. Die Ertragsrendite sollte möglichst doppelt so hoch wie die Kapitalmarktrendite sein und wird errechnet aus 1/KGV in Prozent. Das KGV (siehe Kennzahl 4) kann sich auf den Markt, eine Branche oder eine Einzelaktie beziehen.

Mittels der Ertragsrendite kann der relative Ertrag der Aktienanlage direkt in Beziehung zur Kapitalmarktrendite gesetzt werden. Über die Ertragsrendite wird auch deutlich, welchen Einfluß Zinsveränderungen auf die relative Attraktivität von Aktien gegenüber Anleihen haben.

Beim Kapitalmarktzins beziehen wir uns auf die durchschnittliche Marktrendite (nicht Nominalverzinsung) von Anleihen erster Bonität mit einer (Rest-)Laufzeit von zehn Jahren. Wir verwenden diese Laufzeit, weil wir an den kurzfristigen Zinsschwankungen weniger interessiert sind und weil uns bei den extremen Langläufern (z. B. den 30jährigen) der Markt zu dünn ist, so daß hier durch markttechnische Konstellation die Preisfindung und damit die Rendite verzerrt wird.

Neben der Berechnung der Ertragsrendite für Aktien verwenden wir den Kapitalmarktzins als Indikator für die mittel- und langfristige Zinsentwicklung (die wiederum zeitweise einen erheblichen Einfluß auf die Aktienkursentwicklung haben kann) und als Anhaltspunkt dafür, wieviel Vermögen in Festgeldern/Anleihen oder in Aktien investiert wird (siehe Asset Allocation). In den letzten drei Jahrzehnten bewegte sich die durchschnittliche Kapitalmarktrendite in Deutschland bei gut 7,5 %.

③ **Gewinnentwicklung und**
④ **KGV (Kurs-Gewinn-Verhältnis)**

Diese beiden Kennzahlen werden dreifach genutzt, nämlich

● als relative Bewertungszahl für eine Aktie, berechnet mit den letzten, dem laufenden und dem erwarteten Gewinn;
● als Gradmesser im Vergleich zur Branche und zur Berechnung des Soll-KGV;

● als Soll-KGV selbst aufgrund von Berechnungen und Gewinn
erwartungen (fundamentale Grundlage für das Kursziel).

⑤ **Verhältnis des Buchwertes zum aktuellen Kurs**

Je näher der Aktienkurs am Buchwert liegt, desto mehr ist der Kurs
durch »Hard Assets« wie Grund und Boden, Gebäude, Maschinen
usw. abgesichert. Allgemein sollte der Kurs nicht mehr als zwei Drittel vom Buchwert entfernt sein. Dieser ist nicht zu verwechseln mit
dem Substanzwert, der auch Umlaufvermögen und immaterielle
Wirtschaftsgüter (Patente, Goodwill usw.) beinhaltet. Dieser Substanzwert muß in einer speziellen Analyse berechnet werden.

⑥ **Eigenkapitalquote**

Das Fremdkapital sollte das Zweifache des Eigenkapitals nicht
übersteigen. Besser noch: das Eigenkapital ist höher. Hierzu muß
man Größe und Marktposition des Unternehmens und die Zinsentwicklung mitbetrachten. Letzteres ist insbesondere bei Gesellschaften mit einem hohen Fremdkapitalanteil sehr wichtig.

⑦ **Börsenkapitalisierung, ggf. tägliches Handelsvolumen**

Hier geht es um einen Eindruck über Größe und Bedeutung des
Unternehmens, der anzeigt, ob das Handelsvolumen für die geplante Auftragsgröße genügend Liquidität bietet.

⑧ **Signifikante Veränderung in der Volumenentwicklung
sowie charttechnische Signale/Formationen**

Wenn das Volumen deutlich ansteigt, ist dies ein definitives Zeichen für einen Wechsel in den Besitzverhältnissen. Üblicherweise
sollte der Kurs mit dem Volumen steigen. Ist dies nicht der Fall,
liegt eine Sonderbewegung vor, für die eine Erklärung gesucht
werden sollte.

⑨ **Soll-KGV und**
⑩ **Kursziel**

Dies sind keine Kennzahlen im eigentlichen Sinne, sondern mehr
das Ergebnis der subjektiven Bewertung der Gesellschaft und der
Situation. Sie geben eine Orientierung dafür, wann man bei der
betreffenden Aktie wieder an das Verkaufen denken sollte.

Das Soll-KGV leitet man aus dem KGV von anderen, vergleichbaren Unternehmen im Markt ab. Hier besteht natürlich ein erheblicher subjektiver Interpretationsspielraum. Aber auch eine möglicherweise ungenaue Schätzung ist besser als gar keine Orientierung. Aus dem Soll-KGV rechnen wir dann einfach den entsprechenden Kurs der Aktie aus, der sich einstellen müßte, damit die Aktie dasselbe KGV hat wie ein vergleichbares Unternehmen im Markt. Die Definition des genauen Kurszieles bzw. Verkaufsniveaus ergibt sich dann aus der technischen Analyse (Widerstandslinien, Formationen usw.).

Diese Methode, ein Kursziel zu definieren, ist sicher nicht der Weisheit letzter Schluß, aber sie funktioniert und schützt uns davor, zu früh auszusteigen (zu verkaufen) bzw. Aktien zu kaufen, die nur ein geringes Kurspotential haben.

Psychologie

Schließlich sollten bei der Anlage in Aktien aber auch die psychologische Verfassung des Marktes und die handelnden Personen berücksichtigt werden (vgl. dazu auch Kapitel 7.10). In der Endphase eines Aufschwungs kommt es häufig zu einer sogenannten »Milchmädchen-Hausse«, wenn viele Privatanleger auch für sich die Aktie als Anlageinstrument »entdecken«. Umgekehrt steigen die Aktien meist sehr kräftig, wenn die Talsohle durchschritten ist und es wieder aufwärts geht. Viele Anleger versuchen dann noch auf den fahrenden Zug aufzuspringen und beschleunigen den Aufschwung damit sogar noch. Vielfach ist es hier sinnvoll, sich antizyklisch zum Markt zu verhalten. Der Investor, der gerade dann in Aktien einsteigt, wenn die Mehrzahl noch verkauft, wird diese – vor dem Hintergrund der nachfolgenden Kursgewinne – relativ günstig erwerben und langfristigen Erfolg mit seiner Anlagestragegie haben.

Auch die handelnden Personen sollten bei der Anlage berücksichtigt werden. Wie gut wird das Unternehmen von dem Management in der derzeitigen Situation geführt? Insbesondere bei Fusionen oder Akquisitionen ist es z. B. wichtig, daß die Vorstände in der Lage sind, neuen Unternehmen eine Identität zu geben und den Erfolg der Transaktion sicherzustellen. Bei jeder Anlageentscheidung sollten daher neben den harten Tatsachen in Form der Kennzahlen auch solche »soft factors« eine Rolle spielen.

8. Spezielle Themen zum Börsengeschäft

In diesem Kapitel wird ein tiefer gehender Einblick in einige besondere Themen gegeben, die an anderer Stelle den Betrachtungsrahmen sprengen würden. Es sind Prognosetechniken, das Bookbuilding-Verfahren und steuerliche Aspekte des Wertpapierinvestments.
Zum Schluß folgen noch einige Anmerkungen zur »richtigen« Vermögensstruktur.

8.1 Grundsätzliches über Prognosen

8.1.1 Überblick über Prognose-Indikatoren

Eine Reihe von Indikatoren werden als »*Timing Instruments*« bezeichnet. Sie stammen nicht nur aus der technischen Analyse, sondern auch aus der Aufbereitung fundamentaler Daten. Sie sind so unterschiedlich wie ihre Herkunft. Ihnen wird die Eigenschaft zugesprochen, künftige Entwicklungen vorher zu signalisieren.
Diese Indikatoren liefern in derselben Situation keineswegs das gleiche Ergebnis.

8.1.2 Art der Indikatoren

Die hier betrachtete Art von Indikator ist eine Daten-Zeit-Reihe, die eine bestimmte Entwicklung tendenziell begleitet. Im allgemeinen werden drei Arten von Indikatoren unterschieden, und zwar unter dem Aspekt ihres zeitlichen Verlaufs in bezug auf die interessierende Entwicklung:

● *Leading Indicator:* Er hat einen zeitlichen Vorlauf gegenüber der prognostizierten Daten-Zeit-Reihe. Leading Indicators zu erkennen bzw. zu erarbeiten ist das Hauptinteresse der Analysten, da der zeitliche Vorlauf für entsprechende Dispositionen gewinnbringend genutzt werden kann.

- *Concisions Indicator.* Hier läuft die Erstellung des Indikators mit der Daten-Zeit-Reihe gleich. Diese Indikatoren werden bevorzugt zur Bestätigung der Prognosereihen verwendet oder in Ermangelung von Leading Indicators auch in deren Funktion verwendet.
- *Lagging Indicator:* Dieser Indikator läuft der Prognosereihe zeitlich hinterher. Analysten gebrauchen solche Indikatoren zur Bestätigung empirischer Prognosereihen.

In der Praxis erweist es sich, daß Systeme im einen Fall recht gut funktionieren, im anderen dagegen versagen. Viele haben ihr Vermögen oder einen erheblichen Teil davon dadurch verloren, daß sie einem »System« folgten, das für eine bestimmte Dauer, innerhalb einer bestimmten Situation und bei einem Titel hervorragende Ergebnisse lieferte. Doch nach einiger Zeit oder unter veränderten Bedingungen entfernte es sich von den tatsächlichen Ereignissen gründlich und produzierte Fehler – ohne durchschaubaren Grund.

Das Mittel gegen versagende Systeme kann nur darin bestehen, vorher Qualität und Quantität der Prognoseargumente systematisch, empirisch und repräsentativ zu untersuchen und zu überprüfen sowie gründlich zu testen.

Mit Prognoseargumenten sind die Kriterien der Abhängigkeit sowie der zugrundeliegenden Annahmen gemeint. Gewöhnlich beschäftigt man sich mit bedingten Prognosen, deren Eintreffen in Abhängigkeit von einer zu beobachtenden Daten-Zeit-Reihe (Bedingung) steht. Je nachdem, wie die Bedingungen gestellt sind, können die Daten-Zeit-Reihen beispielsweise kurs- und zeitbezogen oder aus volkswirtschaftlichen Größen wie Zinsen oder Inflationsraten bestehen.

Speziell bei der Aktienkursprognose existiert ein sehr weites Spektrum von Prognoseargumenten. Um eine systematische Betrachtung durchführen zu können, teilen wir die *»Prognoseargumente«* in drei Gruppen:

- rational-fundamentale,
- extrapolierend-projektive und
- deskriptiv-psychologische Prognoseargumente.

Die Prognoseargumente werden vor ihrem Einsatz auf ihre Treffsicherheit hin getestet, das bedeutet, daß sowohl die Quantität als auch die Qualität der Signale, die von der Daten-Zeit-Reihe gegeben werden, getestet und optimiert werden.

Unter dem Aspekt der Quantität wird geprüft, wie oft der Indikator Signale lieferte und wie viele davon richtig bzw. falsch waren. In bezug auf die Qualität ist zu fragen, wie die Gewinn- bzw. die Verlustwirkung des Indikators sich darstellt. Diese Überprüfung sollte sich sowohl auf »Long«- als auch auf »Short«-Basis erstrecken. Die Erfolgsangaben können auf ein beliebiges absolutes Anfangskapital bezogen werden, das stellt die Vergleichbarkeit sicher.

8.1.3 Indikatorgruppen

a. Rational-fundamentale Indikatoren

Hierunter werden solche Indikatoren verstanden, die in einem gewissen, logisch erkennbaren Zusammenhang zu den Kursen stehen. Sie werden bevorzugt von den Vertretern der fundamentalen Analyse zu Prognosen herangezogen. Als erwähnenswerte Vertreter gelten:

- *makroökonomische Indikatoren:* Geldmenge, Zinsen, Leistungsbilanzen, Geschäftsklima usw.
- *mikroökonomische Indikatoren:* Gewinn, Cash-flow, Kurs-Gewinn-Verhältnis, Verschuldungsgrad, Ertragserwartung usw.

b. Extrapolierend-projektive Indikatoren

Den Indikatoren dieser Gruppe liegt die Annahme zugrunde, daß die zukünftige Entwicklung auf vergangenen Ereignissen aufbaut und deshalb über eine Prognosereihe rechnerisch vorhergesagt werden kann. Hierzu zählen gleitende Durchschnitte, Momentumskurven und die Vielzahl der technisch orientierten Timing-Indikatoren.

c. Deskriptiv-psychologische Indikatoren

Dieser Gruppe wird zwar eine Indikationswirkung zugesprochen, sie läßt aber sonst keinen direkten erkennbaren Bezug zur Kursentwicklung erkennen. Erfolgversprechender geben sich die rein psychologischen Indikatoren, deren Aussagen sich meist auf die Stimmung im Markt beziehen. Beispiele dafür sind die Neigung zum Wertpapierkauf auf Kreditbasis, Konsumfreudigkeit, Verhalten der Teilnehmer am Kauf- bzw. Verkaufsoptionsmarkt usw.

8.1.4 Mehrbezugssysteme

Der Grundgedanke hinter dem Indikatorensystem besagt, daß ein Indikator allein eine relativ hohe Fehlerrate liefert. Die versucht man dadurch zu minimieren, daß man anstehende Handelsentscheidungen vom Eintreffen mehrerer Indikatorensignale abhängig macht. Ein Systemsignal gilt also erst dann, wenn mehrere Einzelindikatoren gleichgerichtet aussagen.

Die Frage ist, warum sich mehrere fehlerhafte Indikatoren im Verein weniger Fehler liefern sollen. Tatsache ist: In der Praxis ergibt ein ausgewogenes und spezielles Indikatorensystem weniger Fehlsignale als ein darin verwendeter Einzelindikator. Doch einen Nachteil gibt es auch hier: Meist ist eine längere Wartezeit in Kauf zu nehmen, bis genügend Einzelindikatoren das gemeinsame Signal geben. Es ist einleuchtend, daß ein Indikatorensystem weniger Signale liefert oder ein Signal erst sehr viel später produziert als der einzelne Indikator. Hier kann man aber durch einen geeigneten Schwellenwert einen guten Kompromiß zwischen Indikatorenvielfalt und Systemträgheit finden, indem man ein Handelssignal als gegeben ansieht, wenn von etwa 30 Indikatoren mindestens zehn das gleiche Signal liefern und kein Indikator ein gegensätzliches. Der große Vorteil der Indikatorensysteme liegt nämlich darin, daß man die Entscheidung, ob man handeln soll oder nicht, vom Eintreffen mehrerer Parameter abhängig macht. Man kann in das System zum Beispiel Volumen, gleitende Durchschnitte, Zinssätze, Kurs-Gewinn-Verhältnisse und das Geschäftsklima mit einbeziehen und hat so ein realistischeres Bezugsmodell der Einflüsse auf den Kursverlauf.

Ist man der Überzeugung, daß der eine oder andere Indikator wichtiger ist als andere, so kann man die Indikatoren je nach ihrer Bedeutung gewichten. Damit hat man weiterhin den Vorteil des Mehrbezugssystems und die Möglichkeit, Präferenzen zu schaffen, womit man sein System zum einen genauer an die Realität anpassen und zum anderen dynamisieren kann.

8.1.5 Beurteilung von Prognoseargumenten

Bei der Beurteilung von Prognoseargumenten verdichten sich Probleme, die eine abschließende bzw. umfassende objektive Beurteilung in Frage stellen. Folgende Frage schlägt bei der Beurteilung einer Prognose besonders zu Buche:

»Sind die Bedingungen, unter denen die Prognose erstellt wurde und von denen die Richtigkeit der Prognose abhängt, auch in Zukunft im selben Ausmaße wirksam?«

Dieses *Prognoseproblem* stellt sich besonders bei fundamental gestützten Prognosen, die die Entwicklung der Kurse auf der Basis makro- und mikroökonomischer Daten-Zeit-Reihen gründen. Dabei handelt es sich nicht selten um Interdependenzmodelle, die verschiedene Kausalbezüge zwischen Daten-Zeit-Reihen annehmen.

Des weiteren gibt es das *Publikationsproblem*. Wie sehr beeinflußt die Veröffentlichung einer Prognose die Zukunftsentwicklung der Daten-Zeit-Reihe? Die Tatsache, daß eine Prognose über die Kursentwicklung einer Aktie in einem engen Markt das Publikum beeinflussen kann, ist schwer nachweisbar und in ihrem Ausmaß kaum vorherzusehen. Theoretisch müßte man die Publikationswirkung einer Prognose aber mit in die Prognose einbeziehen.

Das *Induktionsproblem* besteht aus der Frage: »Inwiefern ist es gerechtfertigt, aufgrund einzelner singulärer Beobachtungen eine ›empirische‹ Gesetzmäßigkeit zu erstellen?« Dieses Induktionsproblem stellt sich besonders bei technisch orientierten Prognoseargumenten.

Bei der Erstellung einer Prognose sollte man die Entwicklung sowohl in ihrem *quantitativen Ausmaß* als auch unter dem *zeitlichen Aspekt* einbeziehen. Das kann man durch geeignete Wahl der Prognoseargumente bewerkstelligen.

Daneben spielen die Verzögerungen bis zur Informationsvorlage eine Rolle. Bei der empirischen Untersuchung von Indikatoren findet sich nicht selten eine Daten-Zeit-Reihe, die eine hohe Korrelation mit der Prognosereihe aufweist oder zumindest einen relativ stabilen Vorlauf besitzt und somit ideale Voraussetzungen zur Prognose stellt. Für die Erstellung eines Prognosesystems, das in der Praxis täglich angewandt werden kann, müssen Daten verwendet werden, die täglich aktualisiert werden können, jedoch erst nach Monaten verfügbar sind. Die zeitliche Verfügbarkeit einer Datenreihe muß also bei Beurteilung der Indikatoren beachtet werden.

Beim Erstellen eines Indikatorenverbundes ist des weiteren zu beachten, daß einige nur innerhalb bestimmter Werte einen signifikanten Bezug zur prognostizierten Daten-Zeit-Reihe aufweisen. Ferner sollte man beachten, daß bestimmte Indikatoren sich gegenseitig beeinflussen können.

8.1.6 Systemtest

Um mit Indikatoren erfolgreich anzulegen, ist es unbedingt erforderlich zu wissen,

- *wie der Indikator arbeitet,* d. h., auf welche Bewegung der Indikator wie reagiert bzw. aufgrund seiner Berechnung reagieren kann, wo also sein Analyseansatz zu suchen ist (Trendfolge, Umkehr, Wendepunktindikatoren, Oszillatoren, Zyklen).
- *wie erfolgreich die Handelssignale* des Indikators in den jeweiligen Kursszenarien *waren.* Am effektivsten wird eine empirische Analyse des Erfolgsverlaufs eines Indikators bzw. eines Handelssystems mittels eines speziellen Computer-Testprogramms. Man hat damit die Möglichkeit, exakt zu prüfen, wann welcher Indikator wie erfolgreich war, und zwar für Kauf- wie auch Verkaufssignale. Solche Programme sind seltener zu finden, aber lohnend.

Ist es für Spekulanten im Prinzip gleich, ob der Gewinn auf der Hausse- oder Baisseposition erzielt wurde, so kommt es für Anleger mit Absicherungsinteressen sehr wohl darauf an, ob das System in der Hausse oder der Baisse erfolgreich(er) ist. Sollen z. B. die in einer Fremdwährung aufgenommenen Kredite gegen ein Ansteigen der Kreditwährung gesichert werden, so wird ein System mit überdurchschnittlich guter Hausseposition gesucht. Sind dagegen Wertpapiere oder Währungsbestände in einem Depot gegen einen Kursrückgang zu sichern, so ist ein System gefragt, das besonders erfolgreich auf der Baisseseite arbeitet.

8.2 Bookbuilding-Verfahren

Unternehmen, die wachsen, brauchen Kapital. Dieses können sie als Kredit bei ihrer Bank aufnehmen oder als Eigenkapital durch Aktienausgabe bekommen. In den letzten Jahren sind viele Unternehmen aus zukunftsträchtigen Branchen an die Börsen gekommen, um den weiteren Wachstumskurs zu finanzieren. Man spricht in diesem Zusammenhang von Neuemissionen oder Initial Public Offerings (IPO). Gerade bei unbekannteren und jüngeren Gesellschaften stellt sich aber das Problem, daß man die Ertragschancen und Risiken, die sich bei einem Engagement in Aktien dieses Unternehmens ergeben, schlecht abschätzen kann. Um möglichst viele Informationen und Zukunftserwartungen für diese Einstufung heranzuziehen, werden die weitaus meisten Gesellschaften heute im Bookbuilding-Verfahren an die Börse gebracht.

Dabei wird der Emissionskurs nicht von der Gesellschaft oder dem Emissionskonsortium festgelegt, sondern zusammen mit den Anlegern ermittelt. Dies geschieht dadurch, daß in einer ersten Phase versucht wird, den »wahren« Wert einer Aktie zu ermitteln. Danach führen die Wertpapierhandelshäuser und Banken des Emissionskonsortiums Gespräche mit potentiellen Großanlegern wie z. B. Fondsgesellschaften. Hier wird ausgelotet, welchen Wert die Investoren zu zahlen bereit sind. Mit dieser Information legen der Emittent und sein Konsortium eine Preisspanne fest, innerhalb der sich der Emissionskurs bewegen darf. Diese Spanne beim Bookbuilding-Verfahren wird häufig so gewählt, daß selbst der obere Kurs nicht dem »wahren« Wert der Aktie entspricht. Der Emittent und die Konsortialbanken versprechen sich von diesem als »Underpricing« bezeichneten Vorgehen eine positive Aufnahme der Emission.

Häufig wird eine Emission auch in verschiedene Tranchen aufgeteilt, weil der Emittent einen bestimmten Prozentsatz seiner Wertpapiere bei Kleinanlegern oder im Ausland plazieren möchte. Die Anleger, Fondsgesellschaften wie Kleinanleger aus dem In- und Ausland, können dann bei dem Konsortium (limitierte) Kaufaufträge abgeben. Diese werden in einem gemeinsamen »Buch« gesammelt (daher auch der Name des Verfahrens). Je nach Nachfrage und Limit setzt man dann den Emissionkurs fest, und die Aktien werden an die jeweiligen Investoren ausgegeben.

Ist die Emission überzeichnet, so müssen die Aktien zugeteilt werden. Dabei kann es durchaus passieren, daß Anleger, die über eine Konsortialbank gezeichnet haben, bevorzugt bedacht werden, sofern der Emittent nicht auf eine einheitliche Zuteilungsquote für alle Investoren besteht. Sollte die Emission überzeichnet sein, so kann auch ein sogenannter Greenshoe zur Anwendung kommen. Hierbei werden mehr Aktien ausgegeben, als dies eigentlich vorgesehen war. Der Greenshoe ist eine Option, die das Emissionskonsortium ausüben kann, wenn die Aktie am Markt besonders gut aufgenommen wird.

Liegt der Eröffnungskurs am ersten Handelstag über dem Emissionskurs, so ergibt sich für den Anleger ein Zeichnungsgewinn. In den letzten Jahren gab es wegen der allgemein guten Börsenstimmung viele Neuemissionen, die häufig überzeichnet waren und mit dem oberen Kurs der Bookbuilding-Spanne emittiert wurden. Für die Anleger, die bei der Emission zum Zuge gekommen sind, war der nachfolgende Kursgewinn auf einen meist noch höheren Einstandskurs im Handel ein schneller Erfolg.

8.3 Steuerliche Aspekte der Wertpapieranlage

Die bei der Wertpapieranlage wirksam werdenden Steuern verdienen bei der Rentabilitätsbetrachtung aufmerksame Beachtung. Schließlich ist eine Investition erst dann vorteilhaft, wenn der Ertrag nach Abzug aller Kosten einschließlich Steuern noch interessant ist. Da die Steuern in fast allen Bereichen auf vielfältige Weise die Ertragsrechnung beeinflussen, müssen sie in die Anlageentscheidung einbezogen werden.

Da die Steuergesetze ständigem Wandel unterliegen und sehr komplex sind, sollte man sich eines Steuerberaters bedienen, um genau und aktuell informiert zu sein. Von ihm können Sie am ehesten verbindliche Auskünfte für Ihren Steuerfall erhalten.

Zins- und Dividendeneinnahmen sind steuerpflichtig, und zwar unabhängig davon, wie lange die Papiere gehalten wurden. Kursgewinne, die nach der Spekulationsfrist von sechs Monaten realisiert wurden, sind aber einkommensteuerfrei. Dabei ist es unerheblich, ob die Kursgewinne mit Aktien, Anleihen oder Investmentfonds erzielt wurden. Liegen aber zwischen Kauf und Verkauf weniger als sechs Monate, sind Kursgewinne auch steuerpflichtig. Realisierte Kursverluste können mit realisierten Kursgewinnen verrechnet werden. Aus den bestehenden Vorschriften lassen sich folgende Faustregeln ableiten:

- Zwischen An- und Verkauf von gleichen Aktien derselben Gesellschaft sollten möglichst mindestens sechs Monate liegen.
- Solange die Spekulationsgewinne eines Kalenderjahres unter der Freigrenze von DM 1.000,– liegen, bleiben sie von der Versteuerung verschont.
- Verluste aus Spekulationsgeschäften dürfen gegengerechnet werden. Einschränkungen: Auch hier gilt die Sechsmonatsfrist, außerdem ist die Verrechnung nur mit Spekulationsgewinnen erlaubt, nicht jedoch mit anderen Einkünften.
- Spekulationsverluste sollte man so rechtzeitig realisieren (z. B. durch Abstoßen »fauler« Aktien), daß sie mit Spekulationsgewinnen ausgeglichen werden können. Ein Spekulationsverlust ist bei einer gefallenen Aktie nur dann gegeben, wenn sie innerhalb der sechs Monate wieder veräußert wird.
- Der Ehepartner kann nach deutschem Steuerrecht eigene Börsengeschäfte machen und einen eigenen Freibetrag für Spekulationsgewinne beanspruchen. Das ergibt Handlungsspielraum.
- Das Finanzamt unterstellt, daß bei gleichen Aktien im Depot immer die zuletzt gekauften auch zuerst wieder verkauft werden. Angenommen, man kauft 100 Aktien und sechs Monate später noch einmal 100 derselben Gesellschaft. Beim Verkauf von 100 Stück drei Monate später reklamiert das Finanzamt Spekulationsgewinn, weil es als Grundlage den zweiten Aktienkauf annimmt, auch wenn das an der Wirklichkeit vorbeigeht. Mit einem zweiten Depot auf den eigenen Namen kann man die Beweislage dafür, daß jetzt wirklich die zuerst gekauften Aktien verkauft wurden, erheblich verbessern.

Bei der Steuererklärung lassen sich auch Kosten, die in Zusammenhang mit den Kapitalerträgen angefallen sind, geltend machen. Solche »Werbungskosten« sind: Depotgebühren, Transaktionskosten, Aufwendungen für den Bezug von Fachzeitungen, Chartheften, Bilanzen und Büchern.
Für Investmentfonds gilt der gleiche Grundsatz der Besteuerung:

Zinsen und Dividenden sind steuerpflichtig, Kursgewinne außerhalb der Spekulationsfrist steuerfrei. Da der Anleger aber nicht wissen kann, ob die Wertsteigerung des Fondsanteils durch Zinsen oder Kursgewinne erwirtschaftet wurde, errechnen die Fondsgesellschaften dies separat. Eine Übersicht, die sogenannte »Steuer-Information«, ist vom BVI – Bundesverband Deutscher Investment-Gesellschaften e.V. – kostenfrei erhältlich.

8.4 Die »richtige« Vermögensstruktur

Man könnte sagen: Vor den Anlageerfolg hat Mammon die Vermögensstruktur gesetzt! Darunter versteht man die Antwort auf die Frage, wieviel Geld man in welche Positionen und Vermögensklassen investiert. Die wesentlichen Vermögensklassen oder auch Asset Classes sind:

1. Versicherungen und sonstige Rücklagen
2. Geldbestand sowie kurzfristige Festgelder
3. Anleihen und andere festverzinsliche, lang laufende Papiere
4. Aktien (häufig unterschieden nach nationalen/internationalen Papieren)
5. Immobilien (unterschieden nach selbst- oder fremdgenutzter und Wohn- oder Gewerbeimmobilie)
6. unternehmerische Beteiligungen (im Sinne des Steuergesetzes)
7. Sonstiges, wie Sammlungen usw. (z. B.: Kunst, Yacht, Pferde, Ferienhaus, Oldtimer usw.)

Im Rahmen einer persönlichen Vermögensberatung müssen alle Vermögensklassen besprochen und aufeinander abgestimmt werden. Wesentlich sind hierbei drei Rahmenfaktoren:

- Ihre persönlichen Anlage- und Lebensziele
- Ihre wirtschaftliche und steuerliche Situation
- die allgemeine Wirtschafts-, Zins- und Aktienentwicklung

Entsprechend der Zusammensetzung und Gewichtung der verschiedenen Vermögensklassen ergibt sich ein zum Teil stark unterschiedliches Risiko-Rendite-Profil. In diesem Handbuch beschränken wir uns auf die Vermögensklassen »Geldbestand«, »Anleihen« und »Aktien« und damit auf die klassischen Anlagekategorien.

Oben genannte Vermögensklassen sind als Reihung zu verstehen. Das heißt, daß Sie sich so lange nicht mit Aktien usw. beschäftigen sollten, wie Sie nicht Vorsorge getroffen und Rückstellungen für unliebsame Eventualitäten gebildet haben. Zwar wird hierzulande vieles durch den Staat abgedeckt bzw. zwingend vorgeschrieben (Kranken-, Unfall-, Rentenversicherung). Sie müssen aber darauf achten, ob die Leistung Ihrem Lebensstandard und Ihren Bedürfnissen entspricht – und ggf. privat Vorsorge treffen.

Zu den Immobilien sei gesagt, daß fremdgenutzte Immobilien mit mindestens denselben Kriterien in bezug auf Rendite, Risiko und zeitlichen Aufwand gemessen werden sollten wie Aktien. Bei der eigengenutzten Immobilie ist dies anders, weil sie Teil der persönlichen Lebensführung und Lebensqualität ist und daher nicht mit den üblichen Anlagekriterien gemessen werden kann.

Unternehmerische Beteiligungen sind besonders für Personen interessant, die in einer hohen Steuerprogression stecken. Die Prüfung einer Beteiligung kann nur im Einzelfall erfolgen. Grundsätzlich sei von Beteiligungen abgeraten, wenn es nur darum geht, Steuern zu sparen! Das Ganze muß sich in erster Linie wirtschaftlich rechnen – die Steuererleichterung bzw. -stundung ist das Salz in der Suppe. Wenn die Suppe faul ist, kann auch das beste Salz nichts helfen. Aus diesem Grund muß der Ertrag nach Steuern aus der Beteiligung, den Risiken und den Aufwänden usw. mindestens so hoch sein wie der, den Sie aus einer Aktienanlage erzielen können. Mindestens so hoch deshalb, weil Sie bei Aktien eine bessere Liquidität haben, also schneller wieder an Ihr Geld herankommen – was bei unternehmerischen Beteiligungen in der Regel nicht der Fall ist.

Sonstiges wie Sammlungen usw. können ein Sahnehäubchen sein und Ihrem Vermögen eine persönliche Note geben. Wenn Sie aber Kunst kaufen, dann bitte nicht, weil in Magazin x der Künstler y empfohlen wurde, sondern weil Sie dessen Kunstwerke mögen – auch wenn der Künstler (noch) nicht bekannt und angesagt ist. Sammlungen können hochrentabel sein, sollten jedoch unter wirtschaftlichen Gesichtspunkten erst dann betrachtet werden, wenn die sonstigen Vermögensklassen abgedeckt sind.

Beispiele für eine Vermögensstruktur innerhalb der klassischen

Vermögensklassen bei unterschiedlichen Anlagezielen finden Sie in Kapitel 4.1.2 dieses Handbuchs. Die Vermögensstruktur muß laufend aktualisiert werden. Bevor Sie ein neues Investment eingehen, sollten Sie Ihre Asset Allocation daraufhin überprüfen, ob diese noch Ihren Vorstellungen und Zielen entspricht. In der Vermögensstruktur werden die Anteile je Vermögensklasse prozentual festgelegt und zum Zeitpunkt x umgesetzt. Wenn in der Folge beispielsweise die Aktien steigen, steigt automatisch deren relativer Anteil am Depot, und damit stimmen die ehemals festgelegten Strukturen nicht mehr mit der aktuellen Lage überein.

Wenn Sie sich also aus guten Gründen für eine dynamische Anlagestrategie mit ca. 45 % Aktienanteil entschieden haben und die Aktien »laufen«, werden Sie bei Gewinnmitnahmen diese nicht in Aktien reinvestieren, sondern in kurz oder lang laufenden Anleihen (je nachdem welche Zinsentwicklung Sie erwarten), und damit die relativen Anteile der verschiedenen Vermögensklassen entsprechend der von Ihnen gewählten Struktur halten.

Man kann obengenanntes Verfahren auch als statische Diversifikation bezeichnen, da es darauf abzielt, die jeweiligen Anteile der Vermögensklassen statisch bzw. weitgehend fest zu halten.

Ein anderes Verfahren (welches von uns bevorzugt wird) ist die zeitliche Diversifikation. Hier orientieren wir uns nicht an festgelegten Anteilen für bestimmte Vermögensklassen, sondern an der wirtschaftlichen Erwartung in bezug auf Risiko und Rendite (nach Steuern) für die einzelnen Vermögensklassen. Das heißt, wir richten das Depot danach aus, wo die beste Risiko-Rendite-Relation zu erwarten ist.

Das Argument »Man weiß ja auch nie, was kommt«, das von Verfechtern einer statischen Diversifikation gerne verwendet wird, ist im übrigen substanzlos, denn man weiß ebensowenig, was kommt, wenn man in vielen verschiedenen Titeln und allen Vermögensklassen investiert hat.

Eine breite Diversifikation zeigt vielmehr die Unsicherheit darüber, in was investiert werden soll. Bei der zeitlichen Diversifikation muß man sich allerdings genauer mit dem Markt beschäftigen. Der Vorteil ist jedoch, daß wir zwar auch nur mit Wasser kochen, aber das in weniger Töpfen. Im Ergebnis werden – so hoffen wir – auch Sie feststellen:

Weniger (Diversifikation) bringt Mehr (Anlageerfolg)!

9. Bedeutung von Börsenbegriffen

Anmerkung: Wenn in der Definition in Klammern eine Gliederungsnummer angegeben ist, dann können weiter gehende Erläuterungen dem dortigen Text entnommen werden, zum Beispiel: (→ 1.3.5).

Absteigende Dreiecke = Descending Triangle: Formationsart beim Darstellen von Kurswerten im Chart (→ 7.6 e.)

Ad-hoc-Publizität: gesetzlich geforderte, sofortige Veröffentlichung von kursrelevanten Neuigkeiten durch die Aktiengesellschaft; Schutz gegen Insiderhandel

ADR = American Depository Receipts: Zertifikate großer US-Banken auf deren nichtamerikanische Aktienbestände (→ 1.3.2)

Advance-Decline-Linie: siehe Anstiegs-Abstiegs-Linie (→ 7.7.3)

Agio = Aufgeld: Betrag, um den der Kurs eines Wertpapiers über dem Nennwert steht (→ 2.2); Gegenteil: Abgeld = Disagio

Akkumulationsphase: Zeitabschnitt, in dem Wertpapiere gezielt gekauft und gehortet werden

Aktie: Anteil am Grundkapital einer Aktiengesellschaft, Wertpapier der Kapitalbeschaffung (für den Emittenden) und -anlage (für den Aktionär); Arten: Stamm-, Vorzugs-, Gratis-, Zusatz- und junge Aktien (→ 2.2)

Aktienfonds: Korb mit Aktien (→ 6.3.1 a.)

Aktienindex: Meßzahl des durchschnittlichen Börsenkurses einer repräsentativen Mischung von Wertpapieren, z. B. DAX oder Dow-Jones-Index (→ 7.3)

Aktienindexkontrakt: Handelsvertrag über den rechnerischen Gegenwert des Index (→ 5.4.1)

All Time High: höchster Wert aller Zeiten (bei amerikanischen Indexwert-Rekorden)

AM = Arithmetisches Mittel: technischer Indikator (→ 7.7.2 a)

AMEX = American Stock Exchange: Börsenplatz in New York (→ 1.3.2)

amtlicher Handel: börsengesetzlich geregelte Geschäfte durch amtlich bestellte Händler (Makler) (→ 1.2.2 b.)

amtlicher Makler: durch die Landesregierung bestellter Wertpapierhändler, zuständig für die Kursfeststellung und die Ausführung der Aufträge (→ 1.2.3)

Andienung: Auftragserfüllung bei Termingeschäften (→ 5.4.1)

Anfangseinschuß = Initial Margin: Sicherheitsleistung zu Beginn eines Termingeschäftes (→ 5.3.7 und → 5.4.4)

Anfangskurs: Preis, den ein neues Wertpapier bei der Emission erzielt (→ 3)

Anleihe: festverzinsliches Wertpapier mit Forderungsrecht; auch: Schuldverschreibung, Obligation, Pfandbrief, Rente (→ 2.3)

Annuitätentilgung: über die gesamte Laufzeit gleichbleibende Rückzahlung; basierend auf jährlicher, auf den Ursprungsbetrag bezogener Zins- und Tilgungsleistung (→ 2.3.1)

Anstiegs-Abstiegs-Linie: Verhältnis steigender Kurse zu fallenden (→ 7.7.3)

Arbitrage: risikolose Ausnützung von Preis- oder Kursunterschieden, die für die gleichen Handelsobjekte an verschiedenen Märkten zum gleichen Zeitpunkt bestehen (→ 5.4.6)

Ascending Triangle: siehe Aufsteigende Dreiecke (→ 7.6 d.)

Asset Allocation: Optimierung von Fonds und Portfolios mittels geeigneter Bausteine (z. B. durch Themenfonds) (→ 6.4 e.)

Assignment: Zuteilung eines Stillhalters zwecks Erfüllung seiner Verpflichtung (→ 5.3.7)

at the money: (bei der Option) Basispreis gleich Kassakurs (→ 5.3.5)

Aufgabenmakler: mit der Kurspflege beauftragter amtlicher oder freier Makler (→ 1.2.3)

Aufgeld: siehe Agio (→ 2.2)

Aufsteigende Dreiecke = Ascending Triangle: Formation auf dem Kursdiagramm, die auf einen Kursanstieg hindeutet (→ 7.6 d)

Aufzinsungspapier: festverzinsliches Wertpapier, dessen Zins und Zinseszinsen zusammen mit dem Schuldbetrag zurückgezahlt werden

Ausgabeaufschlag: Gebühren/Spesen der Bank beim Verkauf von Fondsanteilen (→ 6.2.3)

Ausgabepreis: Kaufpreis für einen Fondsanteil (→ 6.2.3)

Auslandsanleihen: auf dem inländischen Kapitalmarkt angebotene festverzinsliche Wertpapiere ausländischer Emittenten (→ 2.3.6)

Auslosung: Tilgungsart festverzinslicher Papiere (→ 2.3.1)

Ausschüttung: Auf- und Verteilung der Erträge bei Fonds
(→ 6.2.5)

Auszahlungsplan: Rückzahlungsmodalitäten für Investmentfonds
(→ 6.4 a.)

Baisse: nachhaltiger Rückgang bzw. Tiefstand der Kurse

Balkenchart: Diagrammform, bei dem die Kursschwankungen des
Tages als senkrechter Balken dargestellt werden (→ 7.5.1 b.)

Bankobligation: Anleihe von Banken/Bankschuldverschreibung
(→ 2.3.1)

Basispreis: im voraus festgelegter Preis bei Termingeschäften
(→ 5.3.1 bzw. → 5.4.1)

Basiswert: Ausgangsobjekt einer Option (→ 5.3.1) bzw. eines
Futures (→ 5.4.1)

Bear Market: Baisse-Zustand

bearish: fallend (Preise, Kurse)

Begebung: Emission eines Wertpapiers

Berichtigungsaktie = Gratisaktie = Zusatzaktie: kostenlose Aktien aufgrund einer Kapitalberichtigung, z. B. durch Umbuchen
von Rücklagen (→ 2.2)

bestens: Limitangabe, die bedeutet, daß zum nächsten Kurs, aber
auf jeden Fall verkauft werden soll (→ 4.3.3)

Beta-Faktor: Verhältnis zwischen der Kursentwicklung einer bestimmten Aktie und der Entwicklung des Gesamtmarktes bzw.
eines repräsentativen Aktienindex (→ 7.7.5)

Betreuer: Bank oder Wertpapierhandelshaus, das sich verpflichtet
hat, für bestimmte Aktien auf Anfrage verbindliche Kauf- und
Verkaufskurse zu stellen

Bezugsrecht: Recht des Aktionärs, bei einer Kapitalerhöhung
junge Aktien beziehen zu können

billigst: Limitangabe, die bedeutet, daß zwar zum nächsten Kurs,
aber auf jeden Fall gekauft werden soll (→ 4.3.1)

Blue Chips: allgemein bekannte und erstklassige Standardwerte
(Aktien)

Bogen: Teil der Aktie, in dem die Nebenrechte verbrieft sind, wie
Zins-, Dividendenscheine u. dgl. (→ 2.1)

Bond: englischer/amerikanischer Begriff für (Inhaber-)Schuldver-
schreibung

Bonität: Fähigkeit des Kunden zur Zahlung bzw. Rückzahlung von
Verbindlichkeiten (→ 4.1.5)

Bookbuilding: Emissionsverfahren zur Ausgabe von Aktien bei einer Ersteinführung an der Börse (IPO = Initial Public Offering). Der Preis wird innerhalb einer festgesetzten Spanne ermittelt. Vorteil: Die Anleger werden in die Preisfindung mit einbezogen

Börsenbericht: zumeist tagesnahe Informationen über das Geschehen an der Börse (→ 3.2.1)

Börsenpflichtblatt: siehe Pflichtblatt (Anhang A.3)

Börsensitz: Mitgliedschaft in einer Börse in den USA

Bottom: unterer Umkehrpunkt nach einem Abwärtstrend beim Kursverlauf (→ 7.6)

Break Even: Punkt oder Linie in einer grafischen Darstellung, an dem sich eine Wende einstellt

Breakout: Ausbruch eines Kursverlaufs aus einem Trend (→ 7.6 a.)

Broadening Formation: siehe Umgekehrte Dreiecke (→ 7.6 f.)

Broker: Börsenmakler in Großbritannien und den USA

Broker Loan: a) Wertpapierleihe b) Indikator der monetären Analyse (→ 7.9.3 b.)

Brokerfirma: Maklerunternehmen

BSP: Bruttosozialprodukt

Bull Market: Hausse-Markt

bullish: steigend (Preise, Kurse)

Bund-Future: Terminkontrakt auf eine Bundesanleihe an der Terminbörse (Eurex)

Bundesschatzbrief: nicht börsennotierte Anleihe des Bundes mit gestaffeltem Zins (→ 2.3.1)

Call: siehe Kaufoption (→ 5.3.1)

CBOT = Chicago Board of Trade: Börsenplatz

CDAX = Composite DAX: ergänzender Index zum DAX mit größerer Markttiefe (→ 7.3 c.)

Chart (der): grafische Darstellung, z. B. Diagramm (→ 7.5)

Churning: Steigern der Transaktionstätigkeit zum alleinigen Zweck der Provisionsvermehrung; illegales Broker-Verhalten

Clearing-Mitglied: Lizenznehmer der Eurex (→ 5.3.7)

Clearing House: zentrale Abrechnungsstelle der Terminbörse

Closing Transaction: Glattstellen einer Position im Optionsgeschäft (→ 5.3.7)

CME = Chicago Mercantile Exchange: Börsenplatz

Commercial Paper: kurzfristiges Geldmarktpapier (→ 4.1.5)

Commission Broker: Makler in den USA, der ausschließlich Kauf- und Verkaufsaufträge von Kunden gegen Kommission ausführt (→ 1.3.1)

Concisions Indicator: Instrument der Prognosetechnik, dessen Ergebnisse parallel zu den aktuellen Ereignissen anfallen (→ 8.1.2)

Converted Chart: an der Mittelachse gespiegelte grafische Darstellung von Kursen (→ 7.5.1 d.)

Convertible Bond: siehe Wandelanleihe (→ 2.3.4)

Cost-Averaging: Fondseinstieg mit durchschnittlichem Preis der Anteile (→ 4.4.4)

Cost of Carry: Nettofinanzierungskosten eines Futures (→ 5.4.5)

Coupon: Zinsschein bei Werpapieren (→ 2.1)

Courtage: Provision des Börsenmaklers bei Kauf und Verkauf (→ 4.4.4)

Covered Warrant: siehe gedeckter Optionsschein (→ 5.5)

Dachskonto: Gemeinsam geführtes Orderbuch von sechs der acht deutschen Börsen für die 30 DAX und die 70 MDAX-Werte. Feststellung einheitlicher Eröffnungs-, Kassa- und Schlußkurse

DAX-Future: Terminkontrakt auf den DAX

DAX: Deutscher Aktienindex (→ 7.3 b.)

Day-Trader: kurzfristig orientierter Spekulant (→ 7.4.1)

Deckungsstock: nach bestimmten Vorschriften angelegtes Deckungskapital (→ 2.3.1)

deckungsstockfähig: für einen Deckungsstock zu benutzen (→ 2.3.1)

deferred: entfernterer Erfüllungstermin eines Futures (→ 5.4.6)

Depot: Bestand an Wertpapieren, in der Regel bei einem Kreditinstitut in Verwahrung und Verwaltung

Descending Triangle: siehe Absteigende Dreiecke (→ 7.6 e.)

Disagio: Unterschied zwischen dem nominalen Wert eines Wertpapiers und seinem darunter liegenden Emissionskurs; Gegenteil: Agio

Diskontsatz: Zinssatz der Zentralbank für Kredite an Banken (→ 7.9.3 c.)

Disposition: Umschichten von einer Anlage oder auch Anlageart in die andere (→ 4.1.2 c.)

Distributionsphase: Zeitabschnitt, in dem Effekten gezielt und gedeckt verkauft werden

Diversifikation: Verteilung des Vermögens (und des Risikos) auf verschiedene Anlageobjekte und -arten (→ 4.1.2 b. bzw. → 6.3.3 b.)

Dividende: Gewinnanteil, der für ein Wertpapierstück ausgeschüttet wird (→ 2.2)

Dormant Bottom = schlafender Boden: flache Umkehrformation mit plötzlichem Anstieg (→ 7.6 a.)

Double Top: doppelte Umkehrformation nach einem Aufwärtstrend im Kurschart (→ 7.6 a.)

Dow Jones Industrial Average: wichtigster Aktienindex in den USA (→ 7.3 d.)

Down-Trend: Abwärtstendenz

ECU = European Currency Unit: europäische Währungseinheit; Vorläufer des Euro

Effekten: Wertpapiere der Kapitalanlage und -beschaffung mit der Eigenschaft, sich innerhalb ihrer Gattung vertreten zu können (→ 2.1)

Einheitskurs = Kassakurs: Kursfestsetzung für geringe Auftragsumfänge (unter 50 Stück) sowie für Kassawerte, bei denen pro Börsensitzung nur einmal ein Kurs ermittelt wird (→ 3.1)

Elliot-Wellentheorie: Modell der Marktbewegungen (→ 7.8.4)

EM = Eponentiell gewichteter Mittelwert: technischer Indikator (→ 7.7.2 c.)

Emerging Markets Fonds = Schwellenländerfonds: in aufstrebenden, an der »Schwelle zur Industrienation« stehenden Ländern investierende Fonds (→ 6.3.4)

Emission: Ausgabe von neuen Wertpapieren auf dem Kapitalmarkt (→ 2.2)

Emittent: Herausgeber eines Wertpapiers (→ 2.2)

Endfälligkeit, Tilgung bei: siehe Tilgung bei Endfälligkeit (→ 2.3.1)

Eröffnungskurs = Anfangskurs eines emittierten Wertpapiers (→ 3)

Eurex = European Exchange: Gemeinsame Handels- und Clearing-Plattform der Deutschen Börse AG und der Schweizer Börse für Optionen und Futures; Nachfolgerin der Deutschen Terminbörse DTB

Fair Value: ausgeglichener Preis eines Futures (→ 5.4.5)

Festverzinsliches Wertpapier: Papier mit unveränderlichem Zins

für seine Laufzeit, das sind Anleihen, Pfandbriefe, Schuldverschreibungen, Obligationen, Renten (→ 2.3.1)

Fibor = Frankfurt Interbank Offered Rate: täglich aktualisierter
Refinanzierungssatz von 19 namhaften deutschen Kreditinsti-
tuten (siehe auch »Libor«)

Financial Future: Fixgeschäft mit Finanzinstrumenten (→ 5.4)

Fixgeschäft: siehe Future (→ 5.4)

Flag: siehe Flagge (→ 7.6 h.)

Flagge = Flag: flaggenförmige Formation im Kursdiagramm
(→ 7.6 h.)

Floater: siehe Libor

Floor Broker: Makler, der Aufgaben vom Commission Broker zur
Ausführung übernimmt (→ 1.3.1)

Fonds-Picking: Heraussuchen der chancenreichsten Märkte für
die Geldanlage in Fonds (→ 6.3.3 d.)

Fonds-Switching: Umschalten zwischen verschiedenen Fonds
(→ 6.3.3 e.)

Fonds: Korb mit Wertpapieren (→ 6)

Formationen: typische, deutungsfähige Bilder eines Kursverlaufs
im Chart (→ 7.6)

fortlaufende = variable Notierung: der jeweiligen Marktlage nach-
kommende Kursfeststellung (→ 3.1)

freier Makler: bei der Kursfeststellung und Orderausführung
nichtamtlicher Wertpapiere mitwirkende Händler
(→ 1.2.3)

freihändiger Rückkauf: Kauf der Anleihestücke durch den Emittenten zum Börsenkurs (→ 2.3.1)

Freiverkehr: Handel mit Wertpapieren, die nicht zum amtlichen
Verkehr zugelassen sind (→ 1.2.2 d. und e.)

Fundamentale Analyse: Untersuchung von Geldmarkt, Volkswirtschaft und Unternehmen im Hinblick auf Wirtschaftskraft
(→ 7.9)

Fungibilität: Austauschbarkeit von vertretbaren Sachen und
Rechten wie Wertpapieren und Devisen (→ 2-1)

Future-Preis: Preis eines Finanzterminkontraktes (→ 5.4.1 und
→ 5.4.5)

Futures: Termin- und Lieferungsgeschäfte (→ 5.4)

GD = Gleitender Durchschnitt = Moving Average: technischer Indikator (→ 7.7.2)

gedeckter Optionsschein = Covered Warrant: Optionsschein auf einen Wertpapierbestand (→ 5.5)

Geldmarktfonds: Investmentfonds mit dem Anlageziel festverzinslicher Wertpapiere

General-Clearing-Mitglied: Lizenznehmer der Eurex mit zusätzlichen Lizenzen (→ 5.3.7)

Genußschein: Gläubigerpapier mit Nebenrechten (z. B. Gewinnbeteiligung) (→ 2.3.4)

Geometrisches Mittel: technischer Indikator (→ 7.7.2 d.)

geregelter Markt: Marktsegment mit geringeren Zulassungsvorschriften (→ 1.2.2 c.)

geschlossener Investmentfonds: Fonds mit feststehender Zahl von Anteilen, Anteilsrückgabe nur über den börsenmäßigen Handel; in Deutschland aus gesetzlichen Gründen (KAGG) nur offene Fonds möglich

Gewinnmitnahme: Realisieren von Kurssteigerungen, in der Regel mit negativer Auswirkung auf die Kurse

Gewinnschuldverschreibung: Gläubigerpapier mit Nebenrecht auf Gewinnbeteiligung bzw. Zusatzverzinsung (→ 2.3.3)

Girosammelverwahrung: Verwahrung von Wertpapieren im Depot der Wertpapiersammelbank (→ 4.4.2)

glattstellen: eine offene Position ausgleichen/beenden/schließen

Gleichseitige Dreiecke = Symmetrical Triangle: Konsolidierungsformation mit abnehmenden Kursamplituden in der Form gleichseitiger Dreiecke (→ 7.6 c.)

GM: gewichtetes Mittel, benutzt bei technischen Indikatoren (→ 7.7.2 b.)

going public: Streuung neuer Aktien mit anschließender Börseneinführung

Gratisaktie: siehe Berichtigungsaktie (→ 2.2)

Greenshoe: Zusätzliche Tranche von Aktien, die bei einem Bookbuilding-Verfahren gewährt wird, wenn die eigentliche Emission überzeichnet ist

Hausse: nachhaltiger Anstieg bzw. Hochstand der Kurse

Head-and-Shoulder-Formation: siehe Kopf-und-Schulter-Formation (→ 7.6 a.)

Hebel = Leverage: Verhältnis zwischen dem Wertpapierkurs und dem Preis für Option bzw. Optionsschein (→ 5.3.5 und → 5.3.6)

Hedge/Hedging: Absicherungstechnik gegen Verluste im Börsenengagement

IBCA = International Bank Credit Analysis: auf Analyse und Beurteilung von Banken spezialisierte Rating-Agentur in den USA (→ 4.1.5)

Ifo-Geschäftsklima: Indikator, der die Geschäftsentwicklung und -erwartung von Unternehmen wiedergibt (→ 7.9.2 c.)

IMM = International Money Market: Internationaler Geldmarkt

in the money: Option mit innerem Wert, im Geld liegend (→ 5.3.5)

Index-Anleihe: Anleihe, deren Rückzahlungskurs mit der Entwicklung des betreffenden Index verknüpft ist

Index-Future: dem Wert eines Index-Futures liegt eine fixe Geldsumme zugrunde (z. B. DAX = 100 DM), die mit dem Indexstand multipliziert wird. Die zugrundeliegenden Papiere werden nicht geliefert, vielmehr wird der Wert in bar ausgeglichen (→ 5.4.2)

Indikator: Meßwert oder ein anderes aussagekräftiges Ergebnis eines Bewertungsprozesses mit Anzeigewirkung (→ 7.7 und → 8.1.3)

Indikatorensysteme: mathematische bzw. grafische Darstellungsmethoden von Kurswerten

Indossament: Übertragungsvermerk in Orderpapieren (→ 2.1)

Industrieobligation: Anleihe von Industrieunternehmen (→ 2.3.1)

Inhaberpapiere: auf den Inhaber lautende Aktien und Schuldverschreibungen; Inhaber wird nicht namentlich genannt (→ 2.1)

Initial Margin: siehe Anfangseinschuß (→ 5.3.7 und → 5.4.4)

innerer Wert: vom Anleger zu erzielender Gewinn, wenn er seine Option ausüben würde (→ 5.3.5)

Investmentzertifikate: Beleg für den Anleger in einem Investmentfonds; Wertpapier der Kapitalbeschaffung (→ 6.1.1)

Investmentfonds: Korb mit Wertpapieren (→ 6)

Investmentgesetz: siehe KAGG

junge Aktie: neue Aktie im Rahmen einer Kapitalerhöhung

Junk-Bonds: US-Begriff für Anleihen minderer Qualität

KAGG = Gesetz über Kapitalanlagegesellschaften: restriktive Regelung für das Investmentwesen

Kapitalerhöhung: Steigerung des Eigenkapitals einer Gesellschaft durch Ausgabe junger Aktien, in der Regel zu Emissionskursen über Nennwert

Kassakurs: siehe Einheitskurs (→ 3.1)

Kassenobligation: Anleihe des Bundes (Sondervermögen), den Ländern oder der Kreditinstitute (→ 2.3.1)

Kaufoption = Call: Variante des Termingeschäfts (→ 5.3.1)

Kauforder: Auftrag zum Kauf von Wertpapieren (→ 4.4.1)

Kaufsignal: Erreichen bzw. Überschreiten bestimmter Kriterien im Rahmen technischer oder fundamentaler Analyse

Keil = Wedge: keilförmige Formation im Kursdiagramm (→ 7.6 g.)

Kommunalanleihe = Kommunalobligation: Anleihe von Gemeinden und Gemeindeverbänden (→ 2.3.1)

Konjunkturanalyse: Untersuchen der nationalen und internationalen Wirtschaftsdaten (→ 7.9.2)

Konjunkturbarometer: gesamthafter Indikator zur Konjunkturdiagnose (→ 7.9.2 c.)

Konjunkturzyklus: wiederkehrende Phasenfolge der Wirtschaftssituation (→ 7.9.2 b.)

Konsolidierung: a) Zusammenfassung mehrerer alter Anleihen zu einer neuen, meist mit Umwandlung der Anleihefristen (→ 2.3.1), b) Kursentwicklung entgegengesetzt zum bestehenden, überragenden Trend

Konversion/Konvertierung: Anpassung einer Anleihe an veränderte Kapitalmarktbedingungen, entsprechendes Kündigungsrecht des Emittenten voraussetzend (→ 2.3.1)

Kopf-und-Schulter-Formation = Head-and-Shoulder-Formation: Formation der Kursdaten im Chart (→ 7.6 a.)

Kulisse: Börsenhändler, die Geschäfte auf eigene Rechnung machen (→ 1.2.3)

Kündigung: Rückkauf einer Anleihe durch den Emittenten (→ 2.3.1)

Kupon: siehe Coupon (→ 2.1)

Kurs (im Börsengeschäft): Tagespreis des Wertpapieres (→ 3)

Kursmakler: amtlich vereidigte Vermittler für die abzuwickelnden Börsengeschäfte (→ 1.2.3)

Kurspflege: Maßnahmen zum Ausgleich zufälliger größerer Kursschwankungen von festverzinslichen Wertpapieren im Interesse der Anleger, durchgeführt vom Emittenten

Kurssicherung = Hedging: Begrenzung von Kursrisiken durch kompensatorische Gegengeschäfte, insbesondere Termingeschäfte

Kurszettel: Blatt oder Teil der Zeitung, auf dem bzw. in dem die Börsenkurse mitgeteilt werden (→ 3.2)

Kurszielformel: Anhaltspunkt für kommende Kursbewegungen (→ 7.5.1 c.)

Kurszusätze: Kennzeichnunghilfen im Kurszettel für die Marktverfassung (→ 3.2.2)

Kurzläufer: Schuldverschreibungen mit einer Restlaufzeit von weniger als vier Jahren

Lagging Indicator: bestätigendes Instrument der Prognosetechnik, mit Zeitverzug arbeitend (→ 8.1.2)

Laufzeitenfonds: Investmentfonds mit begrenzter Laufzeit (→ 6.3.1 b.)

Leading Indicator: Instrument der Prognosetechnik mit zeitlichem Vorlauf (→ 8.1.2)

Leerverkauf: spekulative Nutzung von rückläufigen Kursen ohne Depotbestand im Termingeschäft

Leverage: siehe Hebel

Libor = London Interbank Offered Rate: Geldanlage zu einem in regelmäßigen Abständen angepaßten Zinssatz; wird auch »Floater« genannt

LIFFE = London International Finance Futures Exchange: Börsenplatz

Limit: Grenze; Grenzwert, bezogen auf den Kurs oder den Ausführungszeitpunkt des Auftrags; Aktien (→ 4.3.1 und → 4.3.3); Optionen (→ 5.3.7)

Linienchart: Diagramm, in dem die Kurswerte mit einer Linie verbunden sind (→ 7.5.1 a.)

Long Hedge: Absicherungstechnik gegen Risiko in der fortgeschrittenen Optionsstrategie (→ 5.3.8 e.)

long: gedeckt, langfristig

Major-Trend: Auf- oder Abwärtsbewegung eines Kurses über einen Zeitraum von etwa einem Jahr (→ 7.4.1 und → 7.4.1)

Makler, amtlicher: siehe amtlicher Makler (→ 1.2.3)

Makler, freier: siehe freier Makler (→ 1.2.3)

Makler: Oberbegriff für Börsenhändler; Arten: Kursmakler, freie Makler, Aufgabenmakler (→ 1.2.3)

Mantel: bei einer Aktie die eigentliche Urkunde, das Hauptrecht verbriefend (→ 2.1)

Margin: Sicherheitsleistung bei Termingeschäften (→ 5.3.7)

Margin Call: siehe Nachschuß (→ 5.3.7 und → 5.4.7)

Market Maker: Terminbörsen-Mitglieder, die sich verpflichtet haben, bei Nachfrage auf Basis der abgegebenen Preisangabe hin zu handeln, also »den Markt zu machen«

Mehrbezugssystem: Indikatorsystem auf der Basis mehrerer Einzelindikatoren (→ 8.1.4)

Minor-Trend: Kursbewegung in einer Richtung für wenige Tage bis zu einer Woche (→ 7.4.1)

Mischfonds: Korb sowohl mit Zinspapieren als auch mit Aktien (→ 6.3. 1 c.)

Momentum: grafische Darstellung von Kursdifferenzen (→ 7.7.2)

monetäre Analyse: Untersuchung der Währungssituation und deren Entwicklung (→ 7.9.3)

Moody's: Rating-Agentur in den USA (→ 4.1.5)

Moving Average: siehe GD (→ 7.7.2)

Mündelsicherheit: Verbürgung durch Staat oder Länder in irgendeiner Form (→ 2.3.1)

Muschel = Scallop: Formation mit gerundeten Kursverläufen im Chart (→ 7.6 i.)

Nachschuß = Margin Call: korrigierende Sicherheitsleistung bei Wertveränderungen (→ 5.3.7 und → 5.4.7)

Nackenlinie = Neck Line: Verbindungslinie in der Kopf-und-Schulter-Formation (→ 7.5 a.)

NASDAQ = National Association of Securities Dealers Automated Quotations System: computergestütztes Online-Kommunikationssystem für die laufende Kursermittlung in den USA

nearby: näherer Erfüllungstermin eines Futures (→ 5.4.6)

Nebenwertefonds: Aktienfonds, der in Klein- und Mittelbetriebe investiert

Neck Line: siehe Nackenlinie (→ 7.6 a.)

Negative-Opinion: technischer Indikator, der die negativen Marktbewertungen ausdrückt (→ 7.8.3)

Negativklausel: Einräumung gleichwertiger Sicherheit sowohl bei späteren Anleihen als auch früheren (→ 2.3.1)

Nennwert = Nominalwert: auf dem Wertpapier aufgedruckter Betrag

nennwertlose Aktie: Wertpapier ohne benannten Wert oder Anteil (→ 2.2)

Neuer Markt: Börsensegment der Deutschen Börse AG, an dem junge Unternehmen aus aufstrebenden Branchen gehandelt werden. Geringere Zulassungsvoraussetzungen als im amtlichen Börsensegment

New High = Neuer Höchstwert: Indikator zur Aktienbewertung (→ 7.6.4)

New Low = Neuer Tiefstwert: Indikator zur Aktienbewertung (→ 7.6.4)

Nominalwert: siehe Nennwert

notieren: den Kurswert festsetzen und veröffentlichen

Notierungen, variabel oder fortlaufende: kontinuierlich erfolgende Kursbildung nach dem Verlauf von Angebot und Nachfrage

Nullkuponanleihe: siehe Zerobond (→ 2.3.7)

NYSE = New York Stock Exchange: Weltleitbörse (→ 1.3.2)

Obligation: siehe Anleihe (→ 2.3)

offene Fonds = Open End Funds: Fonds mit variabler Anzahl von ausgegebenen Anteilen; kein Börsenhandel, Verkauf und Rückkauf durch die Fondsgesellschaft über Sondervermögen

Offenmarktpolitik: das direkte Handeln der Zentralbank am Kapitalmarkt für Schuldverschreibungen durch Kauf oder Verkauf (→ 7.9.3 b.)

Open End Funds: siehe offene Fonds (→ 6)

Opening Transaction: Eröffnen einer Position im Optionsgeschäft (→ 5.3.7)

Option: befristetes Recht auf der einen und Pflicht bis Fristende auf der anderen Seite (→ 5.3); Call oder Put

Optionsanalyse: Untersuchung der Preiswürdigkeit von Optionsgeschäften

Optionsanleihe: Schuldverschreibung mit zusätzlichem, selbständigem Bezugsschein (= Optionsschein) neben den Forderungsrechten (→ 2.3.5)

Optionspreis = Prämie: Gegenleistung, die der Stillhalter vom Käufer beim Optionsgeschäft erhält (→ 5.3.1, → 5.3.5)

Optionspreismodell: Musterverfahren für die Bewertung von Optionen und Optionsscheinen (→ 5.3.5)

Optionsschein (Warrant): a) Bezugsanrechtschein für Aktien; Ausgabe im Rahmen einer Optionsanleihe (→ 2.3.5)
b) optionsähnliches Wertpapier auch auf andere Objekte im Termingeschäft (→ 5.5)

Order: Auftrag im Börsengeschäft zum Kauf oder Verkauf von Effekten bzw. zum Beziehen einer Position (→ 4)

Orderbuch: Auftragsabwicklungssystem der Eurex (→ 5.3.7)

Orderpapier: Schuldverschreibung oder Aktie, die per Indossament übertragbar ist (→ 2.1)

OTC = (»Over The Counter«): ungeregelter Freiverkehr in den USA nach Art des deutschen Telefonverkehrs (→ 1.3.2)

out of the money: Basispreis beim Call über und beim Put unter Kassakurs, Option ohne inneren Wert (→ 5.3.5)

Overbought/Oversold: siehe Überkauft/Überverkauft (→ 7.6.7)

Parallelanleihe: siehe Teilanleihe

pari: zu Nennwert (→ 2.2)

Pennant: siehe Wimpel (→ 7.6 h.)

Performance: Leistungen, die Kapitalanlage betreffend (Wertzuwachs des Vermögens, Leistung des Anlageverwalters usw.)

Pfandbriefe: Form der Anleihe (→ 2.3.1)

Pflichtblatt: Zeitungen und Zeitschriften, die von den einzelnen deutschen Börsen bestimmt sind, deren eigene Mitteilungen sowie die den Emittenten auferlegten Pflichtmitteilungen zu veröffentlichen (Anhang A.3)

Point & Figure Chart: Kursdiagramm, das Wechselspiel von Angebot und Nachfrage wiedergebend (→ 7.5.1 c.)

Portefeuille: siehe Portfolio

Portfolio = Portefeuille: ein aus verschiedenen Titeln zusammengesetztes Wertpapiervermögen in einer Hand (→ 4.1.2 a.)

Position: strategische Stellung im Termingeschäft (→ 5.3.4)

Prämie: siehe Optionspreis

Präsenzbörse: Wertpapierhandel durch Personen am Ort; Gegensatz: Computerhandel wie an der Eurex

Primärmarkt: Teil des Marktes, der bei der Emission eines Wertpapieres angesprochen wird

Primary-Trend: Kursbewegung, die über längere Zeit (ein Jahr oder mehr) einem gleichbleibenden Trend folgt (→ 7.4.1)

Prime Rate: Zinssatz für Kunden mit besonderer Bonität (in den USA) (→ 7.9.3 b.)

Prognoseargumente: Kriterien der einer Prognose zugrundeliegenden Annahmen und Abhängigkeiten (→ 8.1.2)

Prospekthaftung: gesamtschuldnerische Haftung des Wertpapieremittenten und des emittierenden Geldinstitutes für alle Angaben im Emissionsprospekt (→ 1.2.2 b.)

Publikumsfonds: allen Anlegern offenstehender Fonds

Publizitätspflicht: Bestimmungen des Handels- und Börsenrechts für den Emittenten über öffentliche Bekanntgabe von wertpapierrelevanten Informationen in bezug auf die wirtschaftlichen Verhältnisse (z. B. Bilanz)

Pull-Back: Kurzfristiger Rückzug der Kurse nach einem Breakout (→ 7.6 a.)

Put-Call-Ratio: technischer Indikator, der die Anzahl der laufenden Kauf- und Verkaufsoptionen mißt (→ 7.8.2)

Put: siehe Verkaufsoption (→ 5.3.1)

Quotenpapier: nennwertlose Aktie mit Angabe des Quotienten der Grundkapitalbeteiligung (→ 2.2)

Ratentilgung: Rückzahlung in regelmäßigen, gleichbleibenden Raten (→ 2.3.1)

Rating: Instrument zur Beurteilung der Bonität eines Wertpapieremittenten (→ 4.1.5)

Rechteckformation = Rectangle: rechteckförmige Formation im Kursdiagramm, eine Konsolidierungsphase begleitend (→ 7.6 b.)

Rectangle: siehe Rechteckformation (→ 7.6 b.)

Rediskontkontingent: Rahmen für den Verkauf von Wechseln der Banken an die Zentralbank (→ 7.9.3 b.)

Rektapapier: Wertpapier mit einem an den Emittenten gebundenen Übertragungsrecht, z. B. vinkulierte Namensaktie (→ 2.1)

relative Stärke: technische Bewertung der Aktie im Verhältnis zum Index (→ 7.7.8)

Rendite: Summe aus Kursgewinn bzw. -verlust und Dividende/Zins/ Ausschüttung, bezogen auf das eingesetzte Kapital (→ 2.3.1 und → 4.1.3)

Rente: Synonymbegriff für Anleihe

Rentenfonds: Korb mit Anleihen (→ 6.3.1 b.)

Resistance-Linie: siehe Widerstandslinie (→ 7.4.1)

REX: Index für deutsche Staatsanleihen

Rezession: rückläufige Wirtschaftskonjunktur

Risiko: a) Gefahr des Verlustes; b) Nichtvorhersehbarkeit des Ertrages (→ 4.1.2 b. und → 4.2)

Risk Based Margin: einzuschießender Sicherheitsbetrag im Future-Geschäft (→ 5.4.7)

Rounding Bottom: gerundete Umkehrformation nach einem Abwärtstrend (→ 7.6 a.)

Rounding Top: gerundete Umkehrformation nach einem Aufwärtstrend (→ 7.6 a.)

Rückkauf, freihändiger: siehe freihändiger Rückkauf (→ 2.3.1)

Rücknahmepreis: Kaufpreis, zu dem Fondsanteile zurückgegeben werden können.

S&P 500 = Standard & Poors 500: US-Aktienindex

Scallop: siehe Muschel (→ 7.6 i.)

Schuldscheine: Effekten mit festem Ertrag

Schuldverschreibung: siehe Anleihe (→ 2.3)

Schwellenländerfonds: siehe Emerging Markets Fonds (→ 6.3.4)

SEC = Securities and Exchange Commission: staatliche Aufsichtsbehörde in den USA

Secondary-Trend: Kursbewegung entgegen dem Major-Trend von mittelfristiger Natur (ein bis sechs Monate) (→ 7.4.1)

Sekundärmarkt: der Markt, der sich nach Emission eines Wertpapiers ergibt

Short Hedge: Absicherungstechnik gegen Risiko in der fortgeschrittenen Optionsstrategie (→ 5.3.8 f.)

short: ohne Deckung; auf kurze Sicht

short gehen: eine kurzfristige, ungedeckte Börsenaktivität vornehmen

Sparkassenobligation: Anleihe von Sparkassen (→ 2.3.1)

Specialist (Broker): Makler an der amerikanischen Börse, der auf bestimmte Wertpapiere oder Branchen spezialisiert ist und schwierige Aufträge durchführt (→ 1.3.1)

Spekulationsfrist: Zeit, innerhalb deren Gewinne aus dem Verkauf von Wertpapieren steuerpflichtig sind (→ 8.3)

Spezialfonds: bestimmten Anlegerkreisen vorbehaltener Fonds (→ 6.1.2)

Spread: Geschäft mit Optionen gleichen Typs (nur Calls oder nur Puts) mit jeweils gleichem Verfalldatum, aber unterschiedlichen Basispreisen (→ 5.3.8 d.)

Staatsanleihe: festverzinsliches Wertpapier (→ 2.3.1)

Staffelanleihe: Anleihe mit Zinsgleitklausel (→ 2.3.1)

Stammaktie: Anteil am Gesellschaftskapital ohne Einschränkung der verbrieften Rechte (→ 2.2)

Standard & Poor's: Name einer US-Agentur, steht für einen amerikanischen Aktienindex und liefert Ratings (→ 4.1.5)

Stillhalter: Verkäufer eines Optionskontraktes, z. B. Besitzer von Aktien, der Kaufoptionen auf diese Aktien verkauft (Stillhalter in Wertpapieren), oder der Stillhalter in Geld, der Verkaufsoptionen verkauft (→ 5.3.1)

Stockdividende: Gewinnbeteiligung in Form junger Aktien (→ 2.2)

Stop-buy-Limit: Grenzwert einer Stop-buy-Order (→ 4.4.1)

Stop-buy-Order: siehe Stop-Order (→ 4.4.1)

Stop-loss-Order: siehe Stop-Order (→ 4.4.3)

Stop-loss-Limit: Grenzwert einer Stop-loss-Order (→ 4.4.3)

Stop-Order: Auftrag an den Makler, dann zu agieren, wenn sich in bezug auf den Kurs ein gefestigter Preis gebildet hat oder wenn das gesetzte Limit erreicht ist (→ 4.4.1)

Stoxx: europaweiter Aktienindex von Deutscher Börse, Schweizer Börse, Pariser Börse und Dow Jones; Euro Stoxx umfaßt nur Unternehmen aus den Teilnehmerländern der Europäischen Währungsunion

Straddle: Kombination von Kauf- und Verkaufsoption derselben Aktien mit demselben Basispreis und derselben Laufzeit im Optionshandel (→ 5.3.8 a.)

Strap: Variante des Straddle (→ 5.3.8 c.)

Strip: Variante des Straddle (→ 5.3.8 b.)

Support-Linie: siehe Unterstützungslinie

Symmetrical Triangle: siehe Gleichseitige Dreiecke (→ 7.6 c.)

Tafelgeschäft: Geschäft am Bankschalter, bei dem Effekten, Devisen, Edelmetalle und dergleichen gegen Barzahlung »über den Tisch« gehen. Der Vorgang ist schwer nachvollziehbar, da es kein Depot gibt und kein Konto berührt wird (Steuer!)

Talon: Erneuerungsschein für Zins- und Ertragsscheine (→ 2.1)

technische Analyse: auf meßbaren Zahlen der Börse beruhende Untersuchung des Börsengeschehens (→ 7.4)

technische Indikatoren: Instrumente der technischen Analyse (→ 7.7)

Teilanleihe = Parallelanleihe: gleichzeitige Auflegung einer Anleihe in verschiedenen Ländern und Währungen (→ 2.3.6)

Termingeld: für bestimmte Zeit auf dem Geldmarkt festgelegtes Geld

Terminkontrakte: Verpflichtung zum Kauf bzw. Verkauf einer Ware zu festgesetztem Termin und Preis (→ 5)

testen: eine gedachte Linie berühren, ohne sie zu durchstoßen (z. B. in einem Chart der Kurswert einer Aktie in bezug auf die Widerstandslinie)

Thesaurierung: Verzicht auf Ausschüttung und Verwendung erzielter Erträge zur Kapitalaufstockung (→ 6.2.5)

Thin Stocks: umsatzschwache Aktien

Tick: Einheit für Preisveränderungen bei Terminkontrakten, beim DAX-Future z. B. 1 Tick = 1 Punkt = 100 DM (→ 5.4.5)

Tilgung: Abtragung einer Schuld (bei festverzinslichen Wertpapieren) (→ 2.3.1)

Tilgung bei Endfälligkeit: am Laufzeitende nimmt Emittent Papier zu den vereinbarten Bedingungen zurück (→ 2.3.1)

Timing: Wählen des günstigsten Zeitpunktes (→ 4.3.2)

Top: oberer Umkehrpunkt nach einem Aufwärtstrend im Kursverlauf (→ 7.6)

Trader: spekulativer Marktteilnehmer

Trend: Verhaltensmuster von gewisser Konstanz (→ 7.4.1)

Trendfächer: fächerförmige Formation im Chart (→ 7.4.1)

Trendkanal: kanalförmiges Diagrammfeld, in dem sich die Kurse eine bestimmte Zeit bewegt haben (→ 7.5.1 c. und → 7.4.1)

Two-Dollar-Broker: Makler an der amerikanischen Börse, der Unteraufgaben vom Commission Broker übernimmt (→ 1.3.1)

Überkauft/Überverkauft = Overbought/Oversold: marktanzeigender Indikator (→ 7.6.7)

Übernahmekodex: Verhaltenskatalog für Unternehmen bei (feindlichen) Übernahmeversuchen. Die Unterzeichnung ist Bedingung für die Aufnahme in den DAX bzw. MDAX

Umbrella-Fonds: Kombination verschiedener Fonds unter einem »Schirm« (→ 6.3.3 e.)

Umgekehrte Dreiecke = Broadening Formation: Formation von Kursdaten im Chart, die auf den Kursrückgang hindeuten (→ 7.6 f.)

Umlaufrendite: Durchschnittsrendite festverzinslicher Wertpapiere, die sich im Umlauf befinden

Underpricing: Der festgesetzte Emissionskurs einer Aktie oder die Bookbuilding-Spanne bleiben unter dem ermittelten »wahren« Wert einer neu emittierten Aktie, um die Emission beim Publikum unterzubringen

Unternehmensanalyse: Untersuchung des Unternehmens des Wertpapieremittenten (→ 7.9.4)

Unterstützungslinie = Resistance-Linie: Linie in einer Grafik, von der man annimmt, daß sie vom Kurs nach unten nicht oder nur schwer durchbrochen werden kann

Up-Trend: Aufwärtstendenz

Usancen: eingefahrene Handelsbräuche, zwar nicht gesetzlich geregelt, aber verbindlich

Value-Basis: nicht meßbare Wertfaktoren eines Futures (→ 5.4.5)

variable Notierung: siehe fortlaufende N. (→ 3.1)

VDAX: Index für die implizite Volatilität

Verkaufsoption = Put: Variante des Termingeschäfts (→ 5.3.1)

Verkaufsorder: Auftrag zum Verkauf von Wertpapieren (→ 4.4.3)

Vermögensverwalter: ein mit der Geldanlage und -verwaltung Beauftragter (→ 4.1.1)

vinkuliert: Begriff für die Bindung des Übertragungsrechts an die Genehmigung des Emittenten bei Wertpapieren (→ 2.1)

Volatilität: Gradmesser für die Beweglichkeit der Kurse auf dem Markt (→ 5.3.1)

Volumen: Anzahl der gehandelten Wertpapierstücke (→ 7.4.2)

Vorzugsaktie: Anteil am Gesellschaftskapital mit bevorzugter Gewinnausschüttung, aber eingeschränktem Stimmrecht (→ 2.2)

Wandelanleihe = Convertible Bond: Anleihe mit dem Recht, in eine Aktie umgewandelt zu werden (→ 2.3.4)

Warrant = siehe Optionsschein (→ 5.5)

Wedge: siehe Keil (→ 7.6 g.)

Wertpapier-Sammelbank: zentrale Verwahrungs- und Verwaltungsstelle für Wertpapiere (→ 4.4.2)

Widerstandslinie = Resistance-Linie: gedachte Linie im Chart, von der man annimmt, daß sie nicht oder nur schwerfällig vom Kurs durchbrochen werden kann (→ 7.4.1)

Wimpel = Pennant: wimpelförmige Formation im Kurs-Chart (→ 7.5.6)

Xetra: Vollelektronisches Handelssystem für den Kassamarkt

Zeitwert: Differenz zwischen den Preis der Option und deren innerem Wert (→ 5.3.5)

Zerobond = Nullkuponanleihe: spezielle Anleiheform ohne laufende Zinszahlung (→ 2.3.7)

Zession: Abtretung eines Rektapapiers (→ 2.1)

Zinsterminkontrakte: Art des Terminhandels zum Absichern von Risiken und zur Gewinnerzielung

Zusatzaktie: siehe Berichtigungsaktie (→ 2.2)

Anhang

A Zeitungen und Magazine mit Börsen- und Wirtschaftsinformationen (Auswahl)

A.1 Deutsche Tageszeitungen mit besonderem Börsenteil (Auswahl)

Name der Zeitung Untertitel	erscheint	Anschriften	Nutzen für den Börsianer
Blick durch die Wirtschaft Frankfurter Zeitung	montags bis freitags	Frankfurter Allgemeine Zeitung GmbH Hellerhofstr. 2–4 **60327 Frankfurt a. M.**	ausschließlich Wirtschaftsartikel, keine Werbung, sehr kompakt und übersichtlich
Börsen-Zeitung Finanzmärkte – Unternehmens- berichte – Kreditwirtschaft	diens- tags bis samstags	Börsen-Zeitung Düsseldorfer Str. 16 **60329 Frankfurt a. M.**	reines Börsenblatt mit Berichten aus Wirtschaftspolitik und Unternehmen sowie überragend ausführlichem Kursteil
Die Welt Unabhängige Tageszeitung für Deutschland	werktäg- lich	Axel-Springer-Str. 65 **10888 Berlin**	Berichte über Wirt- schaft und Börse, Schwerpunkt: Kurse, auch USA
Frankfurter Allgemeine Zeitung Zeitung für Deutschland	werktäg- lich	Frankfurter Allgemeine Zeitung GmbH Hellerhofstr. 2–4 **60327 Frankfurt a. M.**	Berichte über Wirt- schaft und Börse, ausführlicher Kursteil
Handelsblatt Wirtschafts- und Finanzzeitung	montags bis freitags	Verlag Handelsblatt GmbH Kasernenstr. 67 **40213 Düsseldorf**	Umfassende Berich- te über Wirtschaft und Börse, sehr aus- führlicher Kursteil (auch Ausland)
Stuttgarter Zeitung	werktäg- lich	Stuttgarter Zeitung Postfach 10 60 32 **70049 Stuttgart**	Umfangreiche Berichte über Wirt- schaft und Börse
Süddeutsche Zeitung	werktäg- lich	Süddeutscher Verlag Sendlinger Str. 8 **80331 München**	Berichte über Wirt- schaft und Börse, überdurchschnittlich ausführlicher Börsenteil

A.2 Deutschsprachige Börsen-Informationsblätter in Briefform (Auswahl)

Name des Briefes Untertitel	erscheint	Anschriften	Nutzen für den Börsianer
CC-Brief Chart-Chance Kölner Börsenbrief	30 Ausgaben jährlich	Ender & Partner Vermögensverwaltung Theodor-Heuss-Ring 28 **50668 Köln**	Kurzberichte Wirtschaft, Devisen, Renten, ausgewählte Aktien; Empfehlungen (ca. 6 Seiten)
Czerwensky intern Informationen aus Wirtschaft und Politik	zweimal wöchentlich	Kronberger Verlags-GmbH Eschersheimer Landstr. 9 **60322 Frankfurt a. M.**	Informationen aus Wirtschaftspolitik, Börse sehr knapp; (4 Seiten)
Der Platow Brief Aktuelle Informationen aus Politik und Wirtschaft/ Montagsbeilage: **Platow Brief Börse**	dreimal wöchentlich nur montags	Der Platow Brief Postfach 10 23 42 **60323 Frankfurt a. M.**	Kurzberichte über Wirtschaft und Firmen, Börsenteil: Einzelberichte Wirtschaft und Unternehmen, Empfehlungen (Börse ca. 4 Seiten)
Frankfurter Börsenbriefe	montags	Curt L. Schmitt GmbH Postfach 26 53 **32716 Detmold**	Kurzberichte zu den einzelnen Aktientiteln mit Empfehlungscharakter (ca. 8 Seiten)
Geldbrief Der internationale Informationsdienst für den erfolgreichen Kapitalanleger	zweimal monatlich	Informationsdienste Auditor AG Postfach 16 18 **FL-9490 Vaduz**	Informationen über ausgewählte Aktien; Empfehlungen; spezielle Themen tiefer behandelt (4 Seiten)
Gerlach-Report Akute und aktuelle Finanzdienstleistungs-Informationen und Analysen	wöchentlich	DFI Deutsches Finanzdienstleistungs-Informationszentrum GmbH Karl-Hermann-Flach-Straße 15b **61440 Oberursel**	Informationen und Empfehlungen in bezug auf Geldanlage mit Schwerpunkt Sicherheit (12 Seiten)
Swingtrend	wöchentlich	Gamma Verlag GmbH Herzogstr. 97 **80796 München**	Kurzberichte über Börsenthemen, Empfehlungen (ca. 12 Seiten)

A.3 Börsen-Pflichtblätter in Deutschland

	Börsen							
	Berlin	Bremen	Düsseldorf	Frankfurt	Hamburg	Hannover	München	Stuttgart
Bundesanzeiger	x	x	x	x	x	x	x	x
Pflichtblätter ●								
Börsen-Zeitung	●	●	●	●	●	●	●	●
DIE WELT	●	●	●	●	●	●	●	●
DIE ZEIT	●	●	●	●	●	●	●	●
Frankfurter Allgemeine Zeitung	●	●	●	●	●	●	●	●
Handelsblatt	●	●	●	●	●	●	●	●
Süddeutsche Zeitung	●	●	●	●	●	●	●	●
Börse Online	●	●	●	●	●		●	●
Das Wertpapier	●	●	●	●	●	●	●	●
Deutsches Allgemeines Sonntagsblatt					●	●		
Rheinischer Merkur / Christ und Welt			●	●				
WELT am SONNTAG				●				
Wirtschaftswoche			●	●				
Augsburger Allgemeine							●	
Badische Zeitung								●
Berliner Morgenpost	●							
Berliner Zeitung	●							
Braunschweiger Zeitung						●		
Bremer Nachrichten		●						
Der Tagesspiegel	●							
Die Wirtschaft	●							
Eßlinger Zeitung								●
Flensburger Tageblatt					●			
Frankfurter Neue Presse				●				
Frankfurter Rundschau				●				
Hamburger Abendblatt					●			
Hamburger Morgenpost					●			
Hannoversche Allgemeine Zeitung / Neue Presse						●		
Heilbronner Stimme								●
Kieler Nachrichten					●			
Kreiszeitung		●						
Lübecker Nachrichten					●			
Mannheimer Morgen								●
Münchner Merkur							●	
Neue Osnabrücker Zeitung		●				●		
Niedersächsische Wirtschaft						●		
Nordsee-Zeitung		●						
Nordwest-Zeitung		●			●			
Nürnberger Nachrichten							●	
Südkurier								●
Südwest-Presse								●
Schwäbische Zeitung								●
Schwarzwälder Bote								●
Stuttgarter Nachrichten								●
Stuttgarter Zeitung								●
Weser Kurier		●						
Wirtschafts-Kurier							●	
Zeitschrift f. d. gesamte Kreditwesen				●				
Börsenpflichtblattgruppen								
Kölner Stadt-Anzeiger			●					
Rheinische Post			●					
Kölnische Rundschau			●					
Westdeutsche Zeitung			●					

Quelle: »Die Welt« Finanzpublizität

A.4 Zeitschriften und Magazine mit Börsen- und Wirtschaftsinformationen (Auswahl)

Name der Zeitung Untertitel	erscheint	Anschriften	Nutzen für den Börsianer
Anlagepraxis	monatlich	Betriebswirtsch. Verlag Dr. Th. Gabler GmbH Taunusstr. 54 **65183 Wiesbaden**	Anlagethemen, Wertpapier- und Branchenanalysen; Vermögensverwaltung
Börse Aktuell Der Börseninformationsdienst	alle zwei Wochen	Börse aktuell Martinstr. 4 **73728 Esslingen**	Analysen ausgewählter Titel, Unternehmen, Börsenplätze; Empfehlungen
Börse Online Wochenzeitung für mod. Kapitalanlage	wöchentlich donnerstags	Börse Online Verlag GmbH & Co. Ingolstädter Str. 20 **80807 München**	Detaillierte Berichte und Analysen über Länder, Sektoren und Einzelwerte. Sehr ausführlicher Kursteil (Deutschland und international) sowie klare und übersichtliche Aktienempfehlungen (Kauf- und Verkaufsempfehlungen), die auch nachgehalten werden. Fazit: »Empfehlenswert«
Capital Das Wirtschaftsmagazin	monatlich	Gruner + Jahr AG & Co., Druck- und Verlagshaus **20444 Hamburg**	Geld und Börse allg. Berichte über Unternehmen u. Manager, Politik und Wirtschaft
Capital Das Wirtschaftsmagazin aus den neuen Bundesländern	monatlich	Gruner + Jahr Allgemeine Berliner Verlagsges. mbH, Karl-Liebknecht-Str. 29 **10178 Berlin**	Schwerpunkt: NBL-spezifische Themen, jedoch fast keine börsenspezifischen
Cash Das exklusive Kapitalanlage-Magazin	alle zwei Monate	Cash-Verlags-GmbH Brabandstr. 1 **22297 Hamburg**	Spezielle Berichte aus Wirtschaft und Unternehmen, Schwerpunkt: Fonds, keine Börse
Das Wertpapier Mit Börsen-Journal »Deutschlands älteste Geldanlage-Zeitschrift«	jeden zweiten Freitag	Das Wertpapier Verlagsgesellsch. mbH Postfach 140243 **40072 Düsseldorf**	Infos und Berichte über Wirtschaft und Börsen im In- und Ausland
Die Zeit Wochenzeitung für Politik, Wirtschaft, Handel und Kultur	wöchentlich donnerstags	Zeitverlag Gerd Bucerius GmbH & Co., Pressehaus **20079 Hamburg**	Überblick über Wirtschaftspolitik, Wirtschaft, Unternehmen, Börse

Name der Zeitung Untertitel	erscheint	Anschriften	Nutzen für den Börsianer
DM Das private Wirtschaftsmagazin	monatlich	Handelsblatt-Verlag Kasernenstr. 67 **40213 Düsseldorf**	Berichte über Geldanlagen, auch Fonds, weniger Börse direkt
Effectenspiegel Das Journal für den Aktionär	wöchentlich	Verlag Effectenspiegel AG **40013 Düsseldorf**	Kompakte Infoquelle über Börse u. Aktientitel weltweit; eher Boulevardstil, aber informativ/verbreitet
Finanzen Ihr persönlicher Ratgeber für erfolgreiche Kapitalanlage	monatlich	Finanzen Verlagsgesellschaft für Kapitalmarktinformationen Keltenring 12 **82041 Oberhaching**	Berichte und Analysen von Börse und Wirtschaft (Schwerpunkt: Börse)
Impulse Das Magazin der Wirtschaft *parallel dazu:* **Impulse** Das Magazin für unternehmerischen Erfolg in den neuen Bundesländern	monatlich	Gruner + Jahr AG & Co., Druck und Verlagshaus **20444 Hamburg**	Berichte über Wirtschaft und Unternehmen, Börse wird nur gestreift
Kapitalforum Zeitschrift für Wall Street, Finanzen und Kapitalanlagen	monatlich	W & F Verlagsdruckerei GmbH Flohweg 20 **35288 Wohratal**	sehr spezielle Börsen- und Wirtschaftsberichte
Quintessenz Online FinanzService	permanent	Quintessenz Finanz-Service Mannheimer Str. 271 **69123 Heidelberg**	Online-Dienst zur Investmentfondsanalyse
The Economist	wöchentlich	The Economist P.O. Box 14, Harold Hill **Romford, RM3 8EQ** **Großbritannien**	Schwerpunkt: Weltwirtschaftspolitik (in Englisch)
TM-Chartanalyst und **DTB-Optionsbrief**	wöchentlich	Thomas Müller Börsenverlag Salinstr. 1 **83022 Rosenheim**	Informationen über Wirtschaft und Management; ausführliche Firmenberatung, keine Börse speziell
Wirtschaftskurier	wöchentlich	Verlag Handelsblatt Kasernenstr. 67 **40213 Düsseldorf**	Berichte über Wirtschaft und Unternehmen, Börse: kompakter Wochenüberblick

A.5 Führende Börsen- und Wirtschaftszeitungen aus Europa / USA (Auswahl)

Name der Zeitung Untertitel	erscheint	Anschriften	Nutzen für den Börsianer
Barron's National Business and Financial Weekly	wöchent-lich	Barron's P. O. Box 28 45 **NL-6401 DH Heerlen**	amerikanische Finanzzeitung mit ausführlichem Zahlenmaterial über Aktien, Optionen usw.
Financial Times Europe's Business Newspaper	werktäg-lich	Financial Times (Europe) GmbH Nibelungenplatz 3 **60318 Frankfurt a. M.**	Umfassende Berichte über Wirtschaft und Börse weltweit, Börse besonders ausführlich
Finanz und Wirtschaft	mittw. und samstags	Verlag Finanz und Wirtschaft AG Weberstr. 8–10 **CH-8021 Zürich**	Überdurchschnittliche Wirtschaftszeitung für den Schweizer Markt
The Wallstreet Journal – Europe – The Global Business Newspaper for European Business People	werktäg-lich	The Wallstreet Journal Europe Boulevard Brand Whitlock 87 **B-1200 Brussels**	Führende Wirtschaftszeitung mit ausführlichen statistischen Daten weltweit

A.6 Loseblattwerke zum Thema Börse und Geldanlage (Auswahl)

Titel	**Verlagsanschrift**
Aktien-Analyse	Verlag Norman Rentrop Postfach 33 33 **88115 Lindau**
Der Geldanlage-Berater	
Das Geld-ABC	WRS Verlag Fraunhofer Str. 5 **82152 Planegg**
Geldtips	Akademische Arbeitsgemeinschaft GmbH Postfach 10 01 61 **68001 Mannheim**
VG Vorteilhafte Geldanlagen	Haufe Rudolf Verlag GmbH & Co. KG Hindenburgstr. 64 **79102 Freiburg**

B   Börse in Rundfunk und Fernsehen

Quelle	Uhrzeit	Sender
Radio	6.42–23.42 halbstündlich	B 5 aktuell
	7.53–7.56	Bayern 2
	8.00	Antenne Bayern
	10.00	Antenne Bayern
	12.30	WDR 3
	13.09	Bayern 1
	13.10	WDR 2
	13.10 und 13.25	WDR 5
	13.30	SDR 1
	13.35	Deutschlandfunk
	13.53	Bayern 2
	13.58	HR 4
	14.00	Antenne Bayern
	14.00	S 4
	14.07	HR 4
	14.15	Hansawelle 1
	14.30	SDR 3
	14.52	HR 4
	16.26	Deutsche Welle
	17.28	Deutschlandfunk
	17.54	Bayern 1
	22.00	Antenne Bayern
Fernsehen	6.20–8.55 halbstündlich	n-tv
	6.45	DSF
	11.00	MDR III und SFB
	11.18–13.48 halbstündlich	n-tv
	13.00	DSF
	13.00	MDR III
	ca. 13.20	ARD und ZDF
	freitags 18.00	3SAT

Quelle: Süddeutsche Zeitung

C Internet-Adressen für Börsianer

Börsen

Europa

Deutsche Börse	www.exchange.de
Neuer Markt	www.neuer-markt.de
Düsseldorfer Börse	www.rwb.de
Münchner Börse	www.bayerischeboerse.de
Stuttgarter Börse	www.boerse-stuttgart.de
Belgien / Brüssel	www.bourse.be
Dänemark / Kopenhagen	www.xcse.dk
Easdaq	www.easdaq.be
Estland / Tallinn	www.tse.ee
Finnland / Helsinki	www.hse.fi
Frankreich / Paris	www.bourse-de-paris.fr
Griechenland / Athen	www.ase.gr
Großbritannien / London	www.londonstockex.co.uk
Italien / Mailand	www.borsaitalia.it
Luxemburg	www.bourse.lu
Moldawien / Chisinau	www.moldse.com
Niederlande / Amsterdam	www.aex.nl
Norwegen / Oslo	www.nettvik.no/finansen
Österreich / Wien	www.wbag.at
Polen / Warschau	www.atm.com.pl/~gielda
Portugal / Lissabon	www.bvl.pt
Rumänien / Bukarest	www.delos.ro/bse/
Schweden / Stockholm	www.xsse.se
Schweiz / Zürich	www.bourse.ch
Slowenien / Ljubljana	www.ljse.si
Spanien / Madrid	www.bolsamadrid.es
Tschechien / Prag	www.pse.cz
Ungarn / Budapest	www.fornax.hu

Amerika / Südamerika

Argentinien / Buenos Aires	www.bcba.sba.com.ar
Bermuda / Hamilton	www.bsx.com
Brasilien / Rio de Janeiro	www.bvrj.com.br
Chile / Santiago	www.bolsantiago.cl
Ecuador / Guatemala	www.bvg.fin.ec
Jamaika	www.jamstockex.com
Kanada / Vancouver	www.vse.com
Kolumbien / Bogota	www.bolsabogota.com.co
Mexiko	www.bmv.com.mx
Nicaragua	www.bolsanic.com
Panama	www.urraca.com/bvp
Peru / Lima	www.bvl.com.pe

USA / Amex	www.amex.com
USA / Chicago	www.chicagostockex.com
USA / Nasdaq	www.nasdaq.com
USA / New York	www.nyse.com
Venezuela / Caracas	www.caracasstock.com

Asien / Ozeanien

Australien / Sydney	www.asx.com.au
Hongkong	www.sehk.com.hk
Indien / Bombay	www.nseindia.com
Indonesien / Jakarta	www.jsx.co.id
Israel / Tel Aviv	www.tase.co.il
Japan / Tokio	www.tse.or.jp
Malaysia / Kuala Lumpur	www.klse.com.my
Neuseeland / Wellington	www.nzse.co.nz
Philippinen / Manila	ww.portalinc.com
Singapur	www.ses.com.sg
Südkorea / Seoul	www.kse.or.kr
Taiwan / Taipei	www.tse.com.tw
Thailand / Bangkok	www.set.or.th
Türkei / Istanbul	www.ise.org

Afrika

Mauritius / Port Louis	194.250.203.210/sem
Südafrika / Johannesburg	www.jse.co.za
16 afrikanische Börsen	mbendi.co.za/exaf.htm

Finanzen

Deutsche Broker und Banken[2]

1822direkt	www.1822direkt.com	
Advance Bank	www.advance-bank.de	
Bank 24	www.bank24.de	C K
Bank GiroTel	www.bank-girotel.de	
Bankgesellschaft Berlin	www.bankgesellschaft.de	N
Bayerische Vereinsbank	www.vereinsbank.de	K
comdirect	www.comdirect.de	C K N
Commerzbank	www.commerzbank.de	K N
ConSors	www.consors.de	C K
Deutsche Bank	www.deutsche-bank.de	K N
Direkt Anlage Bank	www.diraba.de	C K N
Dresdner Bank	www.dresdner-bank.de	
Gries & Heissel	www.guh.de	A K N
Sparda-Banken	www.sparda.de	
Sparkassen	www.sonline.de	K

US-Broker

Aufhauser	www.aufhauser.com	K
Charles Schwab & Co.	www.schwab.com	C K N
Datek	www.datek.com	A C K N
Discover Brokerage Direct	www.dbdirect.com	C K
E-broker	www.ebroker.com	
E*trade	www.etrade.com	K
Fidelity Investments	www.fid-inv.com	A K N
Olde	www.olde.com	A C K N
PC Financial Network	www.pcfn.com	A C K N
Quick & Reilly	www.quick-reilly-com	A C K N
Waterhouse	www.waterhouse.com	C K

allgemein

Bundesaufsicht WP-Handel	www.bawe.de
Bundesregierung	www.bundesregierung.de
Bundesverb. dt. Banken	www.bdb.de
Deutsche Bundesbank	www.bundesbank.de
Deutsches Aktieninstitut	www.dai.de
Europäische Zentralbank	www.ecb.int

Optionsscheine

Bankers Trust	www.bankerstrust.com	K[3]
Citibank	warrants.citibank.com	K
Crédit Lyonnais	www.creditlyonnais.fr	K
DG Bank	www.dgbank.de	K
Rabobank	www.rabobank.nl/de/	K
Salomon Oppenheim	www.oppenheim.de	K[4]
SBV	www.swissbank.ch	K
Société Générale	www.socgen.de	K
WestLB	www.westlb.de	K

Infodienste

b.i.s. gmbh	www.boersenkurse.de	K
Bloomberg	www.bloomberg.com	C K N
Börsenforum	www.boersenforum.de	
Business Channel	www.business-channel.de	A C K N
DBC Online	www.dbc.com	A C K N
Hoppenstedt	www.hoppenstedt.com	
Hornblower Fischer	www.hornblower.de	C K N
Investmentfonds	www.investmentfonds.de	
MWB	www.mwbonline.de	K
PC Quote	www.pcquote.com	C K N
Reuters MoneyNet	www.moneynet.com	C K N
Schnigge & Partner	www.schnigge.com	K

Silicon Investor	www.techstocks.com	A C K N
StockMaster	www.stockmaster.com	C K N
Stock Smart	www.stocksmart.com	A C K N
TeleStock	www.teleserv.co.uk	C K N
VWD	www.vwd.de	K N
Wall Street Research Net	www.wsrn.com	A N

DAX 100 [1]

Aach.- u. Münch. Beteiligung	www.amb.de
Adidas-Salomon	www.adidas.com
AGIV	www.agiv.de
Allianz	www.allianz.com
Altana	www.altana.com
AVA	www.ava-augsburg.de
AXA Colonia Konzern	www.colonia-online.de
Bankgesellschaft Berlin	www.bankgesellschaft.de
BASF	www.basf.com
Bayer	www.bayer.com
Bayerische Hypo- und Vereinsbank	www.vereinsbank.de
Beiersdorf	www.beiersdorf.com
Berliner Kraft- und Licht	www.bewag.de
BHF-Bank	www.bhf-bank.com
BHW-Holding	www.bhw.de
Bilfinger und Berger	www.bilfinger-berger-projektentwicklung.de
BMW	www.bmw.de
Buderus	www.buderus.de
Commerzbank	www.commerzbank.de
Continental	www.conti.de
Daimler-Benz	www.daimler-benz.de
DBV Winterthur	www.dbv-winterthur.com
Degussa	www.degussa.com
DePfa-Bank	www.depfa-bank.com
Deutsche Babcock	www.deutschebabcock.de
Deutsche Bank	www.deutsche-bank.de
Deutsche Telekom	www.telekom.de
Deutz	www.deutz.de
Douglas Holding	www.douglas-holding.de
Dresdner Bank	www.dresdner-bank.de
Dürr	www.balcke-duerr.de
Dyckerhoff	www.dyckerhoff.de
Escada	www.escadasport.de
FAG Kugelfischer	www.fag.de
Fielmann	www.fielmann.de
Fresenius	www.fresenius.de
Fresenius Medical Care	www.fmc-ag.com
Gea	www.gea-ag.de

Gerresheimer Glas	www.gerresheimer.de
Hannover Rückversicherung	www.hannover-rueck.de
Heidelberger Zement	www.hzag.de
Henkel	www.henkel.de
Herlitz	www.herlitz.de
Hochtief	www.hochtief.de
Hoechst	www.hoechst.com
Holzmann	www.philipp-holzmann.de
Hornbach Holding	www.hornbach.de
IKB Deutsche Industriebank	www.ikb.de
IWKA	www.iwka.de
Jungheinrich	www.jungheinrich.de
Kampa-Haus	www.kampa.de
Karstadt	www.karstadt.de
Klöckner Werke	www.kloeckner.com
Kolbenschmidt	www.kolbenschmidt.de
Krones	www.krones.de
Krupp-Hoesch	www.krupp-ag.com
KSB	www.ksb.de
Lahmeyer	www.lahmeyer.de
Linde	www.linde.de
Lufthansa	www.lufthansa.de
MAN	www.man.de
Mannesmann	www.mannesmann.com
Merck KGaA	www.merck.de
Metallgesellschaft	www.metallgesellschaft.de
Metro	www.metronet.de
MLP	www.mlp.de
Münchener Rückversicherung	www.munichre.com
Phoenix	www.phoenix-ag.com
Plettac	www.plettac.de
Porsche	www.porsche.de
Preussag	www.preussag.de
Pro Sieben	www.pro-sieben.de
Puma	www.puma.de
Rheinmetall	www.rheinmetall.com
RWE	www.rwe.de
SAP	www.sap-ag.de
Schering	www.schering.de
Schmalbach-Lubeca	www.schmalbach.com
Schwarz Pharma	www.schwarz-pharma.de
SGL Carbon	www.sglcarbon.com
Siemens	www.siemens.de
SKW Trostberg	www.skw.de
Spar	www.spar.de
Südzucker	www.suedzucker.de
Tarkett	www.tarkett-online.de

Thyssen	www.thyssen.com
Varta	www.varta.com
Veba	www.veba.de
Viag	www.viag.de
Volkswagen	www.volkswagen.de
Vossloh	www.vossloh.de
Wella	www.wella.de

---

[1] fehlende Unternehmen sind noch nicht im Internet;

[2] A = Analysen; C = Charts; K = Kurse; N = News;

[3] nur mit Paßwort;

[4] ab 10/97

Stand Herbst 1998; diese Übersicht erhebt keinen Anspruch auf Vollständigkeit; alle Angaben sind ohne Gewähr; Achtung: Internet-Adressen können sich jederzeit ändern!

D   Börsen und börsennahe Institutionen

D.1   Börsenplätze in Deutschland

Deutsche Börse AG
Börsenplatz 4
60313 Frankfurt am Main

Baden-Württembergische
Wertpapierbörse zu Stuttgart
Königstr. 28
70173 Stuttgart

Bayerische Börse
Lenbachplatz 2 a
80333 München

Berliner
Wertpapierbörse
Fasanenstr. 3
10623 Berlin

Bremer Wertpapierbörse
Obernstr. 2–12
28195 Bremen

Hanseatische Wertpapierbörse
Hamburg
Schauenburgerstr. 479
20095 Hamburg

Niedersächsische Börse
zu Hannover
Rathenaustr. 2
30159 Hannover

Rheinisch-Westfälische Börse
zu Düsseldorf
Ernst-Schneider-Platz 1
40212 Düsseldorf

D.2   Börsenbezogene Verbände und Gesellschaften in Deutschland

Fördergesellschaft für Börsen
und Finanzmärkte
in Mittel- und Osteuropa
Biebergasse 6–10
60313 Frankfurt am Main

Bundesverband der Kurs-
makler an den deutschen
Wertpapierbörsen
Börsenbrücke 7
20457 Hamburg

Bundesverband der freien
Börsenmakler
Maximiliansplatz 12/IV
80333 München

Sicherungsfonds der freien
Börsenmakler
Maximiliansplatz 12/IV
80333 München

E   Hinweise auf Wissensquellen

Prof. Dr. Hans Büschgen **Das kleine Börsenlexikon**	Verlagsgruppe Handels- blatt Düsseldorf 1991
Hans Pohl **Deutsche Börsengeschichte**	Fritz Knapp Verlag Frankfurt
Lutz Wolter/Ulfried Meyer **Das Effektengeschäft –** Recht, Handel, Verwaltung und Verwahrung von Wertpapieren	
Monatsberichte der Deutschen Bundesbank	Deutsche Bundesbank Frankfurt
Klaus Martens **Wegweiser für Kapitalanlagen**	Fortuna Finanzverlag Zürich 1990
Paul Lerbinger **Das große Buch der Aktie**	
Lexheimer/Lang/Ungnade **Leitfaden durch das Wertpapiergeschäft**	Deutscher Sparkassen- verlag Stuttgart
Graham/Dodd's **Wertpapieranalyse**	Verlag Hoppenstedt & Co., Darmstadt
Martin J. Pring **Handbuch Technische Kursanalyse**	
Saling **Aktienführer**	
Hoppenstedt **Charts** (Standard-/Spezialwerte, Auslands-/USA-/ Kanada-Werte, Devisen, Optionsscheine)	
Walter Frühling **Investieren mit Aktiencharts**	
Alexander Natter **Investmentfonds –** **die Anlageform der 90er-Jahre**	Verlag Andreas Schmidt Würzburg
Manfred Kneidl/Hans-Peter Pfaffinger **Aktien ohne Risiko –** **Kurssicherung durch Optionen**	Selbstverlag Regensburg
Heinz Brestel **Jahrbuch für Kapitalanleger**	CV Central Versand Ittingen/Bern 1991
Peter Lynch **Aktien für alle**	1993

F Sonstige nützliche Informationen für den Börsianer

F.1 Überblick über Kennzahlen

Kennzahl	Formel	Aussage
Unternehmensaufbau	$\dfrac{\text{Eigenkapital (Pos. 214 + 241)} \times 100}{\text{Gesamtkapital (Pos. 180)}}$	Eigenkapital in % des Gesamtkapitals
Kapitalstruktur	$\dfrac{\text{Fremdkapital (Pos. 224 + 240)} \times 100}{\text{Gesamtkapital (Pos. 180)}}$	Fremdkapital in % des Gesamtkapitals
Vermögensstruktur	$\dfrac{\text{Anlagevermögen (Pos. 133)} \times 100}{\text{Gesamtkapital (Pos. 180)}}$	Anlagevermögen in % der Bilanzsumme
	$\dfrac{\text{Unlaufvermögen (Pos. 170)} \times 100}{\text{Gesamtkapital (Pos. 180)}}$	Umlaufvermögen in % der Bilanzsumme
Maschinendominante	$\dfrac{\text{Maschinen und maschinelle Anlagen (Pos. 121)} \times 100}{\text{Sachanlagevermögen (Pos. 122)}}$	Maschinen in % des Sachanlagevermögens
Finanzwirtschaft		
Verschuldungskoeffizient	$\dfrac{\text{Fremdkapital (Pos. 224 + 240)} \times 100}{\text{Eigenkapital (Pos. 214 + 241)}}$	Fremdkapital in % des Eigenkapitals
Anspannungskoeffizient	$\dfrac{\text{Fremdkapital (Pos. 224 + 240)} \times 100}{\text{Gesamtkapital (Pos. 180)}}$	Fremdkapital in % des Gesamtkapitals
Kapitalintensität	$\dfrac{\text{Anlagevermögen (Pos. 133)} \times 100}{\text{Gesamtkapital (Pos. 180)}}$	Anlagevermögen in % der Bilanzsumme
Anlagendeckung, bezogen auf		
Eigenkapital	$\dfrac{\text{Eigenkapital (Pos. 214 + 241)} \times 100}{\text{Anlagevermögen (Pos. 133)}}$	Eigenkapital in % des Anlagevermögens
Eigen- und langfristiges Fremdkapital	$\dfrac{[\text{Eigenkapital (Pos. 214 + 241)} + \text{langfristiges Fremd-} \text{kapital (Pos. 224)}] \times 100}{\text{Anlagevermögen (Pos. 133)}}$	Eigen- und langfristiges Fremdkapital in % des Anlagevermögens
Bilanzwert	$\dfrac{\text{Eigenkapital (Pos. 214 + 241)} \times 100}{\text{Grundkapital (Pos. 210)}}$	Eigenkapital in % des Grundkapitals
Börsenwert	$\dfrac{\text{Grundkapital (Pos. 210)} \times \text{Börsenkurs in \% (Pos. 010)}}{100}$	Börsenwert der Gesellschaft in Mio DM

Cash Flow in Mio DM		
	+ Dividende (Pos. 341)	
	∕ Jahresverlust (Pos. 350)	
	+ Rücklagenzuführung (Pos. 013)	
	∕ Rücklagenauflösung (Pos. 014)	
	+ Afa Sachanlagen (Pos. 325)	
	+ Afa Finanzanlagen (Pos. 326)	
	+ Zinsen für Fremdkapital (Pos. 327)	
	+ Erhöhung der langfristigen Rückstellungen (Pos. 015)	
	+ Organverluste (Pos. 016)	
	= Cash Flow in Mio DM (Kennzahl 171)	Cash Flow in Mio DM

Kennzahl	Formel	Aussage
je Aktie zu nom. DM 100,–	$\dfrac{\text{Cash Flow (Kennzahl 171)}}{\text{Anzahl der Aktien/DM 100,– nom. (Pos. 017)}}$	Cash Flow in DM/Aktie
Kurs/Cash Flow-Verhältnis	$\dfrac{\text{Börsenkurs in \% (Pos. 010)}}{\text{Cash Flow in DM/Aktie (Kennzahl 172)}}$	Wievielmal Cash Flow (DM/Aktie) im Kurs enthalten ist
Kurs/Gewinn-Verhältnis	Börsenkurs in % (Pos. 010) ← Gewinn in DM/Aktie $\dfrac{\text{Jahresüberschuß (Pos. 340)}}{\text{Anzahl der Aktien/DM 100.– nom. (Pos. 017}}$	Wievielmal Gewinn (DM/Aktie) im Kurs enthalten ist
Rentabilität bezogen auf Jahresüberschuß		
Eigenkapital-rentabilität	$\dfrac{\text{Jahresüberschuß (Pos. 340)} \times 100}{\text{Eigenkapital (Pos. 214 + 241)}}$	Gewinn in % des Eigenkapitals
Gesamtkapital-rentabilität	$\dfrac{\text{Jahresüberschuß (Pos. 340)} + \text{Fremdkapitalzinsen (Pos. 327)} \times 100}{\text{Gesamtkapital (Pos. 180)}}$	Gewinn + Fremdkapital-zinsen in % des Gesamtkapitals
Dividendenrendite	$\dfrac{\text{Dividende (Pos. 18)} \times 100}{\text{Börsenkurs in \% (Pos. 010)}}$	Dividende in % des Börsenkurses
bezogen auf Cash Flow		
Eigenkapital-rentabilität	$\dfrac{\text{Cash Flow (Kennzahl 171)} \times 100}{\text{Eigenkapital (Pos. 214 + 241)}}$	Cash Flow in % des Eigenkapitals
Gesamtkapital-rentabilität	$\dfrac{\text{Cash Flow (Kennzahl 171)} \times 100}{\text{Gesamtkapital (Pos. 180)}}$	Cash Flow in % des Gesamtkapitals
Umsatzrentabilität	$\dfrac{\text{Cash Flow (Kennzahl 171)} \times 100}{\text{Umsatz (Pos. 310)}}$	Cash Flow in % des Umsatzes
Liquidität Ersten Grades	$\dfrac{\text{Geldwerte + kurzfristige Forderungen (Pos. 169)} \times 100}{\text{Kurzfristige Verbindlichkeiten (Pos. 240)}}$	Geldwerte und kurzfristige Forderungen in % der kurzfristigen Verbindlichkeiten
Zweiten Grades	$\dfrac{\text{Kurzfristiges Umlaufvermögen (Pos. 169 + 143)} \times 100}{\text{Kurzfristige Verbindlichkeiten (Pos. 240)}}$	Kurzfristiges Umlaufvermögen in % der kurzfristigen Verbindlichkeiten
Verschuldung Gesamtverschuldung in Mio DM	+ Summe Verbindlichkeiten (Pos. 224 + 240) ∕ Kasse, Bundesbank, Postscheck (Pos. 160) ∕ Wechsel und Schecks (Pos. 161 + 162) ∕ Guthaben bei Kreditinstituten (Pos. 163) = Gesamtverschuldung (Kennzahl 411)	Gesamtverschuldung in Mio DM

Kennzahl	Formel	Aussage
in % vom Umsatz	$\dfrac{\text{Gesamtverschuldung (Kennzahl 411)} \times 100}{\text{Umsatz (Pos. 310)}}$	Gesamtverschuldung in % vom Umsatz
im Verhältnis zum Cash Flow	$\dfrac{\text{Gesamtverschuldung (Kennzahl 411)}}{\text{Cash Flow (Kennzahl 171)}}$	Wievielmal Cash Fow in Gesamtverschuldung enthalten ist
Kurzfristige Verschuldung in Mio DM	+ Gesamtverschuldung (Kennzahl 411) ∕ langfristige Verbindlichkeiten (Pos. 224) $\overline{}$ = kurzfristige Verschuldung (Kennzahl 421)	Kurzfristige Verschuldung in Mio DM
in % vom Umsatz	$\dfrac{\text{Kurzfristige Verschuldung (Kennzahl 421)} \times 100}{\text{Umsatz (Pos. 310)}}$	Kurzfristige Verschuldung in % vom Umsatz
im Verhältnis zum Cash Flow	$\dfrac{\text{Kurzfristige Verschuldung (Kennzahl 421)}}{\text{Cash Flow (Kennzahl 171)}}$	Wievielmal Cash Flow in kurzfristiger Verschuldung enthalten ist
Investierungen und Abschreibungen		
Anlagevermögen, bezogen auf Umsatz	$\dfrac{\text{Gesamt-Anlagevermögen (Pos. 133)}}{\text{Umsatz (Pos. 310)}}$	Wieviel DM Anlagevermögen erforderlich sind, um 1 DM umzusetzen
Deckung der Investierungen	$\dfrac{\text{Afa auf Sachanlagen (Pos. 325)} \times 100}{\text{Sachanlagenzugang (Pos. 023)}}$	Abschreibungen in % des Sachanlagezuganges
Abschreibungen, bezogen auf Anlagevermögen	$\dfrac{\text{Gesamt-Afa (Pos. 325 + 326)} \times 100}{\text{Gesamt-Anlagevermögen (Pos. 133)}}$	Abschreibungen in % des Anlagevermögens
Umsatz		
Umschlagshäufigkeit des Eigenkapitals	$\dfrac{\text{Umsatz (Pos. 310)}}{\text{Eigenkapital (Pos. 214 + 241)}}$	Wie oft wird das Eigenkapital im Jahr umgeschlagen
Gesamtkapitals	$\dfrac{\text{Umsatz (Pos. 310)}}{\text{Gesamtkapital (Pos. 180)}}$	Wie oft wird das Gesamtkapital im Jahr umgeschlagen
Anlagevermögens	$\dfrac{\text{Umsatz (Pos. 310)}}{\text{Gesamt-Anlagevermögen (Pos. 133)}}$	Wie oft wird das Anlagevermögen im Jahr umgeschlagen
Vorratsvermögens	$\dfrac{\text{Umsatz (Pos. 310)}}{\text{Vorräte (Pos. 143)}}$	Wie oft werden die Vorräte im Jahr umgeschlagen
Umsatzverdienstrate, bezogen auf		
Jahresüberschuß	$\dfrac{\text{Jahresüberschuß (Pos. 340)} \times 100}{\text{Umsatz (Pos. 310)}}$	Gewinn in % vom Umsatz
Cash Flow	$\dfrac{\text{Cash Flow (Kennzahl 171)} \times 100}{\text{Umsatz (Pos. 310)}}$	Cash Fow in % vom Umsatz

Kennzahl	Formel	Aussage
Vorratsintensität	$\dfrac{\text{Vorräte (Pos. 143)} \times 100}{\text{Umsatz (Pos. 310)}}$	Vorräte in % vom Umsatz
Personalkosten-intensität	$\dfrac{\text{Gesamt-Personalkosten (Pos. 324)} \times 100}{\text{Umsatz (Pos. 310)}}$	Gesamt-Personalkosten in % vom Umsatz
Belegschaft Personalkosten		Es betragen in DM je Belegschaftsmitglied und Jahr:
Löhne und Gehälter	$\dfrac{\text{Löhne und Gehälter (Pos. 321)}}{\text{Belegschaft (Pos. 012)}}$	Lohn und Gehalt
Gesetzlicher Sozial-aufwand	$\dfrac{\text{Gesetzlicher Sozialaufwand (Pos. 322)}}{\text{Belegschaft (Pos. 012)}}$	Gesetzlicher Sozialauf-wand
Sonstiger Sozialaufwand	$\dfrac{\text{Sonstiger Sozialaufwand (Pos. 323)}}{\text{Belegschaft (Pos. 012)}}$	Sonstiger Sozialaufwand
Gesamt-Personalkosten	$\dfrac{\text{Gesamt-Personalkosten (Pos. 324)}}{\text{Belegschaft (Pos. 012)}}$	Gesamt-Personalkosten
Produktivität, bezogen auf		
Belegschaft	$\dfrac{\text{Umsatz (Pos. 310)}}{\text{Belegschaft (Pos. 012)}}$	Umsatz
Gesamt-Personalkosten	$\dfrac{\text{Umsatz (Pos. 310)}}{\text{Gesamt-Personalkosten (Pos. 324)}}$	Wieviel DM Umsatzerlös entfallen auf 1 DM Personalkosten
Jahresüberschuß	$\dfrac{\text{Jahresüberschuß (Pos. 340)} \times 100}{\text{Gesamt-Personalkosten (Pos. 324)}}$	Gewinn in % der Personalkosten
Cash Flow	$\dfrac{\text{Cash Flow (Kennzahl 171)} \times 100}{\text{Gesamt-Personalkosten (Pos. 324)}}$	Cash Flow in % der Personalkosten
Kostenstruktur Aufwand, bezogen auf Umsatz		
Sachaufwand	$\dfrac{\text{Sachaufwand (Pos. 320 + 332)} \times 100}{\text{Umsatz (Pos. 310)}}$	Sachaufwand in % vom Umsatz
Personalaufwand	$\dfrac{\text{Personalaufwand (Pos. 324)} \times 100}{\text{Umsatz (Pos. 310)}}$	Personalaufwand in % vom Umsatz
Abschreibungen	$\dfrac{\text{Gesamt-Afa (Pos. 325 + 326)} \times 100}{\text{Umsatz (Pos. 310)}}$	Abschreibungen in % vom Umsatz
Zinsen	$\dfrac{\text{Zinsaufwand (Pos. 327)} \times 100}{\text{Umsatz (Pos. 310)}}$	Zinsen in % vom Umsatz
Steuern	$\dfrac{\text{Gesamt-Steuern (Pos. 330)} \times 100}{\text{Umsatz (Pos. 310)}}$	Steuern in % vom Umsatz

Kennzahl	Formel	Aussage
Gewinn und Gewinndisposition		
Gewinn vor Steuern	$\dfrac{\text{Gewinn vor Steuern (Pos. 340 + 330)} \times 100}{\text{Umsatz (Pos. 310)}}$	Gewinn vor Steuern in % vom Umsatz
Gewinn nach Steuern	$\dfrac{\text{Gewinn nach Steuern (Pos. 340)} \times 100}{\text{Umsatz (Pos. 310)}}$	Gewinn nach Steuern in % vom Umsatz
Gewinndisposition		
Dividende	$\dfrac{\text{Dividende (Pos. 341)} \times 100}{\text{Umsatz (Pos. 310)}}$	Dividende in % vom Umsatz
Rücklagenzuführung	$\dfrac{\text{Einstellung in die Rücklage (Pos. 342)} \times 100}{\text{Umsatz (Pos. 310)}}$	Rücklagendotierung in % vom Umsatz

Quelle: Hofmann »Bilanzkennzahlen«
Gabler-Verlag 1977

F.2 Wichtige Information über Verlustrisiken bei Börsentermingeschäften

(Abdruck eines Formblattes des Deutschen Sparkassen-verlages Stuttgart) siehe Seite 270 f.

Wichtige Information
über Verlustrisiken bei Börsentermingeschäften

Depot-/Kontoinhaber _____

Depot-/Konto-Nr. _____

Anschrift _____

Sehr geehrte Kundin, sehr geehrter Kunde,

bei Börsentermingeschäften stehen den Gewinnchancen hohe Verlustrisiken gegenüber. Jeder Anleger, der ein Börsentermingeschäft eingehen will, muß zuvor über die Risiken bei Börsentermingeschäften informiert sein.

A. Grundsätzliches über Verlustrisiken bei Börsentermingeschäften

Das Börsengesetz (§ 53 Abs. 2) sieht vor, daß wir Sie über die nachfolgenden Risiken informieren:

Verfall oder Wertminderung

Die Rechte, die Sie aus Börsentermingeschäften erwerben, können verfallen oder an Wert verlieren, weil diese Geschäfte stets nur befristete Rechte verschaffen. Je kürzer die Frist, desto größer kann Ihr Risiko sein.

Unkalkulierbare Verluste

Bei Verbindlichkeiten aus Börsentermingeschäften kann Ihr Verlustrisiko unbestimmbar sein und auch über die von Ihnen geleisteten Sicherheiten hinaus Ihr sonstiges Vermögen erfassen.

Fehlende Absicherungsmöglichkeiten

Geschäfte, mit denen Risiken aus eingegangenen Börsentermingeschäften ausgeschlossen oder eingeschränkt werden sollen (Glattstellungsgeschäfte), können möglicherweise nicht oder nur zu einem für Sie verlustbringenden Preis getätigt werden.

Zusätzliches Verlustpotential bei Kreditaufnahme oder aus Wechselkursschwankungen

Ihr Verlustrisiko steigt, wenn Sie für Ihr Börsentermingeschäft einen Kredit in Anspruch nehmen. Dasselbe ist bei einem Termingeschäft der Fall, bei dem Ihre Verpflichtungen oder Ansprüche auf ausländische Währung oder eine Rechnungseinheit (z. B. ECU) lauten.

B. Die Risiken bei den einzelnen Geschäftsarten

I. Kauf von Optionen

1. Kauf einer Option auf Wertpapiere, Devisen oder Edelmetalle

Das Geschäft: Wenn Sie Optionen auf Wertpapiere, Devisen oder Edelmetalle kaufen, erwerben Sie den Anspruch auf Lieferung oder Abnahme der genannten Basiswerte zu dem beim Kauf der Option bereits festgelegten Preis.

Ihr Risiko: Eine Kursveränderung des Basiswertes, also z. B. der Aktie, die Ihrer Option als Vertragsgegenstand zugrunde liegt, kann den Wert Ihrer Option mindern. Zu einer Wertminderung kommt es im Fall einer Kaufoption (Call) bei Kursverlusten, im Fall einer Verkaufsoption (Put) bei Kursgewinnen des zugrundeliegenden Vertragsgegenstandes. Tritt eine Wertminderung ein, so erfolgt diese stets überproportional zur Kursveränderung des Basiswertes, sogar bis hin zur Wertlosigkeit Ihrer Option. Eine Wertminderung Ihrer Option kann aber auch dann eintreten, wenn der Kurs des Basiswertes sich nicht ändert, weil der Wert Ihrer Option von weiteren Preisbildungsfaktoren (z. B. Laufzeit oder Häufigkeit und Intensität der Preisschwankungen des Basiswerts) mitbestimmt wird. Wegen der begrenzten Laufzeit einer Option können Sie

dann nicht darauf vertrauen, daß sich der Preis der Option rechtzeitig wieder erholen wird. Erfüllen sich Ihre Erwartungen bezüglich der Marktentwicklung nicht und versäumen Sie deshalb auf die Ausübung der Option oder versäumen Sie die Ausübung, so verfällt Ihre Option mit Ablauf ihrer Laufzeit. Ihr Verlust liegt dann in dem für die Option gezahlten Preis zuzüglich der Ihnen entstandenen Kosten.

2. Kauf einer Option auf Finanzterminkontrakte

Das Geschäft: Beim Kauf einer Option auf einen Finanzterminkontrakt erwerben Sie das Recht, zu im vorhinein fixierten Bedingungen einen Vertrag abzuschließen, durch den Sie sich zum Kauf oder Verkauf per Termin von z. B. Wertpapieren, Devisen oder Edelmetallen verpflichten.

Ihr Risiko: Auch diese Option unterliegt zunächst den unter 1. beschriebenen Risiken. Nach Ausübung der Option gehen Sie allerdings neue Risiken ein: Diese richten sich nach dem dann zustande kommenden Finanzterminkontrakt und können weit über Ihrem ursprünglichen Einsatz – das ist der für die Option gezahlte Preis – liegen. Sodann treffen Sie zusätzlich die Risiken aus den nachfolgend beschriebenen Börsentermingeschäften mit Erfüllung per Termin.

II. Verkauf von Optionen und Börsentermingeschäfte mit Erfüllung per Termin

1. Verkauf per Termin und Verkauf einer Kaufoption auf Wertpapiere, Devisen oder Edelmetalle

Das Geschäft: Als Verkäufer per Termin gehen Sie die Verpflichtung ein, Wertpapiere, Devisen oder Edelmetalle zu einem vereinbarten Kaufpreis zu liefern. Als Verkäufer einer Kaufoption trifft Sie diese Verpflichtung nur dann, wenn die Option ausgeübt wird.

Ihr Risiko: Steigen die Kurse, müssen Sie dennoch zu dem zuvor festgelegten Preis liefern, der dann ganz erheblich unter dem aktuellen Marktpreis liegen kann. Sofern sich der Vertragsgegenstand, den Sie zu liefern haben, bereits in Ihrem Besitz befindet, kommen Ihnen steigende Marktpreise nicht mehr zugute. Wenn Sie ihn erst später erwerben wollen, kann der aktuelle Marktpreis erheblich über dem im voraus festgelegten Preis liegen. In der Preisdifferenz liegt Ihr Risiko. Dieses Verlustrisiko ist im vorhinein nicht bestimmbar, d. h. theoretisch unbegrenzt. Es kann weit über von Ihnen geleistete Sicherheiten hinausgehen, wenn Sie den Liefergegenstand nicht besitzen, sondern sich erst bei Fälligkeit damit eindecken wollen. In diesem Fall können Ihnen erhebliche Verluste entstehen, da Sie je nach Marktsituation eventuell zu sehr hohen Preisen kaufen müssen oder aber entsprechende Ausgleichszahlungen zu leisten haben, wenn Ihnen die Eindeckung nicht möglich ist.

Beachten Sie: Befindet sich der Vertragsgegenstand, den Sie zu liefern haben, in Ihrem Besitz, so sind Sie zwar vor Eindeckungsverlusten geschützt. Werden aber diese Werte für die Laufzeit Ihres Börsentermingeschäftes (als Sicherheit) ganz oder teilweise gesperrt gehalten, können Sie während dieser Zeit oder bis zur Glattstellung Ihres Terminkontraktes nicht verfügen und die Werte auch nicht verkaufen, um bei fallenden Kursen Verluste zu vermeiden.

2. Kauf per Termin und Verkauf einer Verkaufsoption auf Wertpapiere, Devisen oder Edelmetalle

Das Geschäft: Als Käufer per Termin oder als Verkäufer einer Verkaufsoption gehen Sie die Verpflichtungen ein, Wertpapiere, Devisen oder Edelmetalle zu einem festgelegten Preis abzunehmen.

270

Ihr Risiko: Auch bei sinkenden Kursen müssen Sie den Kaufgegenstand zum vereinbarten Preis abnehmen, der dann erheblich über dem aktuellen Marktpreis liegen kann. In der Differenz liegt Ihr Risiko. Dieses Verlustrisiko ist im vorhinein nicht bestimmbar und kann weit über eventuell von Ihnen geleistete Sicherheiten hinausgehen. Wenn Sie beabsichtigen, die Werte nach Abnahme sofort wieder zu verkaufen, sollten Sie beachten, daß Sie unter Umständen keinen oder nur schwer einen Käufer finden; je nach Marktentwicklung kann Ihnen dann ein Verkauf nur mit erheblichen Preisabschlägen möglich sein.

3. Verkauf einer Option auf Finanzterminkontrakte

Das Geschäft: Beim Verkauf einer Option auf einen Finanzterminkontrakt gehen Sie die Verpflichtung ein, zu im vorhinein fixierten Bedingungen einen Vertrag abzuschließen, durch den Sie sich zum Kauf oder Verkauf per Termin von z. B. Wertpapieren, Devisen oder Edelmetallen verpflichten.

Ihr Risiko: Sollte die von Ihnen verkaufte Option ausgeübt werden, so laufen Sie das Risiko eines Verkäufers oder Käufers per Termin, wie es unter Ziff. 1. und 2. dieses Abschnittes II. beschrieben ist.

III. Options- und Finanzterminkontrakte mit Differenzausgleich

Das Geschäft: Bei manchen Börsentermingeschäften findet nur ein Barausgleich statt. Hierbei handelt es sich insbesondere um:

– Options- oder Finanzterminkontrakte auf einen Index, also auf eine veränderliche Zahlengröße, die aus einem nach bestimmten Kriterien festgelegten Bestand von Wertpapieren errechnet wird und deren Veränderungen die Kursbewegungen dieser Wertpapiere widerspiegeln.
– Options- oder Finanzterminkontrakte auf den Zinssatz für eine Termineinlage mit standardisierter Laufzeit.

Ihr Risiko: Wenn Ihre Erwartungen nicht eintreten, haben Sie die Differenz zu zahlen, die zwischen dem bei Abschluß zugrunde gelegten Kurs und dem aktuellen Marktkurs bei Fälligkeit des Geschäfts besteht. Diese Differenz macht Ihren Verlust aus. Die maximale Höhe Ihres Verlustes läßt sich im vorhinein nicht bestimmen. Er kann weit über eventuelle von Ihnen geleistete Sicherheiten hinausgehen.

C. Weitere Risiken aus Börsentermingeschäften

I. Börsentermingeschäfte mit Währungsrisiko

Das Geschäft: Wenn Sie ein Börsentermingeschäft eingehen, bei dem Ihre Verpflichtung oder die von Ihnen zu beanspruchende Gegenleistung auf ausländische Währung oder eine Rechnungseinheit (z. B.

ECU) lautet oder sich der Wert des Vertragsgegenstandes hiernach bestimmt (z. B. bei Gold), sind Sie einem zusätzlichen Risiko ausgesetzt.

Ihr Risiko: In diesem Fall ist Ihr Verlustrisiko nicht nur an die Wertentwicklung des zugrunde liegenden Vertragsgegenstandes gekoppelt. Vielmehr können Entwicklungen am Devisenmarkt die Ursache für zusätzliche unkalkulierbare Verluste sein: Wechselkursschwankungen können

– den Wert der erworbenen Option verringern,
– den Vertragsgegenstand verteuern, den Sie zur Erfüllung des Börsentermingeschäfts liefern müssen, wenn er in ausländischer Währung oder einer Rechnungseinheit zu bezahlen ist. Dasselbe gilt für eine Zahlungsverpflichtung aus dem Börsentermingeschäft, die Sie in ausländischer Währung oder einer Rechnungseinheit erfüllen müssen.
– den Wert oder den Verkaufserlös des aus dem Börsentermingeschäft abzunehmenden Vertragsgegenstandes oder den Wert der erhaltenen Zahlung vermindern.

II. Risikoausschließende oder einschränkende Geschäfte

Vertrauen Sie nicht darauf, daß Sie während der Laufzeit jederzeit Geschäfte abschließen können, durch die Sie Ihre Risiken aus Börsentermingeschäften kompensieren oder einschränken können. Ob diese Möglichkeit besteht, hängt von den Marktverhältnissen ab. Unter Umständen können Sie ein entsprechendes Geschäft nicht oder nur zu einem ungünstigen Marktpreis tätigen, so daß Ihnen ein Verlust entsteht.

III. Inanspruchnahme von Kredit

Ihr Risiko erhöht sich, wenn Sie insbesondere den Erwerb von Optionen oder die Erfüllung Ihrer Liefer- oder Zahlungsverpflichtungen aus Börsentermingeschäften über Kredit finanzieren. In diesem Fall müssen Sie, wenn sich der Markt entgegen Ihren Erwartungen entwickelt, nicht nur den eingetretenen Verlust hinnehmen, sondern auch den Kredit verzinsen und zurückzahlen. Setzen Sie daher nie darauf, den Kredit aus den Gewinnen des Börsentermingeschäftes verzinsen und zurückzahlen zu können, sondern prüfen Sie vor Geschäftsabschluß Ihre wirtschaftlichen Verhältnisse daraufhin, ob Sie zur Verzinsung und gegebenenfalls kurzfristigen Tilgung des Kredits auch dann in der Lage sind, wenn statt der erwarteten Gewinne Verluste eintreten.

D. Verbriefung in Wertpapieren

Die Risiken aus den oben geschilderten Geschäften ändern sich nicht, wenn die Rechte und Pflichten in einem Wertpapier (z. B. Optionsscheine) verbrieft sind.

Ihre Sparkasse

Bei Börsentermingeschäften leiten wir Ihre Aufträge, soweit wir diese nicht selbst ausführen, an die

weiter. In diesen Fällen wird die Landesbank Ihr Vertragspartner. Wir geben Ihnen die »Wichtige Information über Verlustrisiken bei Börsentermingeschäften« sowohl im eigenen Namen als auch für die Landesbank.

Nach § 53 Abs. 2 Satz 2 Börsengesetz ist diese Unterrichtungsschrift von Ihnen zu unterschreiben, wenn Sie Börsentermingeschäfte abschließen wollen:

_____
Ort, Datum

_____
Unterschrift des Kunden

271

Register

HEYNE
BÜCHER

Recht
und Geld

08/5112

Heyne-Taschenbücher

HEYNE BUSINESS

Marketing –
der Schlüssel
zum Erfolg

22/1021

Heyne-Taschenbücher